SEI WIEDER DU SELBST

JONATHON LAZEAR

SEI WIEDER DU SELBST

Tägliche Meditationen
für gestreßte Männer

Mit einer Einleitung von Anne Wilson Schaef

WILHELM HEYNE VERLAG
MÜNCHEN

Titel der amerikanischen Originalausgabe:
MEDITATIONS FOR MEN WHO DO TOO MUCH

Ins Deutsche übertragen von Gabriel Stein

Die Originalausgabe erschien bei
Fireside/Parkside, Simon & Schuster, USA

Umschlaggestaltung: Atelier Schütz, München
Satz: Leingärtner, Nabburg
Druck und Bindung: RMO-Druck, München
Printed in Germany

ISBN 3-453-09092-6

Für Wendy, Michael und Ross

Einleitung
von Anne Wilson Schaef

Mit großem Stolz und viel Vergnügen schreibe ich zu diesem Buch die Einleitung, denn selten hat man Gelegenheit, einem anderen ein klein wenig von dem zurückzugeben, was dieser einem selbst so großzügig geschenkt hat. Jonathon Lazear ist nicht nur mein Literaturagent, der in dieser Eigenschaft weit mehr für mich leistet, als er müßte, sondern auch mein Freund, mein Vertrauter, mein Ratgeber, mein Lehrer, mein Rückhalt – und mein Quälgeist, wenn ich wieder einmal richtig gezwickt werden muß.

Als er mir zum erstenmal von seinem Plan erzählte, dieses Buch zu schreiben, war ich sofort begeistert. Offensichtlich hat mein Buch *Meditations for Women Who Do Too Much** den Nerv unserer Zeit getroffen, in der Frauen sich verzweifelt danach sehnen, endlich zur Ruhe zu kommen, einmal tief Luft zu holen und genauer herauszufinden, *was* sie eigentlich tun und *wie* sie dabei vorgehen; denn oft ist ihr Verhalten dem Leben nicht nur abträglich, sondern hat geradezu verheerende Folgen – für sie selbst, ihre Familie, ihre Arbeit und letzthin für uns alle. Viele Männer lesen in diesem Meditationsband jeden Tag, und so war ich wie Jonathon der Meinung, daß es ein entsprechendes Buch geben sollte, das, von einem Mann verfaßt, sich direkt an Männer wendet, um deren spezifische Probleme im Alltag zu behandeln. Dies ist ihm jetzt gelungen.

Allein schon die Zitate in diesem Buch sind einfach wunderbar. Gerade weil ich, was Zitate angeht, inzwischen zu einer Art Expertin geworden bin, kann ich voller Freude sagen, daß ich die meisten noch nicht kannte – und daß sie wirklich ein-

---

* *Nimm dir Zeit für dich selbst. Tägliche Meditationen für Frauen, die zuviel arbeiten.* Wilhelm Heyne Verlag 1992

drucksvoll und treffend sind. Selten habe ich eine so reichhaltige und herrliche Auswahl unvergeßlicher Aussprüche vor mir gehabt. Natürlich werden sie auch äußerst geschickt eingesetzt, um zu jenen wohlüberlegten und wohlgeformten Sätzen überzuleiten, die die Seele in Schwingung versetzen und zum Nachdenken anregen. Fürwahr also ein Buch zum täglichen Meditieren und Nachdenken!

Ich bin froh, daß die Männer, die ich kenne, nun jederzeit auf diese Sammlung zurückgreifen können und daß ich immer ein Geschenk parat habe, das neue Wege aufzeigt, wie man negative, ja selbstzerstörerische Verhaltensmuster beseitigt. An diesen leidet nämlich eine ganze Reihe von Männern, die mir viel bedeuten.

Mögen wir – Männer und Frauen – zu neuen, harmonischen und beglückenden Lebensformen finden, um mit uns selbst, mit anderen und mit unserem Planeten in Einklang zu sein!

Danksagung von Jonathon Lazear

Ich bin Literaturagent, und durch meine Arbeit habe ich sozusagen das Privileg, sehr unterschiedliche Menschen kennenzulernen. Eine meiner liebsten Klientinnen – und zugleich eine enge Freundin – ist Dr. Anne Wilson Schaef, die bekannte Bestsellerautorin, die so umwälzende Bücher wie *Women's Reality**, *When Society Becomes an Addict*** (mit Diane Fassel), *Escape from Intimacy**** sowie zuletzt *Meditations for Women Who Do Too Much***** geschrieben hat. Es ist kein Geheimnis, daß gerade dieser Band mich zu den folgenden Meditationen inspirierte. Aber auch Annes frühere Werke haben mich und Millionen andere Menschen nachhaltig beeinflußt. Dafür möchte ich ihr gerne danken.

Darüber hinaus waren einige Personen besonders wichtig für mich, die auf dem Gebiet »Innerer Heilungsprozeß und Wohlbefinden« arbeiten, nämlich: Melody Beattie, Tom Grady, Clayton Carlson, Diane Fassel, Toni Burbank, Karen Elliott, Pat Benson, Terry Spohn, John Small, Pat Carnes, John Bradshaw, Wayne Kritsberg, Ken Dychtwald, Natalie Goldberg, Kate Green, Earnie Larsen, Carol Hegarty, die Leute von Narada, Louie Anderson, Ellen Sue Stern, Al Franken, Christina Baldwin, Joy Houghton, Robert Cooper, Harold Bloomfield, John Driggs, Steve Finn, Ruth Humlecker, Bob Larranga, Alan Loy McGinnis, Gary Paulsen, Paula Nelson, Cynthia Orange, Beth Wilson Saveedra, R.D. Zimmerman, Jan Johnson sowie die Leute von Comp-Care.

---

* *Weibliche Wirklichkeit*. Wilhelm Heyne Verlag 1991.

** *Im Zeitalter der Sucht*. dtv 1993.

*** *Die Flucht vor der Nähe*. dtv 1993.

**** *Nimm dir Zeit für dich selbst. Meditationen für Frauen, die zuviel arbeiten*. Wilhelm Heyne Verlag 1992.

Ein besonderes Dankeschön an Elizabeth Perle, die, als sie noch Verlegerin von *Prentice Hall Press* war, dieses Manuskript kaufte. Zudem danke ich mit Bewunderung Marilyn Abraham, einer großartigen Lektorin mit einem (fast überflüssig zu sagen) großen Sinn für Humor, sowie Sheila Curry für ihren Scharfblick und ihren Arbeitseifer.

Die Menschen, mit denen ich das Glück habe zusammenzuarbeiten, sind eine nie versiegende Quelle der Freude und der Kraft. Zu ihnen gehören Jennifer Flannery, Amanda Steiner, Debbie Orenstein, Bonnie Blodgett, Jack Caravela, Peggy Kelly und Mary Meehan.

Evelyn Friedberg danke ich für die äußerst wertvollen Anregungen, die aus unserer Freundschaft resultieren.

Mein Dank gilt auch meinen Eltern, Jon und Virginia Lazear; sie haben mir stets Interesse, Unterstützung und Liebe zuteil werden lassen.

Ein letzter Dank geht an meine Frau, Wendy Broad Lazear, die während der Arbeit an diesem Buch viel Geduld aufbrachte und jeden Schritt durch ihre aufmunternde und hilfsbereite Art erleichterte. Unsere Kinder, Michael und Ross, waren ebenfalls geduldig und durchaus interessiert an dem, was ihr Vater da zu Papier brachte.

Indem man losläßt, geschieht alles wie von selbst.
Die Welt wird gemeistert von jenen, die loslassen.
AUS DEM TAO TE KING DES LAO-TSE

Unsere inneren und äußeren Zwänge rühren größtenteils daher, daß es für Männer in unserer Zeit, in dieser Gesellschaft, »unnatürlich« ist, einfach »loszulassen«. Wir halten an überholten Vorstellungen von Erfolg fest und manchmal auch an verhängnisvollen Methoden, um bestimmte Dinge zum »krönenden Abschluß« zu bringen. Wie oft schon haben wir uns an etwas geklammert, das uns als Rettungsanker für unsere geistige Gesundheit erschien, für unsere Arbeit und unser Bedürfnis, eine Aufgabe zu erfüllen – um ihrer selbst willen und nicht, weil sie uns irgend etwas brachte.

Heute wird es wichtig für mich sein, meine wahren Ziele klar ins Auge zu fassen. Ich sollte bewußt darauf achten, was mich und die geliebten Menschen wirklich glücklich macht, und nicht nur darauf, daß ich ständig in Anspruch genommen bin.

2. Januar

Zum Teufel mit den großartigen Managern, den Männern mit ihrem wohldosierten Frohsinn, zum Teufel mit den Männern, die verhalten lächeln.

SINCLAIR LEWIS

Schon in der Kindheit lernen wir, alles zu messen und abzuwägen, und diese Lektion wird uns auch später immer wieder beigebracht. Beschreibe dein Glück in Zahlen, beurteile deine Leistung genau und berechne dein Arbeitspensum, am besten nach Stunden. Ich weiß nicht, ob es ein ausschließlich männlicher Charakterzug ist, die eigene Arbeitsleistung ständig zu taxieren und das Vergnügen zu kurz kommen zu lassen, aber inzwischen ist mir klargeworden, daß alle Männer, denen ich früher nacheifern wollte, oft nur verhalten lächelten und dieses Mittel auch bewußt einsetzten, anstatt ehrlich und spontan auf freudige Ereignisse zu reagieren.

Von nun an will ich mich als einen Mann sehen, der sich für sein Vergnügen nicht entschuldigt, sondern es bewußt sucht und in die eigene Arbeit zu integrieren versteht.

Nächste Woche darf es überhaupt keine Krise geben. Mein Terminkalender ist schon voll.
HENRY KISSINGER

Ist es Ihnen auch schon so ergangen? Es gab eine Zeit – und die liegt noch gar nicht so weit zurück –, da schaute ich eine Woche im voraus in meinen Terminkalender und freute mich darüber, daß dort nur wenige geschäftliche Besprechungen eingeplant waren. Im Laufe der nächsten Tage trug ich dann jedoch immer mehr Termine ein, bis mich am Wochenende vor der betreffenden Woche die Panik ergriff, weil ich einfach zu viele Termine vorgemerkt hatte – wenn auch stets in der besten Absicht. Und gerade indem ich mir zuviel auflud, beschwor ich eine Krise herauf.

Heute werde ich, im wahrsten Sinne des Wortes, auf meinen Herzschlag hören und zulassen, daß sein Rhythmus das Tempo vorgibt, in dem ich arbeite.

4. Januar

Das eigene Tun sollte aus einer tiefinneren Ruhe kommen und nicht nur bloße Hetze sein.
D. H. LAWRENCE

Hektische Betriebsamkeit gibt uns oft das Gefühl, konstruktiv zu arbeiten, scheint sie doch darauf hinzudeuten, daß wir vieles anpacken, ja daß ein Genie am Werk ist, ein Mann, der weiß, wie er ständig aktiv bleibt, um seine Geschäfte »unter Dach und Fach zu bringen«. Es fällt uns so schrecklich schwer, einfach stillzuhalten – zumal dann, wenn wir zu den Männern gehören, denen beigebracht wurde, daß Arbeit immer geräuschvoll vonstatten geht, Körper und Seele stark beansprucht, undankbar ist und natürlich nie ein Ende nimmt ...

Die Klarheit des Denkens stellt sich vor allem dann ein, wenn wir allein und ungestört sind, wenn wir die Türen leise und ohne Hast hinter uns schließen. Einmal vernahm ich die Stimme eines meiner Kinder, das lange geschlafen hatte und gerade aufgewacht war. Ich hörte seine Stimme deshalb so deutlich, weil ich mir *gestattete*, sie zu hören.

Ich muß eine Pause machen, ruhig werden und lauschen. Wenn ich die Töne, die aus meinem Innern kommen, nicht mehr mit Lärm »zudecke«, finde ich zu seelischer Harmonie.

Ich denke, in jedem Land gibt es mindestens einen Manager, der Angst hat, verrückt zu werden.
JOSEPH HELLER

Die großen Anstrengungen, die ich ständig unternehme, laugen mich völlig aus. Ich glaube, sehr viele Männer sind in der gleichen Lage: Sie fühlen sich durch ihre hektischen Aktivitäten erschöpft. Wir versuchen, an unserem Übereifer, unserer Überarbeitung etwas zu ändern, aber selbst das fordert seinen Tribut. Selbst das Bestreben, »geistig gesund« zu werden und wieder ins Gleichgewicht zu kommen, kann unsere Kräfte aufzehren; und so fühlen wir uns fast genauso leer wie durch den alten, zwanghaften Trott, »bis zum Umfallen zu arbeiten«.

Dieses Problem, die Angst, vielleicht »verrückt zu werden«, ist nicht auf meine Generation und meine soziale Schicht beschränkt, sondern weltweit verbreitet. Es ist übergreifend, übermächtig und wohl mit das Schrecklichste, das man sich vorstellen kann.

Heute fange ich an zu begreifen, wie sehr meine Arbeit von Angst geprägt ist. Vielleicht bekomme ich diese Angst nicht sofort in den Griff, aber mir wird allmählich bewußt, daß viele meiner Altersgenossen ebenfalls unter ihr leiden.

6. Januar

Mein Patentrezept fürs Leben ist ganz einfach. Morgens stehe ich auf, und abends gehe ich zu Bett. Dazwischen beschäftige ich mich, so gut ich kann.

CARY GRANT

Ich frage mich, wie oft mir allein die Augenblicke kurz nach dem Aufwachen und kurz vor dem Einschlafen als die einzig »ungetrübten« und »ungestörten« Momente des ganzen Tages erscheinen. Wenn ich spontan wäre, den Zufall willkommen hieße und nicht dauernd das Bedürfnis verspürte, geschäftlich aktiv zu sein, dann würde ich die Aufgaben, die jeden Tag vor mir liegen, in meinem Kopf vollkommen ruhig, aber auch mit viel Energie angehen.

Meistens jedoch entpuppen sich meine Tage als ein Wirrwarr aus irgendwelchen Tätigkeiten und stupiden Transaktionen – da sind vor allem Dinge, die zur Hälfte erledigt, aber nur selten zum Abschluß gebracht werden. Ich sollte meine Tage wirklich eher danach beurteilen, wie reichhaltig und abwechslungsreich sie sind, als danach, wie schnell sie vorbeigehen.

Heute werde ich mehrmals eine Pause einlegen – nicht um auf die Uhr zu schauen, sondern um einen kleinen Spaziergang zu machen oder aus dem Fenster zu blicken und darüber nachzudenken, wie ich ein erfülltes Leben führen kann.

Die Tragik des Lebens besteht darin, daß in einem Menschen soviel abstirbt, während er lebt.
ALBERT EINSTEIN

Wie lernen wir, jene Dinge am Leben zu erhalten, die wichtig für uns sind und die einen hektischen Tag, einen vollen Terminkalender, endlose Besprechungen und sinnlose Unternehmungen unbedingt heil überstehen müssen? Wie oft machen wir uns wirklich klar, welche Angelegenheiten wichtig sind und welche außer acht gelassen werden können? Und welcher Teil in uns stirbt ab, wenn wir uns für rastlose Aktivität anstatt für ruhiges Nachdenken entscheiden, oder wenn wir fieberhaft damit beschäftigt sind, »weiter nach oben zu kommen«, nur um dann später sagen zu können, daß wir es wieder einmal geschafft haben? Männern wurde beigebracht, daß sie immer in Bewegung sein müssen; unbändiger Bestätigungsdrang ist das deutliche Kennzeichen von Männern, die zuviel arbeiten.

Heute will ich mir bewußt machen, über welche wertvollen Eigenschaften ich verfüge. Ich werde mich weniger darum kümmern, was ich »produziere«, und den Statussymbolen, die beweisen, daß ich ein tüchtiger und erfolgreicher Mann bin, weniger Bedeutung beimessen.

8. Januar

Mach stets etwas weniger, als du deiner Meinung nach schaffen kannst.
BERNARD BARUCH

Wie bei den meisten Männern sind auch meine Augen größer als mein Appetit. Oft stelle ich eine sehr lange »Menüliste« mit Dingen zusammen, die zu tun sind, und bin dann jeden Morgen ganz erpicht darauf, sie *alle* zu erledigen. Bernard Baruch gibt uns in seinem obigen Ausspruch zu verstehen, daß wir uns die jeweiligen Aufgaben richtig einteilen sollen, um von ihnen nicht »unterjocht« zu werden. Er empfiehlt, weniger zu tun, eben weil die uns immer wieder nahegelegte Devise *Weniger ist mehr* meistens stimmt. Wenn wir wie blind eine Sache nach der anderen »durchziehen«, ist damit überhaupt niemandem gedient. Stellen Sie sich nur einmal vor, Sie sind der siebte oder zwölfte Patient auf dem Operationsplan eines Chirurgen, dann werden Sie plötzlich begreifen, worum es hier geht. Wenn kein Notfall vorliegt, warte ich lieber in Ruhe ab, bis die Reihe an mir ist.

Heute will ich versuchen, etwas zu beenden, das ich bereits begonnen habe. Ich werde mich daran erinnern, daß es wohl befriedigender ist, eine bestimmte Aufgabe zu Ende zu führen, als voreilig eine neue anzunehmen.

Klugheit besteht darin zu wissen, wann man nicht klug sein kann.
PAUL ENGLE

Ändere dich. Sei aktiv. Mach's anders. Bring Leistung. Ordne neu. Bleib in Bewegung. So lauten die Aufforderungen, denen wir tagaus, tagein nachkommen müssen. Viele von uns verleugnen jedoch ihr eigentliches Wissen, indem sie sich – wenn überhaupt – nur selten Zeit nehmen, über die eigenen Stärken nachzudenken. Es bedarf einer neuen Denkweise und einer großen Geduld, um sich unmißverständlich klarzumachen, was man kann und was nicht. Wann ist es besser, sich *nicht* einzumischen, *keine* Entscheidung zu treffen, *keinen* festen Standpunkt zu vertreten? Ich habe nicht auf alles eine Antwort, und oft kann ich nicht einmal die richtige Frage stellen. Häufig bin ich besser dran, wenn ich sowohl auf die Antwort als auch auf die Frage verzichte.

Heute werde ich meine Grenzen erkennen und es als tröstlich empfinden, daß ich weder jetzt noch in Zukunft alles weiß und daß ich nicht für Kenntnisse verantwortlich bin, die ich gar nicht besitze.

10. Januar

Bring eine von deinen alten Motown-Platten rüber
und stell die Lautsprecher ans Fenster;
dann steigen wir aufs Dach und lauschen den Miracles,
wie sie unten in der Gasse widerhallen.

ROD STEWART

Erinnern Sie sich noch an jene alten Songs, denen wir lauschten und die uns so viel bedeuteten, an jene Rhythmen, die unsere erste Romanze, unsere erfolgreichen Spielzeiten auf den Fußballfeldern und Tennisplätzen umrahmten? Ob es die Beatles, Glenn Miller, Roger Miller oder die Miracles waren – ihre Musik läßt uns oft an früher denken.

Vielleicht ist es an der Zeit, die alten Alben einmal abzustauben und einige dieser Platten mit ihren Kratzern, ihrem Knistern und ihrer ganzen Patina erneut zu hören, um dadurch zu unbeschwerteren Gedanken und sorgloseren Augenblicken zurückzufinden. Dann sind wir vielleicht wieder der heitere, prächtige Junge, der wir einmal waren; das wäre eine wunderbare Art, irgendeinen Nachmittag zu verbringen.

Wenn es in unserer Arbeit einen bestimmten Rhythmus gibt, dann auch in unserem Gedächtnis; viele unserer Erinnerungen versetzen uns in eine friedliche Stimmung. Heute lausche ich im Geiste einigen meiner früheren Lieblingsmelodien, und möglicherweise hole ich dann später die alten 45er Singles wieder heraus.

Vier von fünf Leuten brauchen eher Ruhe als körperliche Bewegung.

Dr. Logan Clendening

Es ist wichtig, sich körperlich fit zu halten. Längst weiß man ja, daß bestimmte Aktivitäten tatsächlich dazu beitragen, den Streß zu mindern. Aber es ist sehr gefährlich, krampfhaft irgendwelche Gymnastikübungen zu veranstalten oder sich beim Joggen völlig zu verausgaben, so daß man hier schon von einer Obsession, ja von einer Sucht sprechen kann. Die meisten von uns müssen endlich lernen, wie und wann man am besten eine Pause einlegt; wann man arbeitet und wann man seinen Körper ertüchtigt.

Wenn Sie meinen, Sie müßten ständig, jeden Tag, Zeit erübrigen, um Ihre Liegestütze zu machen, so sind Sie drauf und dran, einer anderen Form von Zügellosigkeit anheimzufallen. Und Ihre Eitelkeit ist dann vielleicht stärker als Ihr gesunder Menschenverstand.

Heute will ich Zeit finden, mich auszuruhen und Geist und Seele zu regenerieren. Dabei werde ich nicht das Gefühl haben, daß mir durch Untätigkeit etwas verlorengeht.

12. Januar

Es ist die schwierigste Sache der Welt, einen kleinen Erfolg zu akzeptieren und es dabei dann auch bewenden zu lassen.

MARLON BRANDO

Die Gier in ihren vielerlei Abstufungen und Erscheinungsformen ist eine Charaktereigenschaft, die quasi jeder von uns hat und die sich auf ganz unterschiedliche Weise äußert. Wenn wir gerade der letzten Mark hinterherjagen, die wir aus der täglichen Arbeit noch »herausholen« können, sind wir vom Ergebnis unserer Bemühungen insgeheim vielleicht enttäuscht: zu viel Arbeit, zu wenig Lohn. Das nächste Mal treiben wir uns dann noch mehr an und versuchen verzweifelt, zwischen Aufwand und Entschädigung eine Art Ausgleich herzustellen.

Wir müssen allmählich dazu übergehen, unseren Erfolg »in kleinen Schritten« zu bemessen. Meistens kommt er weder über Nacht noch ist er gerade überwältigend. Es sind die kleinen Belohnungen, die wir anerkennen müssen, und die unscheinbaren Triumphe im Leben, die wir beanspruchen sollten.

Ich will mit meinen heutigen Leistungen zufrieden sein und meine Ziele einfach im Auge behalten, ohne mich durch sie entmutigen zu lassen. Ich werde mir bewußt machen, auf welche Weise Habgier die eigenen Energien lähmen kann.

Reich ist nicht, wer Reichtümer besitzt, sondern wer an ihnen Freude hat.

BENJAMIN FRANKLIN

Anschaffungen. Besitz. Öffentliche Zurschaustellung des eigenen Vermögens. Das sind Ausdrücke und Vorstellungen, die gerade jenen Mann ansprechen, der es im Leben zu viel gebracht hat, der sich aber im Grunde nicht klar darüber ist, was er mit all seinen Besitztümern anfangen soll. Der moderne Krösus sitzt in seinem Büro und zählt sein Geld. Welch trauriges Bild, welch abgrundtiefe Einsamkeit!

Wer großen Reichtum nur um des großen Reichtums willen erwirbt, ist ein innerlich bankrotter Mensch. Wir waren so ausschließlich damit beschäftigt, uns immer mehr anzueignen, daß wir weder wissen, wofür die angehäuften Güter zu gebrauchen wären, noch warum sie überhaupt da sind.

Wir sind Vielfraße – Männer mit einem unbändigen Appetit, etwas zur Schau zu stellen und so unsere Ganzheit beweisen zu wollen.

Ich werde eher auf jene Menschen achten, die mir so wertvolle Gaben wie Freundlichkeit und Verständnis zuteil werden lassen, als auf jene Dinge, die ich erworben habe in der Zeit, da ich mein Leben mit allem möglichen Besitz auszufüllen versucht habe.

14. Januar

Renne, wenn du magst, aber komm nicht außer Atem;
arbeite wie ein Mann, aber arbeite dich nicht zu Tode.

DR. OLIVER WENDELL HOLMES SEN.

Wenn einige von uns den Drang verspüren, ihre Tage mit Arbeiten und Leistungen, mit Konferenzen und geschäftlichen Kontakten auszufüllen, dann müssen wir uns die Stunden, die dem Partner und den Kindern, den eigenen Gedanken, Hobbys und persönlichen Dingen gewidmet sind, genau einteilen.

Beschäftigt zu sein, ist nicht verkehrt – aber wenn wir nur noch beschäftigt sind, um so unsere ganze Zeit zu verbringen, dann ist vieles schiefgelaufen. Diese Geschäftigkeit ist oft nur ein Vorwand, eine Art Tarnmanöver. Aber wovor verstecken wir uns? Welchen Tatsachen müßten wir ins Auge blicken, wenn wir einmal innehielten?

Heute will ich mir stets klarmachen, warum ich eigentlich so überlastet bin, und mich ernsthaft bemühen, nicht wieder Staub aufzuwirbeln in der Absicht, als der »Vielbeschäftigte« zu erscheinen. Ich habe zu viele wichtige und wunderbare Interessen, um Engagement vorzutäuschen.

Ab wann erschien es mir notwendig, Haus und Büro mit kleinen Geräten vollzustopfen? Ich habe die Übersicht über meine Annehmlichkeiten verloren – es ist alles ganz einfach zu viel. Ich weiß nicht, ob ich mehr Telefonleitungen oder mehr Fernsehkanäle habe, aber mir ist klar, daß ich verantwortlich bin für die Stromknappheit in der Nachbarschaft.

JONATHON LAZEAR

Die achtziger Jahre waren für uns alle nicht besonders erfreulich. Viele von uns befanden sich in einem Kreislauf, bei dem unsere angeblichen Bemühungen, finanziell »über die Runden zu kommen«, geradezu absurde Ausmaße angenommen hatten. Die Maxime lautete: Immer mehr. Niemals genug. Die Lebensqualität wurde ständig neu definiert und noch höher angesetzt.

Jetzt leben wir in den neunziger Jahren. Und heute wissen wir, was wir immer schon wußten, nämlich daß die Lebensqualität am besten daran gemessen wird, wieviel Zeit wir erübrigen, um unserem vierjährigen Sohn eine Gutenachtgeschichte vorzulesen, sowie an seinem Gesichtsausdruck, wenn er gar nicht mehr aufhören kann, darüber zu sprechen – oder auch daran, daß wir an einem eiskalten Samstagmorgen früh aufstehen, um gegen neun Uhr beim Turnwettbewerb unserer Tochter zu sein …

Unseren Kindern ist es völlig egal, ob sie im protzigen Auto zu den Sportveranstaltungen gefahren werden. Sie freuen sich allein auf Wettkampf und Spiel. Und auf ihren Vater sind sie stolz, wenn er sie dorthin begleitet.

Heute werde ich eine Liste machen mit den Dingen, die wirklich wichtig sind, und auf diese Weise auch herausfinden, auf welche ich ohne weiteres verzichten kann. Dann denke ich darüber nach, was unter »Lebensqualität« eigentlich zu verstehen ist.

16. Januar

Auf einer Konferenz wurde noch nie eine großartige Idee geboren, aber viele törichte Vorstellungen wurden dort schon begraben.

F. Scott Fitzgerald

Gut, darüber kann man geteilter Meinung sein. Meistens ist es doch so, daß jemand eine großartige Idee entwickelt und vorträgt und daß dann einige andere sie analysieren, verwässern, mißverstehen, falsch beurteilen und zwangsläufig auch zu falschen Schlußfolgerungen kommen.

Der Ausdruck »kollektiver Geist« ist ein Widerspruch in sich. Durch einstimmigen Beschluß eines Gremiums wurden nicht nur törichte, sondern auch viele wunderbare, originelle, kreative, ja ausgefallene Ideen »eliminiert«.

Wir investieren so viel Kraft, um anderen Menschen unsere Vorstellungen nahezubringen und gewissermaßen als Einpeitscher für eine Gruppe hirnloser Fans auf den Rängen herzuhalten, daß ich mir oft schon gedacht habe: Die besten, wichtigsten Ideen gehen nicht deshalb unter, weil wir sie nach außen tragen, sondern weil wir sie ganz allein in unserem privaten Weinkeller hegen.

Meine Aufmerksamkeit und meine Kraft sind zu sehr darauf gerichtet, die Anerkennung der Gruppe zu erlangen. Ich werde jetzt meine Energien speichern und sie dann jenem Mann oder jener Frau zukommen lassen, von dem oder von der ich das nötige Feedback erhalte.

Die wichtigste Lebensaufgabe des Menschen ist, sich selbst zu gebären und das zu werden, was er sein kann. Das wichtigste Ergebnis dieser Bemühung ist eine eigene Persönlichkeit.
Erich Fromm

Oft verbohren wir uns in Gedanken darüber, wie wir sein sollten, was wir tun sollten. Erich Fromm spricht vom inneren Potential des Menschen und verweist damit auch auf die persönliche Entwicklung, den *allmählichen* Reifeprozeß – nicht auf ein statisches, unveränderliches Selbstbild. Wir müssen uns dieses »Werdens« bewußt sein, die Vorstellungen hinsichtlich der eigenen Person genauso bejahen wie in Frage stellen und die Veränderung akzeptieren als etwas Unvermeidliches und Heilsames.

Wenn ich heute mein Ziel nicht erreiche, gebe ich mich nicht geschlagen. Ich werde mir klarmachen, daß das Leben ein Prozeß ist und daß ich mich immer wieder neu gebären kann.

18. Januar

Nimm teil, mach das, was deinem Wesen entspricht, ob du nun eine Firma leitest oder auf dem Feld Gänseblümchen pflückst, nimm teil daran und lebe es aus, in seiner ganzen Fülle. Werde, der du bist, und ich sage dir: Du hast mehr geschafft als die meisten anderen. Die meisten Menschen tun das nämlich nie. Sie arbeiten in einem Beruf und wissen nicht, warum. Sie heiraten eine Frau und wissen nicht, warum. Sie wandern in ihr Grab und wissen nicht, warum.

E. L. Doctorow

Was der Schriftsteller Ed Doctorow da sagt, ist sehr wichtig. Er spricht davon, sich selbst, dem inneren Kern, zu vertrauen und die eigenen Leidenschaften zum Ausdruck und zur Entfaltung zu bringen.

So oft funktionieren wir wie Automaten; wir gehen zur Arbeit, kommen unseren beruflichen Verpflichtungen nach, hetzen wieder nach Hause, wo dann das Ganze von vorn beginnt: Wir achten darauf, ob alle lebensnotwendigen Dinge vorhanden sind, ob wir die Hypothekenzahlungen für unser Haus überwiesen haben und ob wir es noch rechtzeitig zur Bank schaffen.

Doctorow möchte, daß wir träumen und zulassen, von unseren Träumen geführt zu werden. Wie die Hauptfigur in dem Film *Field of Dreams* sollen wir hinausgehen, das Getreide mähen und im Garten hinter dem Haus einen Baseballplatz anlegen. Wir sollen aufbrechen und das tun, was unsere Aufgabe ist. Wir sollen unser Leben leben – und zwar »in seiner ganzen Fülle«.

Heute werde ich anfangen, meinen Träumen zu vertrauen – oder sie vielleicht sogar zum ersten Mal bewußt wahrnehmen.

Kein Problem ist so groß, daß man nicht vor ihm wegrennen könnte.
Al Ries und Jack Trout

Obwohl dieses Zitat durchaus komisch ist, regt es doch auch zu einigem Nachdenken an. Gerade jene Männer unter uns, die sich übermäßig engagieren, haben oft den Eindruck, als wären alle Probleme gleich schlimm. Wenn wir Fluchtgedanken hegen, so ist das ein Zeichen dafür, daß uns die Dinge über den Kopf gewachsen sind.

Heute werde ich die auftauchenden Schwierigkeiten ganz nüchtern betrachten, nicht überreagieren, mich nicht weiter über sie auslassen und nicht aus einer Mücke einen Elefanten machen. Ich werde beim kleinsten Problem beginnen und die größeren Probleme später in Angriff nehmen.

20. Januar

Versuch ja nie, beide Seiten eines Blattes gleichzeitig zu beschreiben.
W. C. SELLER

Wenn wir das könnten, würden wir es auch tun.

Ich kenne Arbeitssüchtige, die geistig völlig »abheben«. Sie sitzen vor ihren Computern, tippen wie wahnsinnig und beklagen sich darüber, daß die Tastatur »zu langsam« sei für ihre Gedanken. Sie treiben ihre Sekretärin dazu an, die Diktate in wahrhaft olympischem Tempo aufzunehmen, und reagieren gereizt, wenn die arme Frau nicht mehr mitkommt.

Ich will damit nicht unterstellen, daß diese Angestellten keine gescheiten, tüchtigen Menschen sind – aber sie scheinen Geschwindigkeit mit Gedankentiefe zu verwechseln.

Ich habe ein anderes Tempo als du, und ich sollte dir das meine nicht aufzwingen. In Zukunft werde ich mir meine Anforderungen genauso bewußt machen wie meine Grenzen.

Hast du, da er nun ja vorbei ist, am gestrigen Tag wirklich etwas gemacht, das erwähnenswert war?
COLEMAN FOX

Welchen Wert hat unsere Zeit? Vielleicht erscheint sie uns dann am wertvollsten, wenn wir zum Beispiel den gestrigen Tag damit zubrachten, ruhig in uns hineinzuhören und uns selbst ein wenig besser kennenzulernen. Die meisten von uns brauchen greifbare Ergebnisse, äußere Anzeichen, an denen sie ihre Produktivität und ihre Wichtigkeit ablesen können. Wir sind derart fixiert auf die konkreten Beweise unserer Leistungen, daß wir oft die innere Stimme überhören und jenen Ort in der Tiefe vergessen, der all das birgt, was wirklich bedeutsam für uns ist.

Und so würden wohl viele Männer auf die Frage von Coleman Fox überhaupt keine Antwort wissen. Das ist traurig, denn die zehn Minuten, die ich gestern mit meinem älteren Sohn verbrachte, sind sehr wohl erwähnenswert, wenigstens als Erinnerungsbild zu jenem Film, der in meinem Kopf abläuft.

Selbst auf die Gefahr hin, daß ich meine Tage in ein künstliches Schema presse, so will ich mir doch heute abend und jeden Abend etwas Zeit nehmen, um darüber nachzudenken, was ich gesagt und gemacht habe und was dabei wirklich wichtig für mich war.

22. Januar

Wenn du nicht alles bekommst, was du willst, dann denk an die Dinge, die du nicht willst und zum Glück auch nicht bekommst.
Oscar Wilde

Ich glaube, Männer neigen mehr als Frauen dazu, unbedingt gewisse »Dinge« haben zu wollen. Damit meine ich nicht das sprichwörtliche Dach überm Kopf oder ein paar gute Anzüge, ja nicht einmal das Auto, das zuverlässig anspringt, wenn man den Zündschlüssel umdreht. Vielmehr geht es mir um die Dinge im großen Stil: um den schicken Sportwagen, das exklusive Ferienhaus am See, die Anzüge von Armani, die Platincard. Und was ist dann, wenn wir unser Leben und jede Ecke unseres Hauses mit irgendwelchen Dingen vollgestopft haben? Sie bewahren uns jedenfalls nicht davor, daß wir uns eines Tages die Frage stellen müssen, was uns all dieses angehäufte Zeug eigentlich bedeutet.

Und natürlich hat Oscar Wilde auch diesmal wieder recht. Wir müssen einen Rückzieher machen, wenn wir die hohe Anzahlung für den neuen Sportwagen nicht leisten können, und uns sagen: »Nun ja, das Dach ist bisher nicht eingestürzt, meine Kinder sind gesund, und ich bin mit meiner alten Kiste wirklich ganz zufrieden.«

Ich werde mir klarzumachen versuchen, welche Dinge ich tatsächlich *brauche* – im Gegensatz zu jenen, die ich meiner Meinung nach *verdient* habe. Sodann konzentriere ich mich mehr darauf, solche Dinge anzuschaffen, die auch nach längerer Zeit einer gewissenhaften Prüfung standhalten.

Um Großes zu leisten, muß ein Mensch nicht nur sehr fleißig sein, sondern auch sehr faul.
SAMUEL BUTLER

Sie schauen auf Ihre Uhr und stellen fest, daß Sie für die nächste Besprechung eine halbe Stunde zu spät dran sind. Sie rechtfertigen sich, hasten aus dem Bürogebäude, winken ein Taxi herbei, kommen allmählich wieder zu Atem, schöpfen neue Kraft und bereiten sich innerlich auf die nächste Sitzung vor. Irgendwie schaffen Sie alles. Der Tag ist vorbei, und Sie fragen sich, ob Sie wirklich optimale Arbeit geleistet haben. Sie denken an die Konferenzen zurück, die Geschäftsessen, die Telefongespräche, und versuchen sich zu erinnern, was Sie im einzelnen gesagt haben. Waren Sie gut? Oder gerade mal annehmbar?

Ich habe gelernt – und dies war eine schwierige Lektion –, daß ich meine nächste Aufgabe um so effizienter erledige, je mehr Zeit ich mir nehme, um ruhig zu werden, manchmal auch in mich zu gehen oder einfach nur gleichmäßig ein- und auszuatmen. Ich erziele bessere Ergebnisse, wenn ich den Pausen die gleiche Bedeutung beimesse wie den ständigen Herausforderungen.

Klares, logisches und freies Denken ist nur möglich ohne innere Erregung. Nie dürfen wir glauben, daß diese uns zu schärferen, besseren Denkern macht.

Ich muß lernen, meine untätigen Momente genauso konzentriert anzugehen wie meine sogenannten »produktiven« Momente, und erkennen, wie nützlich es ist, in meinen Tagesablauf kleine Pausen einzubauen.

24. Januar

Das Beste an der Zukunft ist vielleicht, daß sie nur Tag für Tag eintritt.

DEAN ACHESON

Es ist angenehm, an den Frühling zu denken, zumal dann, wenn wir gerade große Schneemassen aus der Einfahrt schaufeln. Aber was ist mit dem heutigen Tag? Nur selten geben wir uns dem Augenblick hin und gestatten uns, das momentane Geschehen bewußt zu erleben und auszukosten.

Wir müssen lernen, unsere positiven Gedanken in bezug auf das Morgen anders, zurückhaltender, zu formulieren. Die Zukunft ist sowohl in fünf Minuten als auch nächsten April oder kommendes Jahr. Das Heute ist die Zukunft des Gestern, und so sollten wir unsere innere »Erwartungsuhr« von Zeit zu Zeit zurückstellen. Wie besessen im voraus zu planen, funktioniert nur, wenn es in unserem Leben keinerlei Glück, keinerlei Gelassenheit gibt.

Jeden Tag sollte ich an die Zukunft denken, dabei aber kürzere Zeitintervalle vor Augen haben. Im Grunde ist die Zukunft schon heute.

Das große Geheimnis des Erfolgs besteht darin, durchs Leben zu gehen als ein Mensch, der nie erschöpft ist.
ALBERT SCHWEITZER

Die meisten von uns fühlen sich gegen fünf Uhr nachmittags oft völlig ausgelaugt. Schon zur Mittagszeit sind unsere Kräfte aufgebraucht, und abends stolpern wir dann zum Auto oder zur U-Bahn und nehmen die Heimfahrt kaum noch bewußt wahr.

Wie können wir dies ändern? Zum Beispiel dadurch, daß wir die Anzeichen von Erschöpfung früh genug erkennen. Wir müssen genau darauf achten, wie sehr wir uns verausgaben – aber das ist nur möglich, wenn wir uns nicht mehr zu viele Verpflichtungen aufladen. Häufig haben wir ja gerade jene Männer vor Augen, die als »Stützen der Gesellschaft« gelten, weil sie in der Kommission für die öffentlichen Grünanlagen sitzen, sonntags im Gottesdienst mitarbeiten, die Fußball-Jugendmannschaft betreuen und dann selbst beim städtischen Marathonlauf starten, den sie auch ohne große Mühe bis zum Schluß durchstehen …

Männer, auf die diese Beschreibung paßt, sind mir ein wenig suspekt. Sie gehören zu denen, die, meistens ganz bewußt, zuviel machen, und so werden sie sich eines Tages wahrscheinlich überanstrengt und fertig fühlen.

Ich muß meine persönlichen Grenzen anerkennen, damit mir meine Aufgaben wirklich Vergnügen bereiten, und mir stets bewußt darüber sein, daß ich die Zahnpasta nicht in die Tube zurückbefördern kann.

26. Januar

Ein Zehntausend-Aspirin-Job.
JAPANISCHE REDENSART FÜR EINEN MANAGERPOSTEN

Arbeit. Was machen wir aus ihr? Was gibt sie uns? Sind die Begriffe *Karriere* und *Arbeit* völlig gleichbedeutend? Und wenn ja: Ist dies wünschenswert?

Arbeiten um der Arbeit willen. Aktivität. Besessenheit. Die Japaner haben zwar nicht das Monopol auf Arbeitssucht, aber sie haben für diese Krankheit einen vielsagenden Ausdruck geprägt und begreifen allmählich, daß sie viele Menschen umbringt.

Wir müssen genau untersuchen, warum wir arbeiten, worin unsere berufliche Tätigkeit besteht und ob sie uns irgendwie Spaß macht. Wie viele Opfer nehmen wir dabei bereitwillig auf uns, nur um die Hypothek vom Haus abbezahlen zu können?

Ich will herausfinden, weshalb ich gerade diesen Beruf ausübe, und darüber nachdenken, wie ich mich durch ihn nicht zum Sklaven machen lasse. Darüber hinaus werde ich mir über Freizeitbeschäftigungen Gedanken machen, darüber, wie ich sie in mein tägliches Leben am besten integriere.

Gegen Mißerfolg gibt es ein bewährtes Heilmittel – nämlich Erfolg. Aber welches Heilmittel gibt es gegen Erfolg?
DANIEL J. BOORSTIN

Nun ja, die meisten von uns würden darauf wahrscheinlich antworten: »Mehr Erfolg«. Und dementsprechend verhalten wir uns dann auch. Ob Sie Filmstar sind oder Werbemanager – Sie sind, im sprichwörtlichen Sinne, nur so gut wie Ihr letzter Film oder Ihr letzter Slogan. Man fragt nie: Was kann er?, sondern immer: Was kann aus ihm noch werden? Niemand mehr ruht sich auf Lorbeeren aus. Wir leben eben nicht im alten Rom, und es gibt nur einen Weg, als Sieger dazustehen, nämlich ständig weiterzulaufen, selbst wenn das Rennen schon längst beendet ist.

Alles paletti? Nein, ich denke nicht. Die Frage lautet doch: Wann hat man genug geleistet? Wie oft muß man einen Hochseilakt vollbringen, bis die Leute unten einem endlich glauben, daß man ihn beherrscht? Man muß sich wohl fühlen bei dem, was man tut, aber der eigene Wert bemißt sich nicht an irgendwelchen Beifallskundgebungen. Das sollten Sie sich jeden Tag klarmachen, dann glauben Sie es allmählich auch. Der Punkt ist: Wenn Sie immer tiefer in Abhängigkeit geraten von Ihren wie auch immer gearteten Erfolgen, dann schaffen Sie irgendwann nicht mehr den Absprung, dann sind Sie irgendwann verloren.

Ein kleiner Erfolg sollte einige Zeit »vorhalten«. Ich werde mir gestatten, über jeden meiner Erfolge stolz zu sein, wann immer er sich einstellt, anstatt ständig nur auf noch positivere Ergebnisse zu schielen.

28. Januar

Weisheit kommt darin zum Ausdruck, daß man genau weiß, was außer acht gelassen werden kann.
William James

Männer, die zuviel arbeiten, können – wenn überhaupt – nur selten über etwas hinwegsehen. Ausgestattet mit einem äußerst wachsamen Auge, nehmen wir alles, was ringsum geschieht, allzu bewußt wahr und sind stets bereit, irgendeine Aufgabe zu übernehmen. Es fällt uns wirklich nicht leicht, die Dinge einfacher und unser Leben reibungsloser zu gestalten.

Wir sind quasi Bluthunde, die tausend verschiedene Spuren verfolgen, einen Geruch nach dem anderen wittern, aber kaum einmal den gesuchten Gegenstand, geschweige denn die erhoffte Belohnung aufspüren.

Wir überhäufen uns selbst mit allen möglichen Terminen, ignorieren seelische »Durchhänger«, bis wir dann schließlich überhaupt nichts mehr im Griff haben. Die wahre Einsicht aber kommt uns erst, wenn wir uns auf das Wesentliche konzentrieren und zulassen, daß das Unwesentliche sich auflöst und verschwindet.

Heute will ich mir fünf wichtige Aufgaben notieren, die unbedingt erledigt werden müssen – nicht sechs, nicht sieben, sondern nur fünf. Und morgen werde ich das gleiche tun.

Das Leben ist nichts anderes als eine verdammte Sache nach der anderen.

ELBERT HUBBARD

Die meisten von uns »hohen Herren«, die zu viele Verpflichtungen eingehen, haben im Leben nicht gerade viel Spaß. Wir spielen und amüsieren uns nicht sehr oft. Lachen ist uns ziemlich fremd. Wir beteiligen uns nicht ohne weiteres an Unterhaltungen, die gemeinhin als »Small talk« bezeichnet werden. O ja, wir spielen natürlich regelmäßig Golf und Tennis. Aber meistens sind derartige Veranstaltungen nur Teil unserer täglichen Arbeit. Golf mit dem Chef. Mittagessen mit Klienten. Umtrunk mit potentiellen Geschäftspartnern. Die Tage vergehen, und das Leben ist häufig nichts anderes als eine verdammte Sache nach der anderen.

Macht die immense Arbeit, die fast keine Ablenkung mehr zuläßt, uns zu »langweiligen, abgestumpften Jungs«? Oder schlimmer noch: Machen *wir* die Menschen, die uns lieben, unglücklich, während sie abseits stehen und sehnsüchtig auf das Vergnügen warten, das wir ihnen früher einmal versprochen haben?

Heute plane ich etwas Zeit ein, um in einer Buchhandlung zu schmökern oder in einer Sportzeitschrift zu lesen, um mir einen Videofilm auszuleihen oder einen Spaziergang zu machen; jedenfalls werde ich diesen Tag nicht ausschließlich der Arbeit widmen.

30. Januar

Das Lebensnotwendige wurde immer mehr dem Luxus geopfert, bis wir schließlich kaum noch wußten, was lebensnotwendig und was Luxus war.

FRANK LLOYD WRIGHT

Okay. Natürlich wissen wir, was zum Grundbedarf gehört. Uns ist völlig klar, daß zum Leben folgende Dinge nötig sind: das Dach überm Kopf, Heizung und Strom, die Nahrungsmittel, die Ausgaben für das Auto, das Telefon, Zahlungen an die Kirche, die Versicherungen, die Ferien, der Zweitfernseher und der Videorecorder, die Zweitwohnung in St. Moritz, die Haushälterin, der Gärtner, die Gebühren für den Club, das Jahresticket (Tribünenplatz!) fürs Fußballstadion, die Reisen erster Klasse, das Kindermädchen, das »schicke Auto«, die Steuern, der Börsenmakler, der Rechtsanwalt, der Buchhalter, nun ja, Sie wissen schon …

Mehr, noch mehr – bis zum Gehtnichtmehr. Jetzt brauche ich nur noch einen leitenden Angestellten, um mein Königreich überhaupt überblicken zu können. Nein. Heute werde ich mich darauf besinnen, die Maßstäbe niedriger anzusetzen, bescheidener zu leben, und mir ins Gedächtnis zurückrufen, wie glücklich ich war, bevor ich so viele Dinge im Auge behalten mußte.

Je mehr ich etwas Bestimmtes schaffen will, desto weniger spreche ich von Arbeit.

RICHARD BACH

Die Arbeit muß keine Qual sein. Vielmehr können wir in ihr Erfüllung finden, und oft ist das auch der Fall. Wenn sie uns allmählich wieder ins Joch spannt, so merken wir es. Wir sind übermüdet. Unbeherrscht. Bissig.

Bei der Arbeit sollten wir stets motiviert sein. Je mehr wir uns jedoch aufladen, desto frustrierter sind wir dann. Erst wenn wir leidenschaftlich ans Werk gehen – oder, weniger dramatisch ausgedrückt, unsere Tätigkeit mit Freude ausüben –, haben wir gar nicht mehr das Gefühl zu »arbeiten«.

Ich muß immer bewußt darauf achten, was mich zur Arbeit anspornt, und dann herausfinden, worin diese eigentlich besteht. Es gibt nichts Anstrengenderes, als mit einer Aufgabe konfrontiert zu sein, die weder geheimnisvoll noch faszinierend noch inspirierend ist.

1. Februar

Ich denke, Gott ist stocksauer, wenn du irgendwo in einem Feld an der Farbe Lila vorbeigehst und sie nicht bemerkst.
ALICE WALKER

Wahrscheinlich möchte Alice Walker mit diesen berühmt gewordenen Worten auch sagen: »Bleib stehen, um an den Rosen zu riechen«, aber meiner Meinung nach bringt sie damit noch viel mehr zum Ausdruck. Sie macht uns begreiflich, daß wir nicht geboren wurden, um nur den vor uns liegenden Felsblock irgendwohin zu wälzen. Zwar sind wir aus ganz verschiedenen Gründen hier – aber vor allem sollen wir aus tiefstem Herzen bewundern, was die Natur rings um uns ausgebreitet hat.

Gerade jene unter uns, die sich schwertun würden, die Aufteilung ihres eigenen Hauses genau anzugeben, sollten Alice Walkers Ausspruch Beachtung schenken. Denn in hohem Tempo rasen wir durch die Felder des Lebens, und nur selten lassen wir den Blick von der einen Seite zur anderen schweifen, um die Farbe Lila wahrzunehmen.

Möge ich heute aufmerksam genug sein, um in beide Richtungen zu schauen, ehe ich die Straße überquere, und im Laufe des Tages immer wieder innehalten, um die Farbe Lila zu bewundern.

Ich muß meine Ziele immer höher stecken, obwohl ich weiß, wie töricht das ist.

ARISTOTELES ONASSIS

Das ist ein interessanter, aufschlußreicher Satz von einem, der zu den legendärsten und reichsten Männern der Welt gehörte. Wann ist »genug« wirklich genug? Welche Geldsumme ist hinreichend? Mit wieviel Trophäen schmücken wir uns? Wann ist Reichtum gleichbedeutend mit Glück? Selbst Onassis wußte, daß dieses unersättliche Streben nach mehr und immer mehr im Grunde unsinnig ist.

Als ich jung war, gerade vom College kam, dachte ich, ich würde pro Jahr höchstens etwa 35 000 – 40 000 Dollar verdienen. Und wäre das nicht genau richtig?

Ungeachtet der drastischen wirtschaftlichen Veränderungen, der Rezession und der Arbeitslosigkeit, habe ich meine Erwartungen ständig höher geschraubt. Ich wollte immer mehr. Deshalb ist es auch für mich an der Zeit, über ideelle Reichtümer und den Wert inneren Friedens zu sinnieren.

Heute werde ich nicht so erpicht darauf sein, über meinen materiellen Besitz nachzudenken. Statt dessen will ich einige Zeit damit verbringen, die großen Reichtümer ins Auge zu fassen, die meine Familienmitglieder und Freunde mir schenken.

3. Februar

Lebe alles aus, so gut du nur kannst; darauf zu verzichten, wäre ein Fehler. Es kommt gar nicht so sehr darauf an, was du im einzelnen machst, solange du dein *Leben hast. Und wenn du das nicht hattest, was hast du dann gehabt?*

HENRY JAMES

Männer, die sich zuviel zumuten, würden behaupten, daß sie sehr wohl ein eigenständiges Leben führen. Das Problem ist nur: Wir haben *unser* Leben und tragen auch noch Verantwortung für das der anderen.

Alles auszuleben, so weit es nur geht, bedeutet nicht, alle sich bietenden Aufgaben zu übernehmen. Es bedeutet – zumindest für mich –, daß wir jeden Augenblick ganz und gar auskosten, ohne Zerstreutheit, ohne Falschheit im Denken und im Tun. Henry James' Ausspruch besagt implizit auch, daß man, aufgrund der eigenen Wertmaßstäbe, sein Leben geradlinig leben soll. Und da spielt es keine Rolle, was man tut – Hauptsache, es macht einem Freude und die Arbeit nimmt einen nicht völlig in Besitz.

Heute werde ich in die Tasten greifen und alle Töne aus dem Klavier hervorlocken, dabei aber eines meiner Lieblingsstücke spielen.

Nun bin ich hier, aber wo bin ich hier eigentlich?
JANIS JOPLIN

Klassenbester
Dienstältester Vizepräsident
Rektor
Meister
Hauptgeschäftsführer
Verwaltungschef
Abteilungsleiter/Ersatzteillager

Titel, Klassifizierungen, Identitäten, Visitenkarten. Wir alle legen enorm viel Wert auf solche Rangbezeichnungen, weil wir dadurch uns selbst besser definieren können. Aber Männer, die zuviel arbeiten, definieren sich nur noch über ihre Visitenkarten.

Kürzlich war ich bei einem Nachbarschaftsfest; innerhalb von zwanzig Minuten hatte jeder der anwesenden Männer über seinen Beruf gesprochen: »Nun, Robert, was machst du denn beruflich?« Fühlen wir uns dadurch etwa sicherer? Verstecken wir uns hinter dem eigenen Image, um die anderen zu beeindrucken? Aber sie haben ja ebenfalls ein bestimmtes Bild von uns, und so können sie sich zurücklehnen und uns dementsprechend beurteilen. Lassen wir das einfach zu und legen die Hände in den Schoß? Oder kratzen wir auch manchmal an der Oberfläche, um unseren Gesprächspartner wirklich kennenzulernen, ungeachtet dessen, was auf seiner Visitenkarte steht?

Ich werde versuchen, mit anderen Männern solche Informationen auszutauschen, die zeigen, wer ich bin – anstatt ihnen etwas vorzumachen, damit sie sich ein ideales Bild von mir machen.

5. Februar

Ich werde es genießen, von den Postkästen mit den Eingängen und Ausgängen nicht mehr tyrannisiert zu werden.

S. DILLON RIPLEY BEI SEINER PENSIONIERUNG

Viele Jahre lang habe ich zugelassen, daß diese Postkästen über meinen Tagesablauf bestimmten. Natürlich meine ich das im übertragenen Sinne; und trotzdem war ich – wie die meisten überbeanspruchten Männer – den ganzen Tag damit beschäftigt, diese oder jene heikle Situation zu bereinigen. Aber genau dann sollte uns eigentlich klarwerden, daß wir unser Leben nicht mehr im Griff haben. (Ironischerweise sind viele von uns in leitender Position, wo sie ihre Untergebenen »im Griff haben müssen«.)

Ich werfe Ripley nicht vor, arbeitssüchtig gewesen zu sein, aber sein Ausspruch erscheint vielen von uns doch als richtig. Den Wünschen, Forderungen und Bedürfnissen der anderen blindlings ausgeliefert, befassen wir uns gar nicht mehr mit dem Eigentlichen, mit dem, was sozusagen in unseren inneren Kästen abgelegt ist.

Ich möchte nicht erst später, wenn ich mich aus dem Berufsleben zurückziehe, jenes Gefühl von Freiheit empfinden, von dem Ripley spricht. Vielmehr möchte ich die Freiheit bereits *jetzt* in meine Arbeit integrieren.

Bei genauerer Betrachtung sind zahlreiche jener täglichen Aktivitäten, die mir so wichtig vorkommen, im Grunde unerheblich für meine Arbeit. Heute werde ich ganz bewußt darauf achten, was sich unter den Posteingängen befindet. Zweifellos kann das meiste sofort zu den Ausgängen gelegt werden.

Es kann gut sein, daß das Glück vor allem darin besteht, eine gesunde Einstellung zur Zeit zu haben.
Robert Grudin

Die Uhr. Sie erscheint uns oft viel bedrohlicher und unbarmherziger als unser Vorgesetzter, unser Oberboß oder unser Rechnungsprüfer.

Und warum tyrannisiert uns die Uhr so? Weil die Zeit uns in die Enge treibt. Wir sind Sklaven des kleinen und des großen Zeigers. Wir arbeiten auch in der Mittagspause und sind stolz darauf. Wir kommen spät vom Büro nach Hause und sind zu müde, zu erschöpft, um die Gegenwart unserer Partnerin oder unserer Kinder genießen zu können. Und auch darauf sind wir noch stolz.

Die Zeit ist unser Feind. Und wenn wir daran denken, daß wir alle ja gerne einen Sechsunddreißig-Stunden-Tag hätten, dann verlangen wir bald nach einem Zweiundvierzig-Stunden-Tag. Wir füllen unseren Kalender mit Terminen, egal, wieviel Zeit uns zur Verfügung steht.

Heute werde ich während des ganzen Tages keine Uhr tragen und auch sonst auf keine Uhr schauen. Wenn diese kleine Übung mir hilft, der Zeit weniger Beachtung zu schenken, ruhiger und ausgeglichener zu werden, dann nehme ich meine Uhr nur noch in absolut dringenden Fällen mit!

7. Februar

Das Leben ist Gottes Roman. Lassen wir ihn ungestört daran schreiben.

ISAAC BASHEVIS SINGER

Gestreßte, abgearbeitete Männer haben zwar viele Gemeinsamkeiten, aber eine der auffälligsten ist die Unfähigkeit, einfach »loszulassen«. Nachts träumen wir davon, in unserem Leben alles unter Kontrolle zu haben, und im Wachzustand sind wir überzeugt, daß uns dies auch gelingen wird.

Wenn absolute Kontrolle unmöglich ist, wie manche behaupten, dann sollte diese Botschaft für viele von uns ein Anlaß zum Feiern sein. Nicht, daß wir unser Schicksal nicht in die Hand nehmen können – aber wir müssen die Zügel ein wenig schleifen lassen und den Dingen ihren Lauf lassen.

Machen wir uns nur einmal kurz klar, wie problembeladen, wie kompliziert jeder unserer Tage ist. Aber in unserem Leben haben doch viel mehr Dinge Platz als nur die Ereignisse, über die wir bestimmen können. Zwar sollten wir auf unsere Angelegenheiten auch weiterhin Einfluß nehmen und sie in gewisser Weise sogar steuern, doch das darf nur dazu dienen, daß wir innerlich wie äußerlich frei werden, daß wir eine gewisse Ungewißheit verspüren und diese auch genießen.

Heute will ich versuchen, in den Tagesablauf nicht einzugreifen. Ich werde alle meine schön geordneten Lebensentwürfe fallenlassen und die Ungewißheit genauso genießen wie die Zufälle eines nicht im voraus verplanten Vierundzwanzig-Stunden-Tages.

Unglückliche Menschen sind, genauso wie Menschen, die schlecht schlafen, immer stolz auf ihr Manko.

BERTRAND RUSSELL

Das Leiden ist ein edles Gefühl. Zumindest wurde uns das von früh an immer wieder eingetrichtert. Und so empfinden wir einen gewissen Stolz, wenn wir – bereits stolz auf unsere generelle Überbelastung – verkünden können, letzte Nacht nur wenig oder gar nicht geschlafen zu haben.

Die psychische Tretmühle, die überhaupt nicht mehr zum Stillstand kommt, ist für uns Vielbeschäftigte ein willkommener, häufig frequentierter Zufluchtsort.

Wir müssen diese Tretmühle verlassen, die Einstellungen in bezug auf unsere Arbeit genauso zur Kenntnis nehmen wie unsere Unzufriedenheit und herauszufinden versuchen, wer unsere Lehrer waren und warum wir ihre Lektionen rückgängig machen müssen.

Ich muß die Menschen, die mich beeinflußt und beraten haben, einmal genauer unter die Lupe nehmen und, wenn möglich, feststellen, ob sie über ihr äußerst anstrengendes Leben sowohl froh als auch unglücklich waren.

9. Februar

Händchen halten um Mitternacht
Unterm klaren Sternenhimmel,
Schöne Sache, wenn's dir gelingt,
Und es gelingt dir, wenn du's versuchst.

TEXT VON IRA GERSHWIN ZUR MUSIK VON GEORGE GERSHWIN

Dieser bekannte Song wurde in den dreißiger Jahren zur Zeit der Großen Depression geschrieben. So wunderbar Musik und Text sind – sie enthalten darüber hinaus noch eine vielsagende Botschaft.

Das Ende der Romantik wurde, glaube ich, um 1965 verkündet. Verschiedene Versuche, sie wiederaufleben zu lassen, sind gescheitert. Und es stimmt: Romantik kann verlogen sein, die Wahrheit verschleiern und falsche, schmerzliche Vorstellungen erzeugen.

Aber Romantik in ihrer reinsten, vollkommensten Form ist zumindest eine schöne Ablenkung – und im besten Fall ein Zeichen der Liebe und der Zärtlichkeit.

Männer, die zuviel auf einmal machen, sind zu beschäftigt, um romantisch zu sein – um den Moment, um *einen* Moment zu genießen. Wir sind einfach zu sehr von unserer Arbeit in Anspruch genommen, um eine Pause einzulegen und Händchen zu halten unter einem klaren Sternenhimmel.

Schöne Sache, wenn's dir gelingt, und es gelingt dir, wenn du's versuchst.

Ich will heute meine Partnerin in neuem Lichte sehen, das uns beide schöner macht und uns ein besseres Gefühl gibt. Und wenn da momentan niemand ist, dem ich mich nah fühle, so werde ich mir überlegen, wie ich eine andere Person in mein Leben integrieren kann, und sie in jeder Weise zu schätzen wissen.

Unzählige Leute sind auf mich zugekommen und haben gefragt, wie ich es schaffe, soviel zu arbeiten, wo ich doch immer so verlebt aussehe.

Robert Benchley

Da ist überhaupt nichts dabei. Nein, im Grunde nicht. Denn abgespannt zu wirken, empfinden wir sozusagen als Auszeichnung.

Ich habe mir schon oft gedacht, daß die Nachgiebigkeit gegen sich selbst vielleicht gerade dann am schamlosesten ist, wenn man einige Arbeitskollegen sehnsüchtig dabei beobachtet, wie sie in der Mittagspause zur nahegelegenen Turnhalle gehen, um ein wenig Handball zu spielen, spontan ein kleines Basketballmatch auszutragen – oder einfach nur ein paar Bahnen zu schwimmen. Wie sehr man sich doch in sich selbst verstricken kann!

Inzwischen ist mir wirklich klargeworden, daß gerade diejenigen undiszipliniert und selbstsüchtig sind, die bei der pausenlosen Arbeit nur ein trockenes, fades Sandwich hinunterschlingen.

Sich Zeit zu nehmen für sich selbst erscheint einem irgendwie suspekt, zumal dann, wenn man zu den Arbeitssüchtigen zählt. Heute werde ich früh Feierabend machen, einen Spaziergang unternehmen, schwimmen gehen oder die Zeitung von vorne bis hinten lesen. Vielleicht leiste ich mir von nun an jeden Tag eine solche Stunde.

11. Februar

Schau mich an. Habe mich aus dem Nichts hochgearbeitet – in die äußerste Armut.
S. J. PERELMAN

Perelman, schon immer ein Lieblingsautor von mir und von Millionen anderen Lesern, die erstklassige Satire zu schätzen wissen, war ein sehr genauer Beobachter.

Natürlich liegt die Ironie darin, daß gerade dann in unserem Privatleben überhaupt nichts mehr zusammenläuft, wenn es uns geschäftlich so gut geht, daß viele schon neidisch auf uns sind. Einige der wohlhabendsten Männer, die ich kenne, haben völlig »durchgedreht«. Sie sind derart fixiert auf den Stand ihres Vermögens, daß sie kaum das Alter ihrer Kinder wissen, geschweige denn, wie man sich Zeit nimmt für sich selbst, eine neue Begabung entwickelt oder sich irgendwelchen Phantasievorstellungen hingibt, einfach nur aus Spaß an der Freude.

Es gibt ganz unterschiedliche Arten von Bankrott. Und die meisten haben mit Geld eigentlich gar nichts zu tun.

Heute werde ich mir alle Mühe geben, um das Verhältnis zwischen Arbeit und Vergnügen genauer zu untersuchen. Ist es wirklich ausgewogen?

Gott ist nicht tot, sondern lebendig und wohlauf und mit einem weitaus weniger ehrgeizigen Projekt beschäftigt.
GRAFFITI

Ist unsere Gesellschaft in Schwierigkeiten? Einige der Veränderungen, die wir um uns herum wahrnehmen, sind ja durchaus positiv und begrüßenswert. Aber es gibt viele Menschen, die der Ansicht sind, daß wir unsere wesentlichen Ziele völlig aus dem Auge verloren haben. Unsere Tage sind angefüllt mit zwanghaften, selbstzerstörerischen Verhaltensweisen, und wir wollen auch gar nicht mehr wissen, wie man seinem wahren Ich, seiner inneren Stimme, vertraut.

Das Leben ist ein ehrgeiziges Projekt. Wir müssen uns klarmachen, daß es so einfach oder so kompliziert ist, wie wir es uns machen.

Ich will klar erkennen, was meine Wünsche sind und wohin sie mich führen. Ich werde über meinen Vater oder meine Mutter nachdenken, mir ihren Lebensweg vergegenwärtigen und herausfinden, wie sie sich um Unterweisung und geistige Reife bemüht haben.

13. Februar

Ein Bajonett ist eine Waffe, bei der auf beiden Seiten schwer gekämpft wird.

ANONYM

Wenn ich dich nicht kaltmache, machst du mich kalt. Stimmt's? Unsere Arbeit ist oft von kämpferischen Aggressionen geprägt. Wenn wir unsere geschäftlichen Verhandlungen einmal nur unter diesem Gesichtspunkt betrachten, kommen wir der Wahrheit vielleicht näher, als uns lieb ist.

Männer, die immer zuviel arbeiten, gehen sozusagen im Rudel auf die Jagd. Wir umgeben uns gern mit unseresgleichen, mit ebenso überbeanspruchten, hektischen Männern. Und dieses »Gruppenverhalten« läßt sich niemals kontrollieren.

Die verbalen Bajonette sind überall. Am Arbeitsplatz werden sie beim geringsten Anlaß eingesetzt. Paradoxerweise gibt es bei diesen brutalen Auseinandersetzungen kaum einen wahren Sieger. Wer am Ende noch aufrecht stehen kann, stirbt oft nur wenige Tage nach dem Kampf.

Bei dem allgemeinen Tauziehen will ich nicht mitmachen. Aber dieses »Spiel« ist den überarbeiteten, gestreßten Männern sehr vertraut. Ich werde alles daransetzen, sowohl in meinen beruflichen wie auch in meinen familiären Beziehungen kämpferische Aggressionen zu vermeiden.

Eines der Symptome eines bevorstehenden Nervenzusammenbruchs ist die Überzeugung, daß die eigene Arbeit furchtbar wichtig ist und daß es zu allen möglichen Katastrophen käme, wenn man sich Urlaub nehmen würde.

Bertrand Russell

Vergessen Sie nicht: Dieser Irrglaube ist nicht das einzige Anzeichen eines drohenden Nervenzusammenbruchs – aber ein deutliches, wichtiges Signal.

Wie oft schon wurde unser Urlaub durch einen »Notruf« aus dem Büro unterbrochen? An wieviel freien Tagen wurden wir plötzlich in Angst und Verzweiflung gestürzt, weil wir mit dem Schlimmsten rechneten? Etwas oder gar alles war am Arbeitsplatz vielleicht total schiefgelaufen.

Wie soll denn der Laden ohne mich funktionieren? Nun, meistens sehr gut. Manchmal sogar noch besser, wie ich inzwischen weiß – eben weil ich nicht da bin. Gerade dann, wenn ich überlastet bin und wie wild herumrase, bringe ich meine Mitarbeiter ständig durcheinander, und die Produktivität läßt rapide nach.

Bertrand Russell hat also recht.

Sobald ich das Gefühl habe, daß durch mein vorübergehendes Fehlen am Arbeitsplatz die Probleme überhandnehmen und das Chaos ausbrechen würde, werde ich meine inneren Regungen näher untersuchen und meine berufliche Tätigkeit nach besten Kräften langfristig betrachten. Dann werde ich sehen, daß das Dach nicht einfach einstürzt, weil ich nicht da bin, um von ihm erschlagen zu werden.

15. Februar

Es gibt nichts Tragischeres als einen Menschen, der nur noch an ein langes Leben denken kann, ohne das Leben in seiner ganzen Breite erfahren zu haben.

MARTIN LUTHER KING JUN.

Die meisten von uns verstehen sich sehr gut darauf, die Dinge zu messen: Wie schnell? Wie weit? Wie lange?

Ja, wir alle denken daran, wie lang wir wohl am Leben sind: Wie viele Jahre bleiben mir? Aber nur wenige fragen: Was fange ich mit diesen Jahren eigentlich an? Wir wollen doch nicht nur die Stunden irgendwie ausfüllen. Aber was tun? Beruflich etwas Neues anfangen? Eine Familie gründen – zum ersten Mal, zum zweiten Mal? Sich noch mal verlieben? Was werde ich verlieren, was gewinnen?

Lebensqualität ist ein abgegriffener Ausdruck, aber im Grunde wird er zu wenig benutzt – und nur selten auf unser tägliches Leben angewandt. Wie denken wir jetzt über die Zukunft nach?

Die stillen Augenblicke, die ich neu für mich entdeckt habe, bescheren mir ein großes Maß an innerem Frieden. Ich schätze sie sehr und will ihnen noch mehr Platz einräumen. Auf diese Weise werde ich allmählich die ganze Bandbreite meines Lebens kennenlernen: meine Vergangenheit und meine Zukunft.

Was aus dir geworden ist, ist der Preis, den du bezahlt hast, um zu bekommen, was du immer wolltest.
MIGNON MCLAUGHLIN

Keine sehr angenehme Vorstellung. Denn sie zeigt, wie gehetzt wir sind, wie sehr wir uns abschinden. Erst jetzt ist den meisten von uns klar, daß das, was wir gestern unbedingt haben wollten und wofür wir uns und die geliebten Menschen fast umbrachten, die Mühe gar nicht wert war.

Der zwanghafte Wunsch nach mehr und immer mehr ist im Grunde verhängnisvoll. Das wird nicht nur deutlich in der Art und Weise, wie wir unsere Ziele zu erreichen versuchen, sondern vor allem in der erschreckenden Einsicht, daß wir eigentlich gar nicht haben wollen, was wir mit aller Macht einforderten.

Ich muß auf der Hut sein, wenn ich etwas Bestimmtes begehre. Was kostet mich mehr Kraft: daß durch diesen zwanghaften Trieb meine Wertvorstellungen in den Hintergrund gedrängt werden oder daß meine Bemühungen völlig umsonst sind? Wieder einmal ist es an der Zeit, innezuhalten und nachzudenken.

17. Februar

Wer sich nicht zu konzentrieren vermag, kennt auch keinen geistigen Frieden.

AUS DEM INDISCHEN LEHRGEDICHT BHAGAVADGITA

Die Vorstellung, sich wirklich zu konzentrieren, ist den meisten überarbeiteten Männern natürlich fremd. Wie soll man auch die nötige Konzentration aufbringen oder den Blick tief nach innen richten, wenn man gezwungen ist, gleichzeitig irgendwelche Anrufe entgegenzunehmen, die Post zu öffnen und einen Geschäftsbrief zu schreiben (und dabei noch ständig die Uhr zu fixieren, weil man sich für den nächsten Termin bereits verspätet hat)?

Wir kennen keinen geistigen Frieden, weil wir nie gelernt haben, die Stille als etwas Wertvolles zu betrachten. Für uns zeigt sich der Erfolg darin, daß der Schreibtisch mit Papieren übersät ist, daß pausenlos das Telefon piepst und das Faxgerät summt.

Erst seit kurzem betrachten einige Männer ihre Tagträumereien als etwas, das eine ganz eigene Qualität besitzt. Sie verstehen jetzt, warum ein längerer Blick aus dem Fenster ihren Geist beflügelt.

Ich werde mir jede Stunde etwas Zeit nehmen, um mich im Raum umzuschauen, meinen Kopf freizumachen und bereitwillig auf meinen Atem zu hören. Diese kleinen Pausen geben mir neue Kraft.

Für das, was wir wirklich gerne tun, finden wir immer Zeit.
JOHN LANCASTER SPALDING

Viele von uns sind derart damit beschäftigt, irgendein Ziel zu erreichen, das uns dann davon abhält, unsere eigentlichen Interessen und Neigungen zu erkennen, daß wir den ganzen Tag über nur mittelmäßige Arbeit leisten, die uns kaum oder gar kein Vergnügen macht.

Ich kenne eine Reihe von Männern, die sich nie gefragt haben, welche Tätigkeit ihnen wirklich am Herzen liegt. Und damit meine ich nicht, daß man sich ein gutes Fußballspiel im Fernsehen anschaut, eine Pizza essen oder ein Bier trinken geht. Vielmehr: Welcher Aufgabe würden Sie sich mit Hingabe widmen? Was wollen Sie wahnsinnig gern machen?

Gut, vielleicht Golf oder Schach oder Tennis spielen, aber mir geht es darum, daß man sich einer Sache völlig verschreibt, mehr und mehr in sie eindringt und dabei jene echte Leidenschaft empfindet, die man in der Kindheit besaß. Kehren Sie in diese Zeit zurück, machen Sie eine Stippvisite dorthin, wenigstens im Kopf. Danach werden sie sich jünger und frischer fühlen.

Männer, die zuviel arbeiten, haben keine Zeit für ihre wahren Interessen. Deshalb werde ich mich ernsthaft darum bemühen, einen Tag in der Woche freizumachen, an dem ich herausfinde, was mir Befriedigung, inneren Frieden und Leidenschaft schenkt.

19. Februar

Ich denke nicht im Traum daran, immer nur für die Öffentlichkeit da zu sein, wie ein Versorgungsbetrieb.
HENRY R. LUCE

Wir alle haben so große Angst vor dem Versagen, zumal dann, wenn unsere Schwächen und Fehler in irgendeiner Weise publik werden.

Aus diesem Grunde müssen wir bei vielen unserer Tätigkeiten ein gesundes Maß finden. Wenn wir uns verpflichten, jene Dinge wiederzuentdecken, die uns wichtig sind, dann werden wir wieder einen Bezugsrahmen schaffen, in dem wir leben können – anstatt unsere Tage damit zuzubringen, wie ein öffentlicher oder privater Versorgungsbetrieb zu funktionieren.

Männer, die sich immer zuviel aufladen, sind in hohem Grade von Scham erfüllt. Ich muß mir bewußt machen, daß meine Mißerfolge genauso lehrreich sind wie meine Erfolge und daß meine Arbeitssucht nur meinen inneren Schmerz kaschiert.

Die Glut eines einzigen liebevollen Gedankens ist mir mehr wert als Geld.

THOMAS JEFFERSON

Ideen. Gedanken. Erfindungen. Selbstbeobachtung. Erinnerungen an fröhliche Tage und Nächte. Dafür nehmen sich die meisten von uns nie Zeit.

Geldmangel und Geldgier wirken sich manchmal äußerst negativ aus. Aber wenn wir – im pathologischen Sinne – regelrecht abhängig sind von unserer Arbeit, bedarf es nicht einmal der Lockung des Geldes; wie auf Kommando muten wir uns immer neue Aufgaben zu.

Viele Männer definieren sich nicht durch ihre Persönlichkeit, sondern durch ihren Besitz; durch Geld; Autos; attraktive Ehefrauen; wechselnde Freundinnen; Führungspositionen; Macht.

Ich werde mir heute erlauben, liebevolle Gedanken zu hegen, mir Zeit lassen, Erinnerungen oder Träumen nachzuhängen, und das auch genießen. Diese Glut soll stets in mir sein.

21. Februar

Die persönlichen Beziehungen sind von ewig bleibendem Wert – und nicht die Äußerlichkeiten des Lebens wie Telegramme und Wutanfälle.

E. M. Forster

Freundschaft: Sie ist Männern, die sich ständig überarbeiten, geradezu fremd. Wir führen unsere endlosen Verpflichtungen als Grund dafür an, daß wir keine Freundschaften pflegen können. Und diese schießen nun einmal nicht aus dem Boden wie Löwenzahn im April.

Freundschaften brauchen Zeit. Man muß sich um sie kümmern, sie bewahren durch Zuneigung und Liebe. Die Freude, die aus solch vertrauensvollen, langjährigen Beziehungen resultiert, kann zwar kaum in Worte gefaßt, aber um so leichter geweckt werden.

Ich weiß, daß es wichtig ist, Freunde zu haben. Ich bin erst dann innerlich ganz, wenn es einen Menschen gibt, dem ich genauso vertrauen kann wie er mir. Deshalb werde ich mir in bezug auf die Leute, mit denen ich bekannt bin, einmal überlegen, ob wir Freunde werden könnten.

Ein Handlungsreisender muß Träume haben, mein Junge. Das gehört zu seinem Beruf.
ARTHUR MILLER

Träumen ist so wichtig, so aufbauend, so gut für die eigene Psyche. Wenn wir die Notwendigkeiten des Träumens bezweifeln oder gar bestreiten, verlieren wir jede Hoffnung. Das Lebenslicht erlöscht. Selbst Willie Loman, Arthur Millers Handlungsreisender, war sich dessen bewußt.

Ganz gleich, in welchen Welten wir uns bewegen, an welchen Orten wir uns aufhalten – wir müssen stets Raum lassen für die Hoffnung. Sie ist wahrhaft erhebend – und sie macht uns zu besseren, freundlicheren und offeneren Menschen.

Männern, die zuviel arbeiten, fällt es nicht leicht, den eigenen Träumen nachzuhängen. Wir sind nun erwachsen und glauben, für derlei »Spielereien« keine Zeit zu haben. Doch gerade die Träume sind es, die uns am Leben erhalten.

Wenn man aufblickt zum Himmel, kommen die Tagträume wie von selbst. Ich denke, ich werde heute einige Zeit damit verbringen, die Wipfel der Bäume zu betrachten.

23. Februar

Verwechsle nie Bewegung mit Handlung.
ERNEST HEMINGWAY

Seit der Zeit, da wir noch klein waren und die Grundschule besuchten, haben viele von uns gelernt – oder wußten es immer schon –, wie man »geschäftig tut«. Später, wenn die Situation es verlangte – und das war oft der Fall –, gaben wir dann gern vor, gerade ganz besonders viel »am Hals zu haben«.

Diese Betriebsamkeit verhinderte jede Intimität, jede tiefere Bindung, jeden wahren und positiven Schritt in Richtung von seelischem Wohlergehen und geistigem Frieden.

Uns wurde beigebracht, daß dieses In-Bewegung-Sein lobenswert und rechtschaffen ist, selbst wenn es sich dabei nur um ein Tarnmanöver handelte.

Eine Handlung dagegen hat immer auch etwas zu tun mit Entscheidung, Leistung, Engagement. Handlung ist nicht gleich Bewegung. Trotzdem bringen wir beides immer wieder durcheinander.

Ich werde nicht mehr aufgeregt hin und her rasen, um so meine wahren Gefühle zu verschleiern oder »geschäftig zu tun«, sondern mir vielmehr den Unterschied zwischen Bewegung und Handlung klarmachen.

Jeder Mensch hat ein Anrecht darauf, an seinen besten Momenten gemessen zu werden.
RALPH WALDO EMERSON

Allzuoft denken wir über Situationen nach, in denen wir unsere Aufgabe nicht erfüllt haben und den Erwartungen von anderen nicht gerecht geworden sind. Und gerade dann, wenn wir völlig »von der Rolle sind«, bilden sich die anderen ein Urteil über uns. Nur selten beurteilen Männer andere Männer nach ihren Sternstunden.

Selbst Sportstars, Menschen also, die perfekte Tore schießen, im Tennis jeden Schlag beherrschen oder im Eiskunstlauf Bestnoten erzielen, werden heute durch die Presse einer erbarmungslosen Prüfung unterzogen. Wie die Lemminge schließen sich viele von uns dem an und kritisieren diese hervorragenden Sportler wegen ihrer letzten Mißerfolge – anstatt sie an ihren letzten Erfolgen zu messen.

Es wird mich und meine Leidensgenossen in eine positive Stimmung versetzen, wenn wir andere Männer auch einmal im besten Licht sehen und uns an ihre besten Momente erinnern.

25. Februar

Das Faulenzen bedarf keiner Erklärung und entschuldigt sich von selbst.

CHRISTOPHER MORLEY

Das Wort *faulenzen* klingt in den Ohren derer, die sich ständig übernehmen, wie ein Fluch in neun Buchstaben. Es ist einfach undenkbar, zu faulenzen. Dieses »Herumlungern« ist ein Zeichen von Trägheit. Es führt zu Selbstkritik und Selbsthaß – meinen sie.

Aber gerade durch Faulenzen wird unsere innere Batterie neu aufgeladen. Ich für meinen Teil liebe verregnete Samstage, an denen ich zu Hause bleiben kann, mir nichts Besonderes anziehe und auch nicht das Gefühl habe, mich deshalb schlecht fühlen zu müssen. Ich komme mir nicht wie ein Versager vor, wenn ich mich einen Tag lang völlig zurückziehe und rein gar nichts mache. Im Gegenteil: Das ist äußerst heilsam.

Ich will jeden Monat ein oder zwei Tage von der Bildfläche verschwinden, zu Hause herumhängen und einfach viel Zeit vertrödeln. Ich werde weder die Garage streichen noch den Speicher aufräumen, sondern so wenig tun wie möglich.

Das Geheimnis des Erfolgs liegt in einer konsequenten Zielsetzung.
BENJAMIN DISRAELI

Jene unter uns, die bis zum Hals in Arbeit stecken, ertrinken quasi in einem Gebräu, das nach einem äußerst gefährlichen Rezept hergestellt wurde.

Wir geraten unter anderem deshalb in diese zwanghafte Hyperaktivität, weil wir unsere eigentlichen Ziele aus dem Auge verlieren. Wir werden von unsere Plänen abgebracht, hören plötzlich auf ganz andere Leute, die vielleicht völlig entgegengesetzte Interessen vertreten, ändern auf halber Strecke unseren Kurs und wählen mißverständliche Formulierungen, bis wir am Ende im Schlamassel sitzen, völlig ins Stocken geraten und unfähig sind, überhaupt noch klare Zusagen zu machen. Dann fehlen uns die Perspektiven.

Nur darin sind wir konsequent.

Heute will ich mich auf meine Ziele konzentrieren. Das ist auch bitter nötig. Ich werde nicht in einem Abgrund versinken, wo mir gar keine Wahl mehr bleibt.

27. Februar

Nicht unsere Tätigkeit, sondern unser Verständnis macht unsere Würde aus.

George Santayana

Männer brauchen greifbare Beweise ihrer Fähigkeiten, ihres Wertes. Ideen aber, so wichtig sie auch sind, kann man nicht sehen, nicht mit Händen fassen. Außerdem sind gestreßte Männer einfach zu sehr mit ihren Tätigkeiten und Leistungen beschäftigt, um Ideen als solchen eine große Bedeutung beizumessen. Dadurch sind sie in ihren Wahlmöglichkeiten automatisch begrenzt und bringen weniger Mut auf, Neuland zu erforschen und wirklich kreativ zu arbeiten.

So ist schließlich auch ihre seelische Gesundheit angegriffen, und ihre Würde schwindet immer mehr.

Wenn ich mich heute wieder zur Arbeit antreibe, werde ich mir einmal überlegen, wie weit mein Verständnis eigentlich reicht – und nicht nur meine »Produkte« vor Augen haben.

Es ist eine alte, paradoxe Angewohnheit des Menschen, schneller zu laufen, wenn er sich verirrt hat.
ROLLO MAY

Wie wahr. Rollo May, der berühmte Psychotherapeut, trifft hier den Nagel auf den Kopf. Männer, die zuviel arbeiten, wissen nur wenig über das rechte Maß. Wir neigen dazu, alle Hebel in Bewegung zu setzen und den Druck zu verstärken, ganz egal, wie groß oder wie klein die anstehenden Probleme eigentlich sind; diese Betriebsamkeit soll unsere Unentschlossenheit oder unsere mangelnde Konzentration kaschieren.

Wir müssen daher uns selbst klarmachen: Es gehört einfach zum Leben dazu, daß man bisweilen vom Kurs abkommt. Wir müssen mit uns selbst freundlicher umgehen und LANGSAMER MACHEN – der eigenen Gesundheit zuliebe und zum Wohle jener Menschen, denen wir etwas bedeuten.

Wenn mir plötzlich wieder einmal bewußt wird, wie nervös und hektisch ich bin, halte ich inne, um die Gründe dafür ausfindig zu machen; sodann versuche ich mich voll und ganz auf die momentane Aufgabe zu konzentrieren.

29. Februar

Das leidenschaftliche Bedürfnis nach Ordnung kann die Seele vergiften.
ANONYM

Entgegen allgemeiner Überzeugung kann man, wenn es um Ordnung geht, durchaus übers Ziel hinausschießen. Wenn sowieso schon gestreßte, abgehetzte Männer ihren »Ordnungsfimmel« haben, so ist das oft ein Zeichen dafür, daß sie bestimmte seelische Probleme verdrängen. Vielleicht sind sie nicht gewillt, sich mit ihrer Trauer, ihrem Schmerz, ihren Liebesgefühlen auseinanderzusetzen oder eine enge Bindung einzugehen.

Wenn wir allzusehr auf Organisation und Ordnung bedacht sind, töten wir jede Spontaneität ab und verhindern, daß Gedanken und Tagträume sich frei entfalten können. Und selbst wenn es für alles einen Platz gibt, muß dann auch wirklich alles an seinen Platz?

Ich werde mein Bedürfnis, die Dinge zu kategorisieren, zu arrangieren und genauestens zu definieren, im Auge behalten und versuchen, freier zu denken und zu handeln.

Um den Müßiggang zu pflegen, muß man sich der eigenen Persönlichkeit vollauf bewußt sein.

Robert Louis Stevenson

Ich merke, wie ich beim Telefonieren im Büro auf und ab laufe. Wenn ich eine der vier Zeitungen lese, die ich jeden Tag erhalte, müssen auch die Fernsehnachrichten laufen. Zum Arbeiten brauche ich Musik im Hintergrund und sage den Leuten, daß sie mir hilft, innerlich zur Ruhe zu kommen.

Oft stehe ich rasch vom Eßtisch auf und räume schon ab, wenn andere mit dem Essen noch gar nicht fertig sind. All das hört sich irgendwie komisch an; erst wenn ich einmal genauer über solche Verhaltensweisen nachdenke, wird mir klar, daß sie Kennzeichen eines Mannes sind, der zuviel auf einmal macht.

Mir wurde beigebracht, daß Untätigkeit nichts anderes sei als Faulheit. Deshalb muß ich jetzt lernen, bewußt still zu sitzen, ganz ruhig zu werden, und mir etwas Zeit nehmen, um nach innen zu blicken.

2. März

Wer ihn zu schätzen und zu nutzen weiß, dem ist der Tag unendlich lang.

JOHANN WOLFGANG VON GOETHE

Wie oft haben wir schon gesagt: »Ich bräuchte jeden Tag weitere drei oder vier Stunden, um meine Arbeit zu schaffen«?

Allmählich wird mir klar, daß sich selbst durch einen Sechsundzwanzig-Stunden-Tag überhaupt nichts ändern würde. Ich hätte immer noch zuviel Unerledigtes auf meinem Schreibtisch liegen.

Natürlich gibt es praktische Methoden, diesem krankhaften Bedürfnis nach mehr Arbeitszeit Einhalt zu gebieten. Um meine Neigung, zu viele Verpflichtungen einzugehen, besser in den Griff zu bekommen, habe ich zum Beispiel angefangen, einfach weniger Aufträge anzunehmen. Das mag in gewisser Hinsicht ein Luxus sein, aber um einen Ausgleich herzustellen, muß man eben auch bei sich selbst die Erwartungen niedriger ansetzen. Ich weiß jetzt, daß ich manchen Arbeiten genauso hilflos gegenüberstehe wie einem riesigen Arbeitspensum.

Möchte ich reich sein und jung sterben – oder nicht vielleicht doch etwas weniger besitzen und dafür lange genug am Leben sein, um mein Alter dankbar schätzen zu können?

Zu lernen, wie man Zeit und Arbeit richtig einteilt, ist eine lebenslange Aufgabe. Ich werde versuchen, mich heute auf meine Stärken zu konzentrieren beziehungsweise nicht so viele Sachen anzunehmen.

Ein Mensch ist um so reicher, auf je mehr Dinge er mühelos verzichten kann.
HENRY DAVID THOREAU

Vereinfache, vereinfache, vereinfache. Ich glaube, dieses Wort sowie die Grundeinstellung, auf die es verweist, werden für uns, die wir die neunziger Jahre durchleben und in Richtung 21. Jahrhundert unterwegs sind, immer mehr an Bedeutung gewinnen. Mir scheint, gerade auch gestreßte, abgearbeitete Männer müssen in jeder erdenklichen Weise niedrigere Maßstäbe anlegen.

Natürlich haben wir uns diese allzu schweren Bürden selbst aufgeladen. Die allgemeine Stimmung in den achtziger Jahren trug dazu bei, daß wir uns wie übereifrige Fanatiker benahmen, und so müssen wir uns jetzt die Zeit nehmen, den unnötigen Ballast wieder abzuwerfen.

Männer, die zuviel arbeiten, suchen immer Ablenkung. Und so wollen wir nun unsere Aufmerksamkeit darauf richten, die Dinge zu vereinfachen. Das wird eine befreiende Erfahrung sein.

Ich will den Mut haben, reicher zu werden, indem ich mir weniger zulege.

4. März

Das Problem mit der eigenen Freizeit besteht darin, wie man verhindert, daß die anderen sie nutzen.
ANONYM

Freizeit? Welche Freizeit?

Männern, die sich fast zu Tode arbeiten, macht es große Mühe, Grenzen zu setzen. Wir fahren in Urlaub, freuen uns auf Ruhe und Erholung und versprechen unserer Frau, unseren Kindern sowie unseren Freunden, *daß wir nicht einmal in die Nähe eines Telefons gehen werden.*

Aber im Grunde durchschauen wir einfach nicht die Probleme, die wir mit unserer Arbeit haben. Um so mehr müssen wir uns immer wieder klarmachen, daß wir mehrere Möglichkeiten haben und darüber hinaus klare Grenzen ziehen können zwischen Arbeit und Spiel.

Gerade uns fällt es schwer, den obigen Ausspruch zu beherzigen und also zu sagen: »Nein, ich bin weder heute noch morgen noch am Wochenende für Sie da.«

Ich muß mir bewußt machen, daß vielleicht meine Freizeit und die Art, wie ich mit ihr umgehe, mein inneres Gleichgewicht bewahren.

Das tägliche Leben muß ein ganz bewußtes Werk sein, in welchem Ordnung und Disziplin ausgeglichen werden durch etwas Spiel und unbekümmerte Fröhlichkeit.
MAY SARTON

Es gibt für mich kaum etwas Erfrischenderes, als innerlich loszulassen und mit meinen Kindern zu albern.

Ich muß zugeben, daß ich beim Abschluß einer Arbeit ein Wohlgefühl empfinde, eine Art geistigen Frieden. Aber Anspannung und Streß verschwinden am besten dadurch, daß ich lache, herumtolle und Spaß habe mit den Menschen, die mir am Herzen liegen.

Ich werde mir Mühe geben, jeden Tag offen zu sein für die eine oder andere Torheit.

6. März

Es gibt nur eine Art von Erfolg: das eigene Leben so gestalten zu können, wie man es für richtig hält.
CHRISTOPHER MORLEY

Jeder kann relativ frei definieren, was er unter »Leben« versteht. Geld allein reicht dazu nicht aus. Vielmehr muß man lernen, mit den eigenen Gefühlen zurechtzukommen und die Stimme des Herzens höher einzuschätzen als die Macht der Gedanken. Dann stehen einem plötzlich viele Alternativen zur Verfügung, um ein wirklich eigenständiges und erfülltes Leben zu führen.

Es ist nicht wahr, daß ein großes Vermögen Freiheit und Glück beschert. Wieder und wieder hat sich herausgestellt, daß das Geld uns zu Sklaven unseres Reichtums macht, daß es uns quasi in Wächter verwandelt, die ständig Angst haben, alles zu verlieren und eines Morgens ohne Hab und Gut aufzuwachen.

Ich glaube, es ist noch nicht zu spät, in meinem Leben einen neuen Kurs einzuschlagen. Ich werde einige meiner bisherigen Entscheidungen genau überprüfen und die eine oder andere Veränderung ins Auge fassen.

Ich glaube, es ist wichtiger zu wissen, was man nicht *kann, als zu wissen, was man kann.*

LUCILLE BALL

Lucille Ball hat recht: Es kommt wirklich darauf an, die eigenen Stärken kennenzulernen und sich dann weniger mit den Dingen zu beschäftigen, die man nicht so gut beherrscht. Aber das erscheint uns denn doch etwas zu simpel.

Wie viele unter uns, die sich zu sehr aufs »Machen« verlegen, machen allzuoft das Falsche? Es geht ja nicht nur um die *Menge* der Arbeit, die unsere Kraft und Zeit beansprucht, sondern auch darum, welcher *Art* die Aufgaben sind, die wir uns bereitwillig aufhalsen.

Meistens verdrängen wir, daß wir auch Schwächen haben und uns folglich nicht in allen Bereichen hervortun können. Gerade dadurch aber tun wir uns nirgends hervor.

Ich muß eine innere Inventur durchführen, um herauszufinden, was ich tue und was ich nicht gerne tue; auf diese Weise kann ich feststellen, ob es zwischen beiden Listen zu gefährlichen Wiederholungen kommt.

8. März

Wir sollten all das tun, was uns auf Dauer Freude bereitet, selbst wenn die Tätigkeit nur darin besteht, Weintrauben zu pflücken oder die Wäsche zu sortieren.

E. B. WHITE

Wahrscheinlich gehen die Gedanken der meisten Männer in die gleiche Richtung, wobei sie allerdings andere Dinge bevorzugen, nämlich Macht, Reichtum, Unabhängigkeit, Ruhe. Zwar habe ich zu diesem Thema keine wissenschaftliche Studie verfaßt, aber doch viel darüber gelesen und mit einer ganzen Reihe von Männern gesprochen, um zu wissen, was ihnen SEHR WICHTIG ist.

Kürzlich unterhielt ich mich mit meiner Frau darüber, was unsere Kinder später wohl einmal »werden«. Ich habe immer gesagt: Wenn es sie wirklich beglückt, Autos vollzutanken oder Weintrauben zu pflücken, dann bin ich völlig einverstanden damit. Entscheidend ist nicht, was *mich* froh oder stolz macht oder was bei ihren Altersgenossen gut ankommt, sondern was für *sie* das größte Glück ist. Auch ich habe ja Freude an Dingen, die anderen Menschen herzlich wenig bedeuten – und umgekehrt.

Die Erwartungen, die ich in eigener Sache hege, gelten für niemanden sonst. Ich werde sie also nicht auf andere projizieren, schon gar nicht auf meine Kinder. Sodann will ich darüber nachdenken, was *mir* wahre Freude schenkt.

Eine Maschine kann so viel leisten wie fünfzig gewöhnliche Menschen. Aber keine Maschine kann so viel leisten wie ein außergewöhnlicher Mensch.

ELBERT HUBBARD

Das ist das Zeitalter der neuen Technologien. Ob Computer mit einer Speicherkapazität von vielen Megabytes, ob Bilderwelten, die durch magnetische Resonanz entstehen – wir sind geblendet von den Apparaten, die wir erfunden haben. Zwar sollte der praktische Nutzen, den sie uns bringen, in hohem Maße respektiert werden – aber wie steht es um das Innere unseres eigenen »Apparats«, um unsere Begabungen, unseren Verstand, unsere Fähigkeit, die eigenen Gedanken und Gefühle zu erläutern?

Die Geisteskraft jener Menschen, die zu solch großartigen Errungenschaften beitrugen, ist das Musterbild wahrer Größe. Dennoch gibt es kein Gerät, das imstande wäre, ein weinendes Kind zu trösten, hungrige Menschen zu ernähren und einem teilnahmslosen, verlorenen, zornigen Herzen ein wenig Wärme zu schenken. Gerade das aber können wir – und deshalb sind wir außergewöhnlich. Jeder von uns.

Heute werde ich eine Pause einlegen und über meine Stärken nachdenken – darüber, was mich zu einem besonderen Menschen macht.

10. März

Wenn ich noch mal jung wäre und entscheiden müßte, was ich werden will, dann würde ich nicht wieder versuchen, Wissenschaftler, Forscher oder Lehrer zu werden. Eher schon Klempner oder Hausierer – in der Hoffnung, jenes bescheidene Maß an Unabhängigkeit zu erlangen, das unter den gegenwärtigen Umständen noch erreichbar ist.

ALBERT EINSTEIN

Obwohl Einstein diese Worte bereits 1954 niederschrieb, sind sie gerade heute wieder aktuell. In dieser Welt, die wir uns geschaffen haben, wo die bloße Aktivität eher belohnt wird als das, was am Ende dabei herauskommt, haben wir unsere Unabhängigkeit zum großen Teil eingebüßt. Wenn unser Leben durch unser übersteigertes Bedürfnis, immer noch mehr zu arbeiten, außer Kontrolle geraten ist, werden wir nun daran erinnert, daß es auch einfacher und weniger kompliziert gegangen wäre.

Indem wir die Dinge vereinfachen und konzentrierter ans Werk gehen, befreien wir uns selbst – und schenken uns damit ein beträchtliches Maß an Unabhängigkeit.

Ich werde heute alles tun, um unabhängig zu werden. Das heißt, ich muß mein Arbeitspensum dadurch verringern, daß ich nicht *alle* möglichen Aufträge annehme.

Hüte dich vor dem nackten Mann, der dir sein Hemd verkaufen will.

HARVEY MACKAY

Dieser Buchtitel von Harvey Mackay geht auf ein altes afrikanisches Sprichwort zurück und zeugt von tiefer Einsicht. Denn wenn wir den anderen das Blaue vom Himmel versprechen und dafür bedenkenlos einen Zwölf-Stunden-Tag einkalkulieren, führen wir sie schlichtweg in die Irre. Gerade wenn wir zu viele Versprechungen machen, sind wir am Ende unfähig, überhaupt etwas zu geben.

Oft haben wir ja durchaus gute Vorsätze, können ihnen aber unmöglich treu bleiben. Es ist einfach unklug, so vieles in Aussicht zu stellen, nur um dann nach und nach alle zu enttäuschen – nicht nur die Menschen, denen wir gewisse Dinge schmackhaft gemacht haben, sondern letztlich auch uns selbst. Im Grunde verstecken wir uns hinter vagen Zusagen und meinen, daß unsere dürftigen Beiträge ein Ausgleich seien für das, was wir im Grunde gar nicht besitzen.

Heute werde ich nicht so viel von mir hergeben, daß ich schließlich wütend und enttäuscht bin – und von jedem für einen Versager gehalten werde.

12. März

Wessen Leben ist das eigentlich?
BRIAN CLARK

Wenn unsere Arbeitssucht wirklich schlimme Ausmaße annimmt, vergessen wir nur allzuleicht, daß uns auch weiterhin verschiedene Alternativen zur Verfügung stehen. Wir nehmen dann Zuflucht zu routinemäßigen Tätigkeiten und empfinden einen perversen Stolz angesichts unserer selbstgebauten Gefängnisse; zugleich aber behaupten wir, »das Leben« habe uns genauso unerträgliche wie unlösbare Aufgaben zugemutet.

Fürwahr: Wessen Leben ist das? Wenn wir uns hinter Bergen von Arbeit verstecken, die wir uns selbst »eingebrockt« haben, dann sagen wir damit eigentlich: »Ich bin nicht gut genug« oder: »Ich darf mich nicht amüsieren« oder: »Ich kann mein Leben nicht sinnvoll und angenehm gestalten.«

Heute erkenne ich, was meine Arbeitsbelastung in Wirklichkeit ist – nämlich ein von mir selbst erschaffenes Ungeheuer, das den Begriff *Wahlmöglichkeit* aus meinem Wortschatz verbannt hat. Dann lasse ich mir die Frage: *Wessen Leben ist das eigentlich?* noch einmal durch den Kopf gehen, bis mir klar ist, daß dies *mein* Leben ist.

»Oper« ist, wenn ein Typ von hinten niedergestochen wird und nicht blutet, sondern singt.
ED GARDNER

Von »Seifenoper« spricht man, wenn wir ein Szenario entworfen haben, in dem wir selbst zwangsläufig von hinten niedergestochen werden. Wir lassen uns nichts anmerken, bleiben in Bewegung, singen munter weiter und fahren fort mit unserer Arbeit – ohne je zuzugeben, daß wir verwundet sind. Das Verhängnis nimmt seinen Lauf, während wir singen und singen, arbeiten und arbeiten.

Arbeitssüchtige Menschen haben nur selten den Mut, sich mit der eigenen Person auseinanderzusetzen. Wir sind zu sehr damit beschäftigt, alles unter Kontrolle zu halten, und befürchten, daß wir, hielten wir nur einmal inne, um unser geschäftiges Treiben näher zu betrachten, tatsächlich bluten würden – *ver*bluten.

Heute werde ich darüber nachdenken, was mich wirklich stark macht. Ist es meine eingebildete, mich zugrunde richtende Großartigkeit oder vielleicht nicht doch meine bejahende, tolerante Einstellung gegenüber den eigenen Schwächen, die mir Kraft gibt?

14. März

Er (Harris) fühlte sich mit dem Unglück verbunden wie wir alle – ihm schien, als sei dies der Zustand, der uns zutiefst vertraut ist.
GRAHAM GREENE

Es gibt unzählige Möglichkeiten, sich selbst zu quälen. Die Arbeitssucht ist sicherlich eine davon, die sich besonders auch auf jene Menschen verheerend auswirkt, zu denen wir liebevolle Beziehungen haben.

Sobald wir in diesem immer gleichen Ablauf gefangen sind, nimmt er kein Ende mehr. Wir malträtieren die anderen – unsere Frau, die Kinder, die Freunde –, und ohne uns dessen bewußt zu sein, ziehen wir sie in unseren Teufelskreis mit hinein. Eines Tages fühlen wir uns dann völlig verloren, sozusagen zum Untergang verurteilt. Das, meinen wir, sei eben unser bitteres Los. Und so beginnen wir, wie Graham Greene sagt, uns mit dem eigenen Unglück verbunden zu fühlen, was wiederum zur Folge hat, daß wir uns selbst erneut und noch mehr quälen.

Ich will versuchen, meinem Unglücklichsein entgegenzuwirken, das Risiko eingehen, jene stets wiederkehrenden Verhaltensmuster, die mich kaputtmachen, zu hinterfragen, und mir darüber bewußt werden, wie ich durch sie in eine Art Gefängnis der Einsamkeit geraten bin.

Der Mensch ist größer als seine Werke.
ROCKWELL KENT

Wir definieren uns und auch andere Menschen durch das, was wir beziehungsweise sie »machen«. Sobald mehrere Männer aus einem bestimmten Anlaß zusammentreffen, kommt fast immer der Moment, da einer von ihnen erzählt, »was er so treibt«, und alle anderen tun es ihm dann nach. Die Abgrenzung des eigenen Tätigkeitsbereichs dient zwar ganz unterschiedlichen Zwecken, aber mir wird doch mehr und mehr bewußt, daß diese Art von Erfahrungsaustausch mehr Schaden anrichtet, als es zunächst den Anschein hat.

Wenn Männer unter sich sind (und natürlich ist es gegenüber Frauen auch nicht anders), beweist der eine dem anderen, daß er am härtesten arbeitet, daß er die meiste Verantwortung trägt, daß er den anstrengendsten Beruf hat, und aufgrund solcher Informationen definiert dann jeder, wer er ist und welche gesellschaftliche Stellung er hat.

Wir sind jedoch nicht identisch mit unserem Tun. Wir tragen »viele Seelen in unserer Brust«. Daher brauchen wir uns auch nicht der allgemeinsten und irreführendsten Bezeichnung zu unterwerfen: der unseres Berufes.

Heute werde ich mich gegenüber anderen weder durch meine Arbeit noch durch sichtbare Beweise meiner Karriere definieren, sondern eher dadurch, daß ich mich ihnen auf einer tieferen Ebene offenbare.

16. März

Verzweiflung ist der Preis dafür, daß man sich ein unerreichbares Ziel gesetzt hat.

GRAHAM GREENE

Jede Art von Sucht – auch die Arbeitssucht – ist auf tiefinnere Verdrängungsmechanismen zurückzuführen, denn der Abhängige kann nie genug bekommen (oder genug *geben*), und dies führt dann oft dazu, daß er jede Hoffnung verliert, ja am Leben verzweifelt. Dennoch sollten wir diese schweren Depressionen auf jeden Fall bewußt wahrnehmen und durchleben, eben weil wir selbst sie verursacht haben.

Wenn wir dagegen verdrängen, daß wir uns einfach zu hohe Ziele gesetzt haben, dann werden wir uns immer unzulänglicher fühlen – und von den eigenen Leistungen enttäuscht sein.

Heute wie auch in Zukunft werde ich mich stets daran erinnern, daß allzu hohe Maßstäbe leicht zu unlösbaren Aufgaben führen.

Wer über andere bestimmen möchte, sollte zuerst einmal sich selbst in der Hand haben.

PHILIP MASSINGER

Workaholics sind Perfektionisten. Perfektionismus ist an sich schon eine Krankheit, aber wenn man ihn anderen aufoktroyiert, hat das immer schlimme Folgen.

Ist es Ihre Aufgabe, andere zu beaufsichtigen? Gibt es Menschen, die Ihnen Meldung machen müssen? Sind Sie ständig von ihnen enttäuscht, eben weil sie keine vollkommenen Leistungen bringen, keine tadellosen Ergebnisse erzielen, keine fehlerfreien Berichte schreiben?

Flexibilität sich selbst und anderen gegenüber ermöglicht maximale Effektivität. Wenn Sie in leitender Stellung sind, müssen Sie Fehler, schwankende Leistungen, nicht erfüllte Anforderungen tolerieren. Jedes andere Verhalten läßt auf einen entfesselt agierenden Arbeitssüchtigen schließen.

Wer glaubt, daß Perfektion möglich sei, täuscht sich. Das werde ich mir heute immer wieder klarmachen, während ich mit meinen Kollegen und Kolleginnen zusammenarbeite.

18. März

Wenn ich groß bin, möchte ich ein kleiner Junge sein.
JOSEPH HELLER

Da Verdrängungsmechanismen an kein bestimmtes Alter gebunden sind und wir schon als Kinder unsere Bedürfnisse und Wünsche manchmal unterdrücken mußten, hatten viele von uns nie die Möglichkeit, diese frühe Lebensphase unbeschwert zu genießen. Wenn wir zudem noch in einer nicht intakten Familie aufwuchsen, sind wir unserer Kindheit tatsächlich beraubt worden. Um zu überleben, waren wir ständig damit beschäftigt, den eigenen Wert unter Beweis zu stellen – und daran hat sich bis heute nichts geändert. Indem wir uns in die Arbeit vergraben, uns mit der Arbeit identifizieren und durch die Arbeit definieren, wollen wir zeigen, was für verdienstvolle und wichtige Menschen wir sind.

Die Freiheit, die »normale« Kinder haben, ist uns ein Greuel. Wenn wir mit ihr konfrontiert werden, steht unser Selbstverständnis auf dem Spiel. Eben deshalb fliehen wir vor ihr und ertrinken lieber in einer Flut von selbstgeschaffenen Aufgaben und Verpflichtungen.

Heute werde ich die eine oder andere Pause einlegen, um wieder ein kleiner Junge zu sein, und »erwachsene« Verhaltensweisen gegen befreiende »Spiele« eintauschen.

Man verbringt sein Leben nicht mehr damit, um die Ecke zu jagen wegen irgend etwas, das dann doch nie da ist.
Rex Harrison

Rex Harrison spricht hier offensichtlich von Lebenserfahrung und innerer Reife, im Kontrast zu den Torheiten der Jugend. Aber ich denke, seine Worte haben noch einen weiteren Sinn. Denn viele von uns rennen und rennen, suchen ständig nach der *definitiven* Antwort, nach dem *einzigartigen* Stimulans, wobei sie schon gar nicht mehr sehen, was direkt vor ihren Augen liegt.

Arbeitssüchtige sind Marathonläufer. Die Tätigkeit selbst macht uns high und bestärkt uns noch in unserem falschen Selbstbild – und so jagen wir dauernd dem nach, was hinter der nächsten Ecke wartet, der übernächsten, der überübernächsten ...

Heute teile ich meinen Tag so ein, daß ich weder atemlos noch gefühllos noch ängstlich bin; außerdem achte ich darauf, welche Motive meinem Handeln zugrundeliegen.

20. März

Es heißt, man soll beim Vater anfangen.
MAXINE KUMIN

In den meisten Fällen ist der Vater unser erstes Vorbild. Wir eifern ihm nach, internalisieren seine positiven Eigenschaften und kopieren seine negativen Verhaltensweisen.

Zu dieser Regel gibt es meines Erachtens keine Ausnahme: Jeder Mann, den ich kenne, der ein Workaholic ist und dies auch mehr oder minder bereitwillig zugibt, erzählt unweigerlich die traurige Geschichte von der Arbeitssucht seines Vaters. Er spricht von dessen Unfähigkeit, Versprechen zu halten, von dessen Vergeßlichkeit und Perfektionswahn und – last, not least – von dessen »emotionaler Abwesenheit«.

Gerade bei uns Männern beginnt tatsächlich alles mit dem Vater.

Wenn ich mich dazu zwingen kann, an meinen Vater und seine Arbeit zu denken, so kann ich mich auch dazu zwingen, ihn zu verstehen, ohne sein schädliches Verhalten zu wiederholen.

Das Schwierigste am Erfolg ist, daß man gezwungen ist, immer wieder Erfolg zu haben.

IRVING BERLIN

Welche Alpträume der Erfolg uns doch manchmal bereitet, zumal dann, wenn wir süchtig nach ihm sind! Immer wieder gehen uns bestimmte Fragen durch den Kopf: Wodurch kann ich meine letzten Ergebnisse noch übertreffen? Schaffe ich es, drei Jahre hintereinander »Manager des Jahres« zu werden? Wie kann ich Jahr für Jahr *der* Topverkäufer sein? Wie kann ich noch schneller, noch weiter vorankommen? Und woran werden meine Leistungen gemessen? An meinen Verkaufszahlen?

Wir müssen lernen, unter welchen Umständen und zu welchem Zeitpunkt wir ruhig einmal unser Ziel verfehlen können und wie hoch gegebenenfalls der Preis dafür ist. Darüber hinaus müssen wir uns immer wieder fragen, für wen wir uns eigentlich so abrackern und was uns anfänglich dazu trieb, einen Erfolg nach dem anderen zu suchen.

Ich sollte meinen kleinen Erfolgen Beachtung schenken – jenen Dingen, die mir einen Augenblick lang Glück gewähren und ein Gefühl von Wohlbehagen vermitteln. Zugleich sollte ich die großen Erfolge weniger wichtig nehmen und mich nicht völlig von ihnen in Beschlag nehmen lassen.

22. März

Nichts ist schrecklicher als Unwissenheit in Aktion.
JOHANN WOLFGANG VON GOETHE

Zwanghaftes Verhalten ist ein Kennzeichen von Sucht. So viele von uns hetzen ständig hin und her – ob am Arbeitsplatz oder in der Familie. Arbeitssüchtige sind von der Aktivität genauso abhängig wie Junkies von der Droge. Wir wollen alles anders machen, aber nur, damit es anders wird; etwas Neues *muß* ja besser sein. Allerdings sind wir nur selten hinreichend informiert, um unsere Entscheidungen aufgrund von Fakten abzusichern. Das dauert uns einfach zu lange, behindert uns und verzögert den ganzen Ablauf. Je ignoranter wir sind, desto mehr Entschlußkraft können wir aufbieten. Arbeitssüchtigen Menschen erscheint jedes Tempo verdächtig, das niedriger ist als das eigene.

Je mehr ich mich mit den Symptomen meiner Hyperaktivität auseinandersetze, desto mehr werden mir Verhaltensweisen bewußt, die auf meine Arbeitssucht schließen lassen. Heute werde ich einen sehr konzentrierten Versuch unternehmen, die Dinge langsamer anzugehen und die Situation am Arbeitsplatz zu vereinfachen, an der ich ja nicht unerheblich beteiligt bin.

Was wird die Welt mit ihren Kindern machen?
Es gibt Lebensformen, von denen
wissen die Manager nichts …
Jene andere Welt gleicht einem Stachel
im Ohr einer winzigen Bestie.
ROBERT BLY

Wenn ich an all die Jahre zurückdenke, die ich in New York verbrachte, um dort für große Unternehmen zu arbeiten, wird mir immer wieder bewußt, wie unmenschlich die Arbeitssituation war. In den meisten dieser Firmen herrscht eine Atmosphäre, in der die institutionalisierte Arbeitssucht vorzüglich gedeiht. Wie in einem Bienenstock sind auf der einen Seite die Arbeitsbienen, auf der anderen Seite die Drohnen. Es gibt eine stark ausgeprägte und ziemlich ausgeklügelte Rangordnung, wobei jede Gruppe die nächsthöhere unterstützt. Jedenfalls aber ist dies ein häßlicher, entwürdigender Ort.

Diejenigen, die am Arbeitsplatz das Sagen haben, wollen von familiären Angelegenheiten nichts wissen. Der Workaholic fügt sich in dieses Schema gut ein, denn er will den Mächtigen dienen und die Familie am liebsten zum Teufel wünschen.

Ich möchte meine Arbeit mehr in mein Privatleben integrieren. Heute fasse ich weniger meine unterschiedlichen Funktionen als meine innere Ganzheit ins Auge, und so habe ich auch das Bedürfnis, daß mein Arbeitsplatz humaner wird.

24. März

Ich mag die Arbeit genausowenig wie jeder andere – aber ich mag das, was sie beinhaltet, nämlich die Möglichkeit, sich selbst zu entdecken: die eigene Wirklichkeit – für sich und niemanden sonst –, all das herauszufinden, was kein anderer je erfahren wird.
JOSEPH CONRAD

An einer Sache zu arbeiten, die man mag und die man begeistert anpackt, ist fast immer eine lohnende Aufgabe.

Wenn ich nur so strotze vor Gesundheit und Energie, kann ich mich auch konzentriert in meine Arbeit vertiefen. Ich setze mich intensiv mit ihr auseinander und entdecke dadurch einen wundersamen geistigen Frieden. Wenn ich in Hochform bin, kann ich einen Beitrag leisten, der aus dem tiefsten Innern kommt. Dann habe ich nicht das Gefühl, zu etwas genötigt oder gezwungen zu werden. Und es besteht auch keinerlei Veranlassung, die Flucht zu ergreifen. Ich lebe ganz einfach im Einklang mit mir selbst.

Wenn ich es mir leisten kann und die Möglichkeit dazu habe, sollte ich jenen Teil meiner Arbeit, der mir wirklich Freude macht, getrennt behandeln. Nicht, um allem anderen zu entfliehen, sondern um die Chance zu haben, »mich selbst zu finden«.

Einige kommen als mittelmäßige Menschen zur Welt, einige bringen nur Mittelmäßiges zustande, und einigen wird die Mittelmäßigkeit aufgezwungen.

JOSEPH HELLER

Wir alle unterscheiden uns voneinander. Der eine hat Talente, die der andere nicht hat, und natürlich ist es umgekehrt genauso.

Wir sollten nicht mehr das Gefühl haben, uns bei jeder Aufgabe besonders hervortun zu müssen. Ich kenne eine Reihe von Männern – jeder von ihnen könnte in die Ruhmeshalle für Arbeitssüchtige aufgenommen werden –, die den starken Drang verspüren, alles, was sie in Angriff nehmen, perfekt zu machen. Für einen Abfahrtslauf müssen sie unbedingt auf die höchsten Berge steigen und von den schwierigsten Pisten starten. Sporttauchen wird bei ihnen nicht zum Vergnügen, sondern zur verbissenen Angelegenheit, um herauszufinden, wie tief sie tauchen und wie lang sie unter Wasser bleiben können – wohlgemerkt ohne Sauerstoffgerät. Und wenn etwas mit ihrer Arbeit zu tun hat – nun, jeder weiß, was dann passiert.

Paradoxerweise sind sie gerade in solchen Situationen absolutes Mittelmaß. Indem sie sich dazu antreiben, jede nur denkbare Grenze zu erreichen, läßt in anderen Bereichen ihre Kraft, ihr Interesse, ihre Liebe nach. Die Mitglieder ihrer Familie fühlen sich alleingelassen und einsam. Und im Grunde ist dies auch der Seelenzustand der Männer.

Ich sollte das Leben genießen – es einsaugen, es fühlen und einigen Spaß daran haben. Ich weiß, was ich gut kann und was ich nicht gut kann. Wenn ich mich ständig zwinge, meine körperlichen und geistigen Grenzen zu überschreiten, so ist dies obsessiv und destruktiv. Ich werde versuchen, es zu unterlassen.

26. März

Im Leben der Amerikaner gibt es kein zweites Mal.
F. SCOTT FITZGERALD

Soweit ich sehe, gibt es nirgends ein zweites Mal.

Aber jene unter uns, die zu allerlei Exzessen neigen, glauben ernsthaft, sie hätten dann wohl nächsten Mittwoch genügend Zeit für die Kinder oder könnten dieses Jahr den Urlaub ganz streichen; immerhin stünde dann ja mehr Zeit zur Verfügung, um ihn fürs nächste Jahr zu planen. Oder der Zahnarzttermin wird einfach aufgeschoben, weil man einen »großen Fisch« am Apparat hat und nicht vom Büro wegkann.

Selbst wenn wir nicht darüber sprechen: Innerlich sind wir wirklich davon überzeugt, demnächst mehr Zeit zu haben oder zumindest bald in eine »neue Phase« einzutreten.

Es erschreckt mich, wie schnell meine Kinder groß werden und wie wenige Jahre mir noch mit meinen Eltern bleiben. Und ebenso entsetzt bin ich über die falschen Vorstellungen, die ich mir von der Zeit an sich gemacht habe. Dieses zwiespältige Zeitgefühl teile ich mit all meinen Leidensgenossen, die zu hastig und zuviel arbeiten.

Zusammen mit anderen streßgeplagten Männern bemühe ich mich darum, nicht den Bezug zur Zeit zu verlieren. Sie ist zu kostbar, um sie den ganzen Tag über und bis in den Abend hinein mit Arbeit auszufüllen.

Jetzt also ist er eine Legende, wo er es zu Lebzeiten doch vorgezogen hätte, ein Mensch zu sein.
JACQUELINE KENNEDY ONASSIS

»Gib acht«, sagt man uns, »um was du bittest, denn vielleicht bekommst du es.«

Wenn wir uns zuviel Arbeit aufladen, haben wir und die Menschen, zu denen wir liebevolle Beziehungen pflegen, sehr darunter zu leiden. Und stellt sich dann heraus, daß all die Dinge, die wir immer wollten, uns nicht genügen, befinden wir uns wirklich in extremen Schwierigkeiten.

Doch Prahlsucht und Effekthascherei sind äußerst verlockend. Dagegen mag so etwas wie »Größe« ein zu hoch gestecktes Ziel sein. Möglicherweise ist es besser, sich um »Erfüllung« zu bemühen. Oder vielleicht sollten wir, wie Jacqueline Kennedy Onassis sagt, einfach danach streben, »ein Mensch« zu werden.

Jeder hat mit gewissen inneren Widersprüchen zu kämpfen, mit unterschiedlichen Gefühlen und gegensätzlichen Anschauungen. Aber ich werde mir klarzumachen versuchen, wer ich bin und wie ich von den anderen wahrgenommen werden möchte.

28. März

Es kommt nicht darauf an, welche Männer ich in meinem Leben hatte, sondern auf das Leben in meinen Männern.
MAE WEST

Ich glaube nicht, daß Mae West heute behaupten würde, eine Anhängerin der »Polymonogamie« zu sein. (Soweit ich weiß, wurde dieser Ausdruck von Phil Donahue und Oprah Winfrey geprägt.)

Aber die gute alte Mae wollte uns mit dem obigen Satz etwas Wichtiges sagen. »Die Qualität in der Quantität« wäre da vielleicht eine etwas elegantere Formulierung gewesen. Jedenfalls aber ist es doch so: Je mehr Arbeit wir uns zumuten, desto mehr »verteilen« wir uns auf die unterschiedlichen Aufgabenbereiche und desto weniger haben wir jeweils beizusteuern. Die Qualität läßt immer mehr zu wünschen übrig.

Mae West hätte jeden von uns Arbeitssüchtigen durchschaut. Und wahrscheinlich hätte sie uns gesagt: »Männer, die allzuviel machen, werden für mich nie allzuviel machen.«

Manchmal müssen wir auch einmal über uns selbst lachen, über unsere Probleme und Obsessionen. Heute ist der Tag dafür. Heute werde ich über mich einmal herzhaft lachen.

Hörst du den einsamen Vogel singen?
Er klingt zu traurig, um zu fliegen.
Der Mitternachtszug heult leise –
Ich bin so einsam, daß ich weinen könnt'.
Hank Williams

Die Musik versetzt uns oft in eine Stimmung, die uns veranlaßt, zu sprechen – vielleicht sogar mit uns selbst – und über frühere Kümmernisse, gegenwärtige Katastrophen oder wunderbare Augenblicke in der Vergangenheit nachzusinnen.

Wenn ich diese Verse von Hank Williams lese, denke ich sofort an Trauer und Verzweiflung, daran, wie sehr wir diese Gefühle vertuschen durch irgendwelche Ausflüchte, durch unsere Arbeit und unseren Perfektionswahn.

Williams schreit auf – ein Arbeitssüchtiger würde das nie tun. Williams sagt, daß er verletzt und einsam ist, daß er jemanden braucht. Männer, die immer zuviel machen, brauchen überhaupt *niemanden* – im Grunde aber sind sie auf *jeden* angewiesen. Williams verleugnet nicht seine Einsamkeit; er versinkt in ihr, und er besingt sie.

Wenn ich mich heute alleingelassen fühle oder über jemand anderen beziehungsweise über eine bestimmte Sache sehr traurig bin, so werde ich mich dieser Empfindung völlig überlassen, anstatt sie zu verdrängen. Ich werde sie *vorbehaltlos bejahen* und *bewußt wahrnehmen*.

30. März

Mit dem Wissen wächst auch der Zweifel.
JOHANN WOLFGANG VON GOETHE

Je älter ich werde, desto mehr Fragen stelle ich. Im Grunde weiß ich weniger denn je – gewisse Dinge und Vorstellungen, die früher selbstverständlich waren, erscheinen mir heute äußerst ungewiß. Außerdem bin ich weniger dogmatisch. Ich stehe der Welt offener gegenüber.

Indem ich mir ständig zuviel zumutete, wurden all meine Zweifel in den Hintergrund gedrängt. Wer hat schließlich Zeit, über irgend etwas nachzudenken, wenn die Arbeit kein Ende mehr nimmt? Ich war dermaßen beschäftigt, daß ich vieles einfach vergaß. Mein Gedächtnis war genauso schwach wie meine Konzentration.

Die Betriebsamkeit verdeckt viele Ungerechtigkeiten, Frustrationen, Kümmernisse, Fragen. Sobald ich jedoch mehr nachdenke und überlegter handle, schaffe ich auch Platz für meine Zweifel.

Je mehr ich weiß, desto weniger Gewißheiten habe ich. Ich werde heute und in Zukunft darauf achten, die eigenen Zweifel zuzulassen.

Der Verstand des Menschen ist gezwungen, zwischen vollkommenem Leben und vollkommener Arbeit zu wählen. Und wenn er sich für das letztere entscheidet, muß er, im Dunklen irrend, auf ein himmlisches Haus verzichten.

William Butler Yeats

Yeats war wirklich ein brillanter Dichter und Essayist, und vielleicht hatte er zu seiner Zeit das Gefühl, daß es nur dieses Entweder-Oder gibt – und keinen Mittelweg. Aber ich denke, wir können ein wenig von dem als auch von jenem haben, obwohl das schwierig und anstrengend ist.

Müssen wir denn in jeder Arbeitsphase Bestleistungen erzielen? Oder sollten wir uns ungestüm und für immer in unser spirituell wie intellektuell reiches Innenleben stürzen, auf Kosten unserer beruflichen Karriere?

Meines Erachtens *meinen* wir nur, uns für eine der beiden Möglichkeiten entscheiden zu müssen. Auch die anderen sagen uns ja des öfteren, daß wir gezwungen sind zu wählen. Nehmen wir zum Beispiel einen geistigen Führer – einen Priester, Schamanen oder Medizinmann: Bei ihm sind Arbeit und Leben eins, er braucht sich nicht um seine »Karriere« zu kümmern. Historisch gesehen, gibt es jedoch kaum Beispiele einer solch geglückten Verbindung, auf die wir uns berufen könnten. Trotzdem müssen wir versuchen, diese beiden Bereiche miteinander zu verbinden, damit uns, die wir im Dunklen irren, das himmlische Haus nicht vorenthalten bleibt.

Sowohl im Leben wie in der Arbeit ist es gefährlich, sich für die Perfektion zu entscheiden. Ich hoffe, mein Leben so gestalten zu können, daß sowohl die geistige wie auch die weniger anspruchsvolle, oft aber um so lohnendere Arbeit Platz darin hat; auf diese Weise stelle ich ein gesundes Gleichgewicht her.

1. April

In der Vergangenheit bestand die Gefahr, daß Menschen zu Sklaven wurden. In Zukunft besteht sie darin, daß Menschen vielleicht zu Robotern werden.
ERICH FROMM

Sklaven sind Roboter – und umgekehrt. Wenn wir zulassen, daß andere soviel Macht über uns haben, daß wir uns selbst verlieren, also die eigenen Werte und Freiheiten aufgeben, werden wir zu Sklaven. Wenn *wir* uns dergleichen antun, werden wir zu Opfern der Sucht. Und wenn wir derart viel von uns erwarten, daß es schon ans Absurde grenzt, erniedrigen wir uns und jene, die sich um uns kümmern.

Wenn wir vernünftig und liebevoll mit uns umgehen, lassen wir uns auch nicht in irgendein System pressen, das Sklaven oder Roboter aus uns macht. Denn wir verfügen über eine ausgeprägte Selbstreflexion und eine gesunde Selbstachtung.

Das Robotertum ist der wahr gewordene Traum eines Maschinenfanatikers oder eines Arbeitssüchtigen. Ich befinde mich nicht auf dem Fließband, das ein anderer steuert. Vielmehr gebe ich mir jenes Tempo vor, das meinen Bedürfnissen entspricht, ohne mich dabei nach irgend jemandem zu richten.

Meine Kerze brennt an beiden Enden;
Sie wird die Nacht nicht überdauern;
Doch ach, meine Feinde, oh, meine Freunde –
Sie spendet mir ein schönes Licht.
EDNA ST. VINCENT MILLAY

Fürwahr, das ist ein unvergeßliches Licht; aber es brennt nicht sehr lang.

Einige von uns würden die Kerze auch noch in der Mitte anzünden, wenn dies möglich wäre. Dadurch, daß wir zu viele Aufgaben übernehmen, arbeiten wir bis zur völligen Erschöpfung und verbrauchen unsere Kraft, bis nichts mehr von ihr übrig ist.

Unsere körperlichen und psychischen Reserven werden allmählich aufgezehrt. Wir altern vorzeitig. Uns ist nicht einmal klar, welches Tempo wir wählen sollen oder wie wir unsere Zeit am besten einteilen. In der Jugend ist unser Überschwang ganz einfach darauf zurückzuführen, daß wir noch unerfahren und in gewisser Weise ungeschickt sind. Aber an einem bestimmten Punkt müssen wir erkennen, daß das schöne Licht, von dem Edna St. Vincent Millay spricht, nicht jenes ist, das uns leben läßt – sondern die Flamme, die uns verbrennt.

Ich muß wissen, wo meine Grenzen sind und wieviel ich zu geben vermag. Heute gehe ich mit meinen Energien sorgsam um und überlege mir genau, was ich den anderen verspreche.

3. April

Wenn die Liebe unseres Vaters zuallererst seinem Beruf galt, dann betrachten auch wir den eigenen Job als »Ganztagsgeliebte« und fragen uns vielleicht, ob Papa uns von seinem Grab aus zusieht, wie wir uns mit der vielen Arbeit selbst ein frühes Grab schaufeln.
John Lee

Es ist tatsächlich so, daß viele von uns unbewußt und unabsichtlich genau die Rolle im Leben spielen, die sie von ihrem Vater her kennen.

Wir können uns wieder und wieder vornehmen, nicht die gleichen Fehler zu machen, nicht noch einmal solche Bedingungen zu schaffen und solche Horrorszenarien zu entwerfen, wie der Vater sie uns aufzwang. Weil es uns aber an Klarsicht fehlt und unsere Verdrängungsmechanismen allgegenwärtig sind, imitieren wir oft bis ins kleinste jenes Verhalten, das wir eigentlich verabscheuen.

Das Gefühl dafür, was angemessen ist und was nicht, hat uns zuerst der Vater »eingeflößt«, und wenn uns das nicht schon in der frühen Lernphase fragwürdig erschien, dann ahmen wir jetzt gerade jene Handlungsweisen nach, die sich äußerst schädlich auswirken.

Ich werde die Arbeitsgewohnheiten meines Vaters hinterfragen, egal, wie gut oder wie schlecht seine Vorsätze waren, und dann mich selbst prüfen, ob ich in seine Fußstapfen getreten bin.

Wir sind mit unüberwindlichen Möglichkeiten konfrontiert.
POGO

Wir alle kennen Leute (und vielleicht paßt diese Beschreibung auch auf uns), die in einem Restaurant vor einer mehrseitigen Speisekarte sitzen und unglaublich lange brauchen, um sich darüber klarzuwerden, was sie bestellen wollen.

Männer, die zuviel arbeiten, haben eine solche »Menüliste« jeden Tag vor sich. Gewöhnlich sehen wir überall unzählige Möglichkeiten. Wir wollen alle Ziele erreichen – und dadurch erreichen wir dann fast gar keins.

Wenn wir wählen müssen, können wir uns nicht entscheiden. Wir legen uns auf vier oder fünf oder zwölf Dinge gleichzeitig fest. Durch unsere krankhafte Hyperaktivität haben wir tatsächlich die Qual der Wahl. Wir wollen alles und wir brauchen alles.

Wenn ich unkonzentriert und unentschlossen bin, gefährde ich meine Gesundheit. Sobald es viele Alternativen gibt, verteile ich mich in alle Richtungen. Heute aber werde ich Prioritäten setzen, nur die wichtigsten Aufgaben anpacken – und morgen ebenso verfahren.

5. April

Das Martyrium ist die einzige Möglichkeit, wie unbegabte Menschen berühmt werden können.

George Bernard Shaw

Viele von uns sind Märtyrer. Das heißt nicht, daß wir keine Talente besäßen, sondern daß wir eben mehr dazu neigen, zuviel zu tun, als nur das, wozu wir am besten geeignet sind. Wir übernehmen unzählige »Pflichten«, begreifen unsere Arbeit als »Gefälligkeit« und bauen ein riesiges Kartenhaus, dessen Fundament sich aus Verdrängungen zusammensetzt.

Märtyrer sind unglückliche Menschen. Sie bringen sich nicht wirklich ein und sind alles andere als ausgeglichen. Darüber hinaus stellen sie ihre Motive nie in Frage, sondern kommen statt dessen immer wieder zu dem gleichen Schluß: Ich mache zuviel, aber ich mache es nur für *dich*.

Ich habe kein Interesse, aufgrund meiner Leidensfähigkeit berühmt zu werden, sondern möchte herausfinden, *warum* ich mich als Märtyrer fühlen muß.

Wer liebt dich, Baby?
Telly Savalas als Kojak

Wir überbeanspruchen uns auch deshalb, weil wir nicht wirklich das Gefühl haben, geliebt zu werden. Wir denken, wir seien erst dann gut genug, die Liebe zu bekommen, die wir brauchen, wenn wir es durch unsere Arbeit bewiesen haben.

Unsere Antwort auf die obige Frage lautet dann: »Niemand liebt mich, Baby.« So gering ist unsere Selbstachtung, so tiefverwurzelt unsere Unfähigkeit, uns etwas Zeit zu gönnen und uns als »liebenswerte« Menschen zu sehen, daß wir unsere wahren Gefühle unter einer immer größeren Menge von Arbeit begraben.

Aber die Liebe selbst ist ja auch eine Art »Arbeit«!

Ich muß den Menschen gestatten, mir Liebe entgegenzubringen, denn ich besitze positive Eigenschaften, ich bin ein freundlicher und großzügiger Mensch, und ich bin genauso wertvoll wie die anderen.

7. April

Um drei Uhr ist es immer entweder zu spät oder zu früh für alles, was du tun willst.

JEAN-PAUL SARTRE

Wir Arbeitsbienen sind derart diszipliniert, derart an Terminen orientiert, derart auf unsere Arbeit fixiert, daß wir selbst dann noch, wenn es chaotisch zugeht, eine bestimmte Zeitspanne zur Verfügung haben, die uns niemand streitig machen kann. Obwohl es auf den ersten Blick paradox erscheint, richtet sich der gestreßte Mann nach *seiner* Uhr, nach *seinem* Kalender, und es wäre besser, wenn die anderen dies berücksichtigten.

Drei Uhr ist eine merkwürdige Zeit. Einige von uns denken, es sei schon zu spät, um noch eine neue Aufgabe in Angriff zu nehmen, oder noch zu früh, um allmählich etwas langsamer zu machen. Wir betrachten jede Arbeit als Berg, der bezwungen werden muß; die eine Sache unterscheidet sich nur geringfügig von der anderen. Im Grunde empfinden wir *alles* als beunruhigend und entmutigend. Und es gibt nie einen günstigen Zeitpunkt, irgendein Projekt zu beginnen oder zu beenden.

Eine straffe Organisation erscheint einigen von uns vielleicht als lästig, aber wenn sie auch nur kleine Vorteile bringen soll, müssen wir unsere Zeit der jeweiligen Aufgabe gemäß einteilen, anstatt alles, was vor uns liegt, auf die gleiche Stufe zu stellen.

Im Traum ist man niemals achtzig.
Anne Sexton

Viele von uns träumen, ob sie nun schlafen oder wachen. Wir haben eine bestimmte Vorstellung davon, wer wir sind, worin unsere Arbeit besteht und, jawohl, wie alt wir sind.

Wissenschaftler sagen, daß wir uns etwa zehn bis fünfzehn Jahre jünger einschätzen, als wir tatsächlich sind.

Es ist gerade für arbeitssüchtige Menschen typisch, daß sie ihr wahres Alter verdrängen. Ständig versuchen wir, mit uns selbst Schritt zu halten. »Wie kann es sein, daß ich schon fast neununddreißig bin?« – »Wohin sind die letzten sechs Monate entschwunden?« Wir sind nie wirklich im Hier und Jetzt; entweder leben wir in der Zukunft, träumen davon, wie es wohl sein wird, wenn alle Arbeit getan ist und ein wenig Freizeit zur Verfügung steht – oder wir denken an die Vergangenheit und beklagen uns darüber, wie schlecht wir unsere Zeit genutzt haben.

Workaholics bewegen sich weniger in der Gegenwart als in der Vergangenheit oder Zukunft. Daher werde ich heute den Augenblick bewußt wahrnehmen und mich nicht auf das fixieren, »was als nächstes kommt«.

9. April

Die Dauer einer Sitzung nimmt mit der Anzahl der anwesenden Personen zu, und zwar im Quadrat.

EILEEN SHANAHAN ZUGESCHRIEBEN

Die meisten von uns, die im Geschäftsleben stehen oder einem Unternehmen angehören, wo Konferenzen an der Tagesordnung sind, verstehen sehr gut, was mit diesem Zitat gemeint ist.

Besonders dann, wenn mehrere Arbeitssüchtige zusammentreffen, kann man sicher sein, daß die Sitzung endlos lange dauert. Jeder möchte zu Wort kommen, jeder möchte die Führungsrolle übernehmen, alle wollen Entscheidungen treffen. Außerdem versteht es jeder meisterhaft, ein Thema quasi bis zur Unkenntlichkeit zu zerlegen und zu durchleuchten.

Aber es geht ja nicht nur darum, *wie lange* diese Besprechungen dauern, sondern auch darum, *wie viele* Sitzungen wir unserer Meinung nach haben müssen. Natürlich sind wir dann am glücklichsten, wenn unser Terminkalender bis oben hin voll ist mit Verabredungen und Konferenzen.

Wenn die Umstände es zulassen, auch ohne weitere Sitzung eine bestimmte Entscheidung zu treffen, dann werde ich mich ernsthaft darum bemühen; nicht, um die anderen zu hintergehen, sondern um ihnen einen Gefallen zu tun.

Es ist einfach … schrecklich einfach … das Selbstvertrauen eines anderen zu erschüttern. Wer sich das zunutze macht und einen Menschen seelisch bricht, steht mit dem Teufel im Bunde.
George Bernard Shaw

Ich glaube, viele von uns sind sich gar nicht bewußt, welch tiefgreifenden Einfluß sie haben und welch großen Schaden sie anrichten, wenn sie von ihren Mitarbeitern absoluten Gehorsam und den gleichen Arbeitseifer verlangen.

»Warum sitzt Schmidt nicht an seinem Tisch?«

»Wo ist denn der Bericht? Ich hätte ihn schon vor einer Stunde gebraucht!«

»Kann die nicht mal in ihrer Freizeit krankmachen?«

»Er setzt sich nicht wirklich für diese Sache ein. Denn sonst wäre er auch am Sonntag hier gewesen, genauso wie ich.«

Arbeitssüchtige benötigen für ihre Übeltaten Komplizen, und die finden sich überall. Dabei spielt Angst eine ganz wesentliche Rolle, und Macht ist ein äußerst wirksames Stimulans. Es gibt mehr als genug Opfer da draußen; deshalb müssen wir achtgeben, daß wir sie nicht in unser Verlies locken.

Ich will aufmerksam darüber wachen, wie ich mich anderen gegenüber verhalte. Ich verlange von ihnen nicht, sich zu übernehmen, nur weil ich es tue. Und ich passe auf, daß ich sie nicht zutiefst erschüttere.

11. April

Es ist besser, für sich selbst zu schreiben und kein Publikum zu haben, als fürs Publikum zu schreiben und kein Selbst zu haben.
CYRIL CONNOLLY

Männer, die zuviel arbeiten, versuchen ständig, anderen Menschen zu gefallen. Unser Selbstbild weist tiefe Risse auf, und unsere Selbstachtung ist gering – daher verstecken wir uns hinter der Arbeit, die wir selbst verursacht haben.

Was bleibt noch von uns übrig, wenn wir alles nur tun, um anderen zu gefallen? Wie definieren wir uns selbst? In welchem Zustand befinden wir uns eigentlich, und wer ist da, uns aufzufangen, wenn wir einmal fallen?

Die Anstrengungen, die wir unternehmen, um den Wünschen des »Publikums« zu entsprechen, werden keinesfalls wettgemacht durch die Belohnungen, die wir dafür erhalten. Und schließlich wirkt sich der Irrglaube, den anderen gedient zu haben, verheerend auf uns selbst aus.

Ich will mich nicht verlieren in einer Flut von Forderungen oder von trügerischen Maßnahmen, die meiner Selbstverwirklichung dienen sollen. Vielmehr möchte ich das tun, was mir wirklich entspricht und mir selbst zugute kommt.

Unglücklichsein läßt sich am besten beschreiben als Diskrepanz zwischen unseren Begabungen und unseren Erwartungen.
EDWARD DE BONO

Männer, die zuviel arbeiten, erwarten zuviel – meistens von sich selbst, aber auch von jedem, der in ihrer Nähe ist. Wir mögen talentiert, intelligent und kreativ sein, aber diese Fähigkeiten werden durch unsere Erwartungen oft beeinträchtigt und quasi in einen nebligen Schleier gehüllt.

Läßt da die Enttäuschung lange auf sich warten? Nein, denn wir können unsere Erwartungen in bezug auf uns selbst nie erfüllen. Und wenn wir uns zuviel abfordern, ist das Unglück schon vorprogrammiert. Beides geht Hand in Hand.

Mir ist genau bewußt, wann ich wieder in Depressionen versinke. Das zu erkennen, ist auch gar nicht schwer, denn es geschieht immer dann, wenn mein Teller zu voll ist, wenn ich zuviele Versprechen gegeben habe und mich dreiteilen müßte, um sie halten zu können. Ich will versuchen, dieses immer gleiche Schema zu durchbrechen.

13. April

Menschen sind vielleicht nie furchterregender, als wenn sie ohne jeden Zweifel überzeugt sind, recht zu haben.

LAURENS VAN DER POST

Wenn ich tief in meiner Arbeitssucht gefangen bin, bin ich zugleich am stursten. Aber ich glaube, daß diese Inflexibilität, dieses unerschütterliche Gefühl, stets recht zu haben oder mit gutem Recht zu handeln, zumindest teilweise von einer schon lange bestehenden Depression herrührt.

Wenn wir in der Kindheit und Jugend ständig mit barschen und bohrenden Fragen konfrontiert wurden, die tiefe Selbstzweifel hervorriefen und uns dazu zwangen, den Maßstäben der anderen gerecht zu werden (oder wenigstens nicht so zu sein wie ein »untauglicher« Erwachsener), werden wir uns niemals »gut genug« fühlen.

Dann haben wir eine äußerst unnachgiebige Erwartungshaltung gegenüber der eigenen Person, stellen immer höhere Anforderungen an uns und verausgaben uns dementsprechend auch. Welche andere Grundstimmung sollten wir also empfinden als Depression?

Sehr oft gibt es nicht nur eine richtige Antwort, sondern viele. Heute und auch in Zukunft will ich versuchen, flexibel zu bleiben, sowohl in meinem Denken wie in meinen Erwartungen. Denn ich weiß, daß dies hilft gegen meine tiefe Niedergeschlagenheit.

Es genügt uns nicht, selbst Erfolg zu haben. Die anderen müssen scheitern.

GORE VIDAL

In vielen Fällen waren es gerade die Mißerfolge unserer Eltern, die uns dazu anspornten, den Erfolg zu suchen. Folglich hängt unser Selbstbild zumindest teilweise von den Unfähigkeiten und Fehlern der anderen ab.

Um uns am eigenen Rasen erfreuen zu können, müssen wir über den Zaun schauen und das Unkraut des Nachbarn betrachten. Aber was ist, wenn wir das nicht tun? Was passiert, wenn der Wind sich dreht und es ganz danach aussieht, als würde der andere insgesamt besser abschneiden als wir?

Wir muten uns mehr Arbeit zu, als wir bewältigen können. Ironischerweise sind wir gerade dadurch auf dem besten Wege zu versagen. Unsere hochgeschätzte Leistungsfähigkeit nimmt rapide ab, wir verfehlen unsere wichtigsten Ziele, fangen an, mit uns selbst ins Gericht zu gehen und gehören schließlich zu jenen, die scheitern.

Das Leben zeigt sich von seiner besten Seite nicht im Wettbewerb, sondern im Vergnügen. Heute werde ich bemüht sein, jede Konkurrenzsituation zu vermeiden und mich nicht in eine Lage hineinzumanövrieren, an der ich letztlich scheitern muß.

15. April

Dieses Buch handelt vom »Organisationsmenschen« – ich weiß keinen anderen Ausdruck, um jene Personen zu beschreiben, von denen ich hier spreche. Sie gehören weder zu den Arbeitern noch zu den Büroangestellten im üblichen, leicht negativen Sinn des Wortes. Diese Leute arbeiten nur noch für ihre Organisation, sei es nun eine Firma oder eine Verwaltung. Und so hat das Problem, von dem hier die Rede ist, auch ganz wesentlich mit der Organisation zu tun.

WILLIAM H. WHYTE JUN.

Wenn wir schlecht von uns denken und immer wieder von anderen die Bestätigung brauchen, daß wir ganz in Ordnung oder sogar überlegen sind, befinden wir uns in Schwierigkeiten. Das heißt, wenn wir den Blick nicht nach innen richten können, um dort nach den entsprechenden Antworten zu suchen und *selbst* zu entscheiden, wer wir eigentlich sind, dann werden wir allmählich zu Menschen, die sich immer wieder bedrängen und verletzen lassen und nichts dagegen unternehmen, daß andere – meistens Arbeitskollegen und Vorgesetzte – sie nach Belieben beeinflussen und formen. Wenn wir uns so verhalten, sind wir quasi identisch mit unserer beruflichen Tätigkeit. Dann sind wir »Organisationsmenschen« – und nur noch ein Schatten jenes Wesens, das wir sein *können*.

Ich besitze wesentlich mehr Fähigkeiten, als in meinem Beruf notwendig sind, und weigere mich, allein durch ihn definiert zu werden. Ich besinne mich auf die zahlreichen Facetten meiner Persönlichkeit, darauf, daß ich mir selbst und auch anderen Menschen viel geben kann.

In der Literatur wimmelt es von jenen Schiffbrüchigen, die sich über jedes vernünftige Maß hinaus um die Meinungen der anderen geschert haben.

Virginia Woolf

Warum rennen wir so weit und so schnell, daß uns am Ende kaum noch Kraft bleibt für jene Dinge, die wir eigentlich viel lieber täten?

Vielleicht deshalb, weil wir zu sehr erpicht darauf sind, den anderen zu gefallen und ihren Maßstäben gerecht zu werden, koste es, was es wolle. Ganz gleich, ob diese falschen Maßstäbe und Anforderungen von unserem Vater, unserem Schwiegervater oder unseren Arbeitskollegen und -kolleginnen vorgegeben wurden – wir schenken den Meinungen der anderen zu viel Beachtung und gestatten ihnen zu oft, daß sie uns mitsamt unseren Fähigkeiten und Talenten auf die Probe stellen.

Ich muß lernen, meinen eigenen Meinungen zu vertrauen und denen der anderen nicht soviel Gewicht beizumessen; denn manchmal vertreten sie eine bestimmte Auffassung nur, um mir eine Falle zu stellen oder mich als Versager abzustempeln.

17. April

Kinder konnten den Älteren noch nie gut zuhören, aber sie haben es auch nie versäumt, diese nachzuahmen. Dazu sind sie geradezu gezwungen, denn sie haben ja keine anderen Vorbilder.

James Baldwin

Egal, ob wir hauptsächlich von unserem Vater oder unserer Mutter, von einem Lehrer oder Pfarrer unterrichtet und beeinflußt wurden – die wichtigsten und später dann gewohnheitsmäßigen Verhaltensweisen haben wir uns angeeignet aufgrund jener Eigenschaften, die sie uns vorgelebt haben, nicht aufgrund dessen, was sie uns gesagt haben.

Als Kind imitieren wir sowohl die positiven wie auch die negativen Handlungen der Erwachsenen. Wir entwickeln ein Repertoire von Vorgehensweisen, die wir zuvor bei ihnen wahrgenommen haben. Wenn unser Vater gelernt hat, die Dinge dadurch in den Griff zu bekommen, daß er seine Gefühle verleugnete und jedem Konflikt auswich, dann übernehmen wir von ihm solche Reaktionen und wiederholen sie höchstwahrscheinlich im eigenen Leben.

Ich muß mir stets bewußt sein, daß meine Kinder nicht nur hören, was ich sage, sondern genau wahrnehmen, wie laut ich die Tür zuschlage und wie behutsam ich mit ihren Mißerfolgen umgehe.

Unter einer Gewaltherrschaft ist es viel leichter, zu handeln als zu denken.

HANNAH ARENDT

Wenn Sie je in einer Umgebung gearbeitet haben, wo genauso übertriebene wie unvernünftige Forderungen an Sie gestellt wurden, wo ständiger Ärger, Wutanfälle und mangelndes Vertrauen zum Tagesablauf gehörten, dann haben Sie sich dieser zermürbenden »Tyrannei« wahrscheinlich schon oft erwehren müssen. Sie haben reagiert und überreagiert.

Männer, die sich für ihren Beruf völlig aufzehren, haben häufig einen Despoten zum Chef. Und dann ist es zweifellos so, daß sie mit ihrem Gehalt auch das gleiche herrschsüchtige Gebaren mit nach Hause bringen, um ihrerseits die Familie zu schikanieren und zu malträtieren.

Ich will den Teufelskreis der Tyrannei durchbrechen, um durch deren schreckliche Auswirkungen nicht meine Frau, meine Kinder und die Menschen, die ich liebe, zu belasten.

19. April

Nun, da hast du mich ja wieder mal schön in den Schlamassel gebracht.

OLIVER HARDY ZU STAN LAUREL

Laurel und Hardy waren die ersten männlichen Co-Abhängigen, die auf Zelluloid gebannt wurden. So komisch sie sich auch benahmen – sie paßten zusammen wie ein entzündetes Streichholz und ein Pulverfaß.

Wie oft schon haben wir unserer Partnerin oder Geliebten gesagt: »Nun, da hast du mich ja wieder mal schön in den Schlamassel gebracht?« Für jene unter uns, die zuviel arbeiten, ist es ganz selbstverständlich, die Schuld immer auf andere zu schieben. Und je mehr wir uns zumuten, desto häufiger machen wir die Menschen in unserer Umgebung dafür verantwortlich, daß sie uns »diesen ganzen Mist eingebrockt haben«.

Laurel und Hardy kannten nicht den Grundsatz: *So einfach wie möglich*. Sie waren nur fähig, ein immer tieferes Loch zu graben, bis sie schließlich nichts anderes mehr sahen als diesen Erdwall, den sie selbst in mühevoller Arbeit errichtet hatten!

Schuldzuweisungen. Sie gehen uns leichter von der Zunge als irgendwelche sonstigen Bemerkungen. Da ich durch diese Verurteilungen nicht weiterkomme und auch nicht im mindesten glücklicher werde, versuche ich, die Lösungen für meine Probleme ausschließlich in mir selbst zu suchen.

Wir zerstören uns systematisch durch Gewalt, die wir fälschlicherweise als Liebe bezeichnen.

RONALD LAING

Angst erzeugt körperliche und seelische Gewalt, gerade auch in den zwischenmenschlichen Beziehungen. Ich kenne eine ganze Reihe von Männern, die durch ihre Angst, den über alles geliebten Menschen zu verlieren, diesen allmählich kaputtmachen.

Gestreßte und erschöpfte Männer sind voller Ängste. Deshalb müssen wir genau untersuchen, woher solche Gefühle kommen, wie sie sich auf uns auswirken und ob sie uns dazu verleiten, anderen jene Art seelischer Gewalt anzutun, die wir als Liebe ausgeben.

Liebe hat nichts mit Kontrolle zu tun; sie darf den anderen nicht daran hindern, frei zu wählen. Einseitig ausgeübte Kontrolle ist eine Form von Gewalt. Heute werde ich zu begreifen suchen, warum ich das Bedürfnis habe, über andere zu bestimmen, und inwieweit ich dadurch mir selbst schade.

21. April

Ich denke, ich habe noch einen Termin für Sie frei im April … 1998, wohlgemerkt.

ANONYM

Wenn ich an einem Freitagnachmittag in meinen Terminkalender für die nächste Woche schaue, denke ich des öfteren, daß in den nächsten sieben Tagen wirklich kein Platz mehr ist für einen Ausrutscher, einen Fehler oder ein unvorhergesehenes Ereignis. Ich bin schon im voraus derart überlastet, daß der Plan für die ganze Woche völlig durcheinander gerät, falls eine wichtige Sendung plötzlich schon dienstags weggeschickt werden muß.

Ich gebe mir alle Mühe, in meinen Planungen große Lücken zu lassen für das »Außerplanmäßige«. Dadurch kann ich klarer denken. Ich fürchte mich nicht vor dem Terminkalender, denn ich habe das Gefühl, mehr zu schaffen, wenn weniger festgelegt ist.

Wenn Elefanten kämpfen, leidet das Gras.
AFRIKANISCHES SPRICHWORT

Wenn Menschen einen mehr oder weniger großen Einfluß auf andere haben, dann müssen oft gerade diejenigen, die in der Hierarchie eine niedrigere Stellung einnehmen, unter »denen da oben«, die im Sitzungssaal alle wichtigen Entscheidungen treffen, am meisten leiden.

Wie hilflos sich doch viele von uns schon gefühlt haben, wenn die »Vorgesetzten« keine Skrupel kannten, keine genauen Pläne hatten, keine Richtung vorgeben konnten, sondern mit einem genauso mächtigen wie endgültigen Donnerschlag aus heiterem Himmel einfach bestimmten, was geschehen oder was nicht geschehen sollte. Und wir mußten dann die Folgen tragen.

Kriege werden von Generälen geplant; aber es sind die Soldaten, die auf fernen Schlachtfeldern sterben.

Männer, die Arbeit ausschließlich als Kampf begreifen, vergessen immer jene Menschen, die in den Schlachten am schlimmsten verletzt werden. Deshalb müssen diejenigen unter uns, die Macht und Verantwortung haben, daran erinnert werden, welche weiten Kreise ein so rücksichtsloses Verhalten zieht und wie groß die Zahl der Leidtragenden ist.

23. April

Entweder ist dieser Mann tot, oder meine Uhr ist stehengeblieben.
GROUCHO MARX

Nicht so schnell, Groucho. Was hältst du von Tagträumen?

Es wurde uns nie gesagt – zumindest nicht von jemandem, dem wir wirklich Vertrauen schenken –, daß das Faulenzen, selbst wenn es jeweils nicht länger dauert als ein paar Augenblicke, genauso wertvoll und nützlich ist wie das Aktivsein, daß die Untätigkeit uns genausoviel bringt, wie Entscheidungen zu treffen oder die eigenen Aufgaben zu erfüllen, die uns ja nur das Gefühl geben sollen, daß wir »unseren Beitrag« leisten – oder noch einiges darüber hinaus tun.

Mir wäre es viel lieber, ein Mann würde eine gerade anstehende Entscheidung genau abwägen – anstatt überstürzt zu handeln und erst später nachzudenken.

Die Kontemplation ist etwas sehr Wertvolles, denn sie schenkt uns neue Kraft. Darüber hinaus bringt sie nicht nur unsere Selbstachtung zum Ausdruck, sondern auch unsere Achtung vor den Menschen, auf deren Leben wir Einfluß nehmen.

Nach dem Tod wachsen Haare und Fingernägel noch drei Tage lang weiter, aber die Zahl der Anrufe nimmt allmählich ab.

JOHNNY CARSON

Da bin ich mir nicht so sicher. Ich glaube, manche Menschen, die ich kenne, würden den Tod nicht als Entschuldigung gelten lassen, jetzt nicht mehr anzurufen oder Rückrufe zu erwarten – wenigstens aber ein Fax. In Carsons Ausspruch könnten wir »Anruf« durch »Fax« ersetzen, das wäre heute zutreffender.

In diesem Zeitalter der drahtlosen Kommunikation wird jedes Ereignis gleich zum Ernstfall. Das Faxgerät verwandelt eine beiläufige, ungenaue Frage in eine Sache, die sofort höchste Aufmerksamkeit verlangt. Gerade deshalb müssen wir unbedingt unterscheiden lernen zwischen dem, was so wichtig ist, daß jemand sich schnellstens darum kümmern muß, und dem, was durchaus warten kann, bis wir einen Antwortbrief schreiben oder ein Gespräch beim Mittagessen führen.

Eines Tages werde ich den Wunsch haben zu sagen: »Schaltet alle Geräte ab, nur nicht meinen Herzschrittmacher!«

Eine Frage, die beantwortet werden muß, sollte wichtig genug sein, um mit der gebührenden Aufmerksamkeit behandelt zu werden. Ich werde nicht fünfunddreißig Mal telefonieren und siebenunddreißig Faxe losschicken, nur damit endlich jemand reagiert. Und ich werde nicht zu jenen Bossen gehören, die ständig rufen: »Wo bleibt das Fax?« oder »Nun faxen Sie doch!«

25. April

Ich will nicht, daß die Leute in meiner Umgebung zu allem ja und amen sagen, sondern daß jeder mir gegenüber aufrichtig ist, selbst wenn es ihn seinen Job kostet.

SAMUEL GOLDWYN

Zumindest hat Samuel Goldwyn sich und den anderen nichts vorgemacht. Er leitete jahrzehntelang jenes Filmstudio, das weltweit die höchsten Gewinne erzielte – obwohl er an der Westküste als Meister der haarsträubendsten Wortverwechslungen galt.

Es ist sehr schwer, stets die Wahrheit zu sagen und nicht in die Rolle des Schmeichlers zu verfallen. Jeder von uns möchte erfolgreich sein, möchte geliebt, respektiert und bewundert werden für die eigenen Leistungen.

Wenn wir uns selbst einmal genauer betrachten und erkennen, daß gerade die kleinen und großen Unaufrichtigkeiten uns in die jetzige Lage manövriert haben, dann ist es höchste Zeit, mit um so strengerem und klarerem Blick darauf zu achten, was für ein Mensch wir eigentlich geworden sind und wem wir da ständig gefallen wollen.

Die Wahrheit zu sagen, hat wirklich etwas Befreiendes. Die vielen Lügengeschichten aber, die wir erzählen, um vor den anderen besser dazustehen, schwächen und schaden uns am Ende nur.

Ein Mann kann nicht reich werden, wenn er sich richtig um seine Familie kümmert.

SPRICHWORT DER NAVAJO-INDIANER

Worauf legen wir großen Wert? Darauf, bewundert, gefürchtet und von anderen hochgejubelt zu werden? Darauf, der reichste, mächtigste Mann in der Stadt zu sein – oder das teuerste, schickste Auto in der ganzen Gegend zu fahren?

Wer wird sich am Ende um uns kümmern, wenn wir einmal der Hilfe und der Pflege bedürfen? Die Öffentlichkeit bestimmt nicht, und schon gar nicht das Auto.

Unsere Frau, die Kinder, die anderen Familienmitglieder – sie alle werden immer für uns da sein, wenn wir uns dazu entschließen können, für sie da zu sein.

Ich habe lange genug gelebt und genügend Fehler gemacht, um zu wissen, daß meine Besitztümer nur sekundäre Bedeutung für mich haben. Ich bin mir bewußt, daß ich zu wenig Zeit mit meinen Kindern verbracht habe, weil ich die Quellen meines wahren Reichtums nicht immer klar erkannte.

27. April

Mein Großvater filmte gerne bei uns zu Hause und schnitt dann die lustigen Stellen heraus.

RICHARD LEWIS

Männer, die zuviel arbeiten, lachen nicht sehr oft – weil eben ständig irgendwelche Aufgaben angepackt, Pläne entworfen, Dinge zum Abschluß gebracht werden müssen. Schließlich würde die ganze Familie zugrundegehen, wenn wir uns nicht fieberhaft darum bemühten, alles auf die Reihe zu bekommen. Was soll daran lustig sein? Es ist äußerst anstrengend, andere glücklich zu machen, da bleibt einfach keine freie Minute mehr; außerdem haben wir selbst es gar nicht verdient, glücklich zu sein.

Wenn wir ständig befürchten, übervorteilt zu werden, ist unser Leben total von Angst bestimmt. Dann mißtrauen wir dem Lachen und versuchen, jedes freudige Gefühl mit aller Macht zu unterbinden.

Haben Sie schon einmal jemanden sagen hören: »Na ja, Weihnachten ist doch sowieso nur was für die Kinder«? Im Grunde heißt das: »Sei erwachsen. Wenn du älter als zehn Jahre bist, darfst du nicht mehr fröhlich und ausgelassen sein.« Gerade gestreßte Männer müssen einen Rückzieher machen und ab und zu herumalbern. Wenn wir Glück haben, gibt es immer noch Menschen in unserer Umgebung, mit denen wir Witze machen können.

Die Hälfte der Amerikaner verstellt sich.
Robert Mitchum

Und was ist mit der anderen Hälfte?

Als ich für eine große Firma in der Unterhaltungsbranche arbeitete, dachte ich ständig, daß mindestens jeder zweite Angestellte etwas vortäuschte – *und ungeschoren davonkam!*

Und was tat ich? Ich arbeitete hart. Zu hart. Ich gehorchte jenen, die eine höhere Position innehatten als ich, mir geistig aber unterlegen waren. Dann verbrachte ich jeden Tag wertvolle Stunden damit, von meinem Vorort aus ins Büro und wieder zurück zu fahren, und pflegte einen Lebensstil, der meine finanziellen Möglichkeiten bei weitem überstieg. Wer also täuschte hier etwas vor?

Heute arbeite ich nur für mich. Ich bin selbstständig, habe eine eigene Agentur. Wenn ich jetzt mir oder jemand anderem etwas vormache, weiß ich es sofort. Zumindest bemühe ich mich darum.

Ich werde in den Spiegel blicken und darüber nachdenken, in welchen Bereichen ich nicht ehrlich bin und welche meiner Tätigkeiten mir etwas bedeuten, mich stolz machen, zum Lachen bringen und nachts ruhig schlafen lassen.

29. April

Ich bin eine Art umgekehrter Paranoiker. Ich habe den Verdacht, daß die Leute sich verschwören, um mich glücklich zu machen.
J. D. SALINGER

Nur wenige von uns würde man als »glückliche« Menschen bezeichnen. Jene, die uns lieben, versuchen immer wieder, uns irgendwie »zu bekehren«. Als erstes geben sie sich alle Mühe, genausoviel zu arbeiten und ebenso gestreßt zu sein wie wir. Dann versuchen sie das genaue Gegenteil und machen ausdrücklich langsamer, um das Leben mehr zu genießen. Und wenn sie schließlich erkennen müssen, daß beide Einstellungen nichts nützen, wenn ihre weiteren Schutzmaßnahmen versagen und ihnen die ganze Farce zuwider ist, dann verlassen sie uns.

Und all das geschieht nur, weil jemand es wagte, uns zu lieben, uns froh zu stimmen und uns die Kraft zu geben, selbst ein Liebender zu werden. So viele von unseren zwanghaften Verhaltensweisen sind uns gar nicht bewußt – aber jene, die sich verschworen haben, uns zu beglücken, wissen das vielleicht nicht.

Ich werde das Verhalten jener Menschen zu verstehen suchen, die mich näher bei sich haben wollen, und fühlen, daß sie mich glücklich sehen möchten.

Es gibt nur sehr wenige Menschen, die nicht interessanter werden, wenn sie aufhören zu reden.
MARY LOWRY

Männer, die zuviel arbeiten, reden oft zuviel. Wir sind ganz einfach davon überzeugt, daß fast alle unsere Äußerungen auf jeden Zuhörer unglaublich faszinierend wirken.

Wenn man sich ständig übernimmt, ist es schwierig, bescheiden oder gar demütig zu sein. Schließlich ist es in gewisser Hinsicht ja gerade auf unsere mangelnde Demut zurückzuführen, daß wir »mächtig« genug wurden, um einen Auftrag nach dem anderen anzunehmen, ein Versprechen nach dem anderen zu geben, eine Arbeit nach der anderen abzuliefern.

Viele von uns sagen eher, was sie tun, als daß sie tun, was sie sagen.

Und viele von uns sind schlechte Zuhörer. Aber wir müssen bewußt wahrnehmen, was andere denken, was sie brauchen und was sie wirklich von uns wollen.

Heute und in Zukunft werde ich versuchen, eher zuzuhören als zu reden. Ich möchte von anderen etwas lernen und von ihnen nicht nur bestätigt bekommen, wie überlastet und erschöpft ich bin.

1. Mai

Ein großer Augenblick in der Wissenschaft: Einstein entdeckt, daß Zeit eigentlich Geld ist.
GARY LARSON

Das ist eine Gleichung, die jeder von uns versteht.

Als ich aufwuchs, war eines der schrecklichsten und am meisten gehörten Wörter *hinauszögern*. Mein Selbstwertgefühl hing völlig davon ab, ob ich eine Sache hinauszögerte oder ob ich sie erledigte. Brachte ich wirklich etwas zustande? Oder war ich einfach nur ein Kind, das törichte Dinge tat, ohne allzuviel Rücksicht zu nehmen auf den Kalender, die Uhr oder die Arbeit, bei der am Ende etwas herausspringen würde – nämlich Geld?

Und überhaupt: Wenn Zeit gleich Geld ist, was entspricht dann dem Zeit*mangel*?

Heute werde ich mir etwas Zeit nehmen – nicht, um Geld zu verdienen, sondern um mich zu vergnügen und diese reine, einfache Freude zu genießen.

Man kann nicht klar denken, wenn die Fäuste geballt sind.
George Jean Nathan

So viele von uns sind ständig verkrampft, ängstlich, wütend, auf der Lauer, bereit, sich in den Kampf zu stürzen. Wir sind angespannt und verkniffen, was auch in unserer Körperhaltung zum Ausdruck kommt.

Wenn wir uns von der schlechtesten Seite zeigen, ballen wir unsere Fäuste zusammen, knirschen mit den Zähnen und haben keinerlei Geduld. Dadurch können wir nicht mehr klar denken. Wir sehen überall nur noch Hindernisse oder, schlimmer noch, Feinde. Unser Denken kommt buchstäblich zum Stillstand; die »inneren Leitungen« sind verknäult, verklebt mit bodenloser Angst und unbändiger Wut. Wir haben sozusagen uns selbst an der Kehle gepackt.

Es gibt reale Feinde und solche, die nur in der Einbildung existieren. Um hier genau unterscheiden zu können, müssen wir zunächst einmal uns selbst genauer unter die Lupe nehmen. Heute will ich versuchen, die Fesseln meiner Angst zu lösen und meine Fäuste zu öffnen.

3. Mai

Nette Typen brauchen am längsten, werden dafür aber nicht um den Schlaf gebracht.

EVAN DAVIS

Wer sagte, das Leben sei ein einziges großes Wettrennen? Aber wen kümmert es überhaupt, wer zuerst ins Ziel kommt? Zu viele von uns verwechseln ihren Beruf mit Hochleistungssport. Wenn wir in allen Lebensbereichen mit anderen konkurrieren, sind wir am Ende völlig erschöpft. Und so verfügen wir über keinerlei Kraftreserven mehr, weder in seelischer noch in geistiger Hinsicht.

Was ist denn so besonders an der Geschwindigkeit? Muß wirklich alles gemessen und eingeteilt werden? Wie viele Kilometer bist du gerannt? Wie lange hast du dafür gebraucht? Wie schnell fährt dein Auto? Bist du als erster angekommen? Warum können wir den Marathonlauf nicht ganz einfach als körperliche Ertüchtigung begreifen?

Ob das nun nett ist oder nicht: Ich will nicht bei jedem Projekt, das ich in der Arbeit oder zu Hause in Angriff nehme, beurteilt werden – weder von meinen Geschäftspartnern noch von mir selbst.

Ich werde heute meine Leistungen nicht mit denen von jemand anders vergleichen, sondern in *meinem* Tempo arbeiten beziehungsweise die Freizeit genießen.

Wenn man im Leben ständig auf der Überholspur fährt, besteht das Problem darin, daß man so schrecklich schnell am anderen Ende ankommt.

JOHN JENSEN

Bislang habe ich mein Leben sozusagen auf der Überholspur, der rechten Fahrspur und auf dem Seitenstreifen verbracht – nacheinander natürlich. Eine Reihe von Jahren war ich auf der Überholspur, und, um die Wahrheit zu sagen: Ich habe nur wenige Erinnerungen an diese Zeit. Einiges war sicherlich ganz lustig, aber der scharfe Gegenwind zwang mich schließlich dazu, langsamer zu machen.

Ich hatte mich so lange auf dieser Spur befunden, daß ich den Versuch wagen wollte, ganz auf den Seitenstreifen auszuweichen; aber das kann nicht gutgehen, besonders dann nicht, wenn man Kinder hat, die jede Art von Fürsorge und Beistand brauchen. Außerdem führt der Seitenstreifen irgendwann zu einer Ausfahrt, und die Autobahn ganz zu verlassen, ist auch keine realistische Alternative.

Oft frage ich mich, ob die Freunde und Geschäftskollegen, die mit mir auf der Überholspur fuhren, sich an die damaligen Ereignisse besser erinnern können als ich. Jedenfalls glaube ich, daß viele von ihnen genauso wie bisher weitermachen, eben weil sie gar keine andere Lebensform kennen.

Allmählich finde ich jenen Lebensrhythmus, der meinem Körper und meinem Geist von Anfang an vorgegeben war.

5. Mai

Manchmal ist ein Schrei besser als eine These.
RALPH WALDO EMERSON

Es gibt Phasen – und die meisten von uns haben sie schon mehr als einmal erlebt –, in denen eine mündliche Äußerung oder ein vernünftiges und intelligentes Gespräch nutzlos sind, weil wir einfach schreien müssen, um von den Leiden und Qualen unserer Seele befreit zu werden.

Manchmal sind da zu viele Memos, zu viele Diskussionen, zu viele Sitzungen, und so müssen wir ab und zu losbrüllen, um die Aufmerksamkeit wieder auf *uns selbst* zu lenken.

Wenn klares Nachdenken und einsichtige Argumente nicht mehr weiterhelfen, brauchen wir jenen gellenden Schrei, der deutlich macht, daß wir zu weit gegangen sind.

Männer, die zuviel arbeiten, überlegen und argumentieren zuviel; sie leben in stiller, zugleich jedoch auch wahnsinnig unruhiger Verzweiflung. Bevor ich losschreie, werde ich versuchen, innezuhalten und ins Auge zu fassen, was ich bisher geleistet habe und was schon alles hinter mir liegt.

Die ständige Hetzjagd des Lebens ist deswegen so problematisch, weil man selbst nach einem Sieg immer noch in der Rolle des Gehetzten ist.

LILY TOMLIN

Wir verbringen unsere Tage immer im gleichen Bürogebäude, in der gleichen Flughafenhalle, auf der gleichen Joggingstrecke – oder vielleicht müssen wir auch zwei, drei Berufe gleichzeitig ausüben. Auf uns treffen viele Bezeichnungen zu: Doktor, Maurer, Kurier oder Buchhalter. Trotzdem sind wir alle nur Menschen, die ganz einfach sehr viele Fähigkeiten besitzen.

Wir können nicht mehr machen, als wir zu leisten imstande sind, und so müssen wir genau herausfinden, welche Aufgaben sich für uns eignen. Sie sind von Fall zu Fall natürlich verschieden. Aber selbst wenn alles gesagt und getan ist, sind die Übereinstimmungen zwischen uns größer als die Unterschiede. Diese Tatsache sollte uns einigermaßen beruhigen und trösten, ob wir es nun gerne hören oder nicht.

Ich bin nicht sehr viel anders als der Mann vor mir oder als der Mann hinter mir in der Schlange. Das muß ich mir heute erneut klarmachen.

7. Mai

Je reicher deine Freunde sind, desto mehr kosten sie dich.
ELISABETH MARBURY

Wenn ich versuchen würde, mit einigen meiner Geschäftspartner finanziell Schritt zu halten, wäre ich bereits bankrott, bevor morgen die Banken aufmachen.

Meine Freunde und Klienten wollen mich durch ihren Reichtum nicht belasten, und das tun sie auch nicht. Aber ich muß aufpassen, daß *ich* ihren Reichtum weder als Belastung noch als Aufforderung empfinde, mit ihnen gleichzuziehen.

Die Erwartungen hinsichtlich meiner finanziellen Möglichkeiten, meiner Wohnverhältnisse, meines Urlaubsortes oder auch hinsichtlich der Schule, die meine Kinder besuchen sollen, hängen in keiner Weise davon ab, was sich meine Bekannten oder Kollegen jeweils leisten können.

Aber es gibt Tage, an denen ich mich wirklich mit aller Macht zügeln muß, nicht soviel Geld auszugeben, bis meine allzu aufgeblasenen Wünsche endlich erfüllt sind. Ich versuche es wenigstens, so gut ich kann.

Heute werde ich mich weder bei mir selbst noch bei anderen Leuten dafür entschuldigen, daß ich mir nicht soviel leisten kann (oder will) wie sie.

Die Friedhöfe sind voll von unentbehrlichen Menschen.
CHARLES DE GAULLE

Was für ein wunderbares Zitat! Es ist gerade dann sehr nützlich, wenn ich in Urlaub fahren oder mir einen Tag – beziehungsweise einen Nachmittag – freinehmen möchte; oder immer dann, wenn ich mich selbst für unersetzlich halten könnte.

Als ich kürzlich darüber nachdachte, den Betrag meiner Risikolebensversicherung zu erhöhen, sagte ich zu meiner Frau: »Ich glaube, wir sollten ihn um einiges aufstocken.« Sie antwortete: »Ich bin nicht hilflos. Wenn dir etwas zustößt, kann ich mir das nötige Geld selbst verdienen. Diese Erhöhung wäre leichtsinnig und kostspielig.«

Aber wenn ich nicht mehr da bin, sollte sie dann nicht wenigstens ein paar Millionen Dollar haben, denke ich, um über die Runden zu kommen? Auf diese Weise würde ich sogar über meinen Tod hinaus noch Verantwortung für sie tragen können …

Ich muß mir stets klarmachen, daß jeder von uns sozusagen nur eine einfache Fahrkarte besitzt und daß all diese »wichtigen« Männer sich auf den Weg gemacht haben, ohne ihren eigenen Tod durch eine angemessene Versicherung verhindern zu können.

9. Mai

Ich habe nie gerne gearbeitet. Für mich ist jede berufliche Tätigkeit ein Eingriff in die Privatsphäre.
DANNY MCGOORTY

Das kann sicherlich der Fall sein. Uns wurde beigebracht, zur Schule zu gehen, dann einen anständigen Beruf zu ergreifen und nebenbei noch einige andere Dinge zu erreichen. Aber was ist ein »anständiger« Beruf? Einer, der nicht unsere Privatsphäre verletzt?

Wenn wir eine Arbeit finden, die wir wirklich gerne tun, dann wird sie uns irgendwann auch Geld einbringen. Davon bin ich ziemlich fest überzeugt. Ich spreche hier wohlgemerkt weder von dem großen Engagement noch von der hohen Selbstachtung, die ein geliebter »Job« einbringt.

Aber wovon sprechen Sie denn?

Ich muß herausfinden, was »Arbeit« eigentlich bedeutet. Sie kann viel mehr sein als nur ein »Job« – eine Tätigkeit nämlich, der ich mit Leidenschaft nachgehe.

Männer, die nie in Verzückung geraten, sollten diesen Zustand einmal auskosten.

MALCOLM FORBES

Vielen von uns fällt es nicht leicht, innerlich loszulassen. Wir wissen nicht, wie wir unsere Abwehrmechanismen lange genug »ausschalten« können, um wirklich einmal herumzualbern, um uns hinreißen zu lassen, um einfach verrückt zu sein – und die viele Arbeit auf dem Schreibtisch, an der Werkbank oder in der Maschinenhalle ganz zu vergessen.

Unsere Kinder – vorausgesetzt, wir sind in der glücklichen Lage, welche zu haben – können wunderbare Lehrer sein für diejenigen unter uns, die alles zu ernst nehmen. Seien Sie übermütig, und spielen Sie mit ihnen! Rollen Sie über den Boden, und lassen Sie sich berühren – im wörtlichen und im übertragenen Sinne. Erzählen Sie ein paar verrückte Witze. Schneiden Sie Grimassen. Und machen Sie sich keine Sorgen – seien Sie glücklich (zumindest ein klein wenig).

Gesellen Sie sich zu Kindern, auch wenn es nicht Ihre eigenen sind, und machen Sie mit ihnen auf dem Fußboden oder im Garten ein paar Spiele; dann werden Sie vielleicht erst wieder auf die Uhr schauen, wenn das erste Kind gähnt.

11. Mai

Die zwei schwierigsten Dinge im Leben sind Erfolg und Mißerfolg.
ANONYM

Manchmal ist es schwierig, zwischen beiden genau zu unterscheiden. Ja, das ist zwar etwas salopp dahingesagt, aber was wir gemeinhin als Mißerfolg ansehen, kann sich relativ schnell als Erfolg entpuppen.

Wir dürfen nur nicht mehr in Extremen denken. Gibt es denn überhaupt so etwas wie das völlige Scheitern, das hundertprozentige Gelingen? Haben wir nur mit Schwarz und Weiß zu tun? Ich glaube nicht, daß es ratsam ist, die eigenen Tätigkeiten und Leistungen nur aus diesem Blickwinkel zu betrachten.

Mein Freund Harvey antwortete auf die Frage, welchen Platz er beim New Yorker Marathonlauf belegt habe, einfach: »Den ersten.« – »Was, den ersten Platz!?« rief unser gemeinsamer Freund ungläubig. Worauf Harvey erwiderte: »Allein schon, daß ich am Rennen teilgenommen und das Ziel erreicht habe, war für mich der erste Platz.«

In unserem Leben und in unserer Arbeit sind alle Ereignisse und Aktivitäten wie die Glieder einer Kette miteinander verbunden. All unsere Erfahrungen bilden ein Mosaik. Da gibt es gewisse Abstufungen bei den Farben, Linien und Texturen; einmal treffen die Kanten zusammen, dann wieder nicht, und die Perspektiven sind unterschiedlich. Genauso kann man weder vom absoluten Erfolg noch vom absoluten Mißerfolg sprechen.

Wenn ich ganz bewußt einen Tag nach dem anderen lebe, kann ich oft erfüllte, angenehme Tage verleben. Wenn ich aber nur noch gegen eine imaginäre Uhr, für einen imaginären Preis und in Richtung eines imaginären Ziels laufe, werde ich nie glücklich sein.

Ich versuche, mein Leben so zu arrangieren, daß ich nicht mal anwesend sein muß.
ANONYM

Jeder von uns versteckt sich gern. Das Problem ist nur, daß einige nichts lieber tun, als sich zu verstecken. Wenn es ginge, würden wir sogar jemand anders damit beauftragen, für uns zu atmen.

Es mag durchaus heilsam sein, gewisse Dinge nicht preiszugeben, unter Umständen schadet es uns aber auch. Wenn wir uns allzusehr tarnen, wissen die geliebten Menschen nicht mehr, wie sie uns finden sollen: Wir haben uns ganz bewußt in Luft aufgelöst, sind einfach nicht mehr da. Wer sich versteckt, braucht sich nicht am Leben zu beteiligen.

Viele von uns verstecken sich hinter dem Terminkalender, hinter Fitneßübungen, in Flugzeugen – oder dadurch, daß sie von einer U-Bahn-Station zur nächsten, von einer Vorstandssitzung zur anderen hetzen – durch das wertvolle Funktelefon immer bestens informiert. Wir sind nie außer Reichweite, aber auch nie wirklich zu fassen.

Jene von uns, die sich verstecken und nicht wirklich präsent sind, versäumen so ziemlich alles – besonders aber ihre innere Entwicklung. Heute werde ich mitteilsamer, zugänglicher und greifbarer sein für die Menschen, die mich lieben und die ich liebe.

13. Mai

Ich weiß nie, was an meinen Äußerungen wahr ist.
BETTE MIDLER

Wenn man sehr schnell spricht und nie lange genug Luft holt, so daß der oder die andere ein Wort vorbringen oder einen Gedanken andeuten kann, geht man im eigenen Redeschwall unter.

Das passiert häufig gerade denjenigen unter uns, die meinen, ihr Gegenüber sei auf ihre Belehrungen angewiesen, ja ohne sie gar nicht überlebensfähig. Wir waren so sorgsam darauf bedacht, uns selbst mit einer quasi mythischen Aura zu umgeben, daß wir manchmal tatsächlich von ihr überzeugt sind. Das Problem ist nur, daß wir jeden Tag anders sind. Wir brauchen ein Skript, um uns an den Text von gestern zu erinnern.

Wir müssen unbedingt langsamer machen und bewußt darauf achten, was wir sagen und was nicht. Wir müssen als Sprecher, aber auch als Zuhörer präsent sein. Männer, die zuviel arbeiten, spielen gerne den »Alleinunterhalter« – auch darauf sollten wir aufpassen.

Heute mache ich mir klar, was ich sagen *muß* – im Gegensatz zu dem, was ich alles sagen *möchte*.

Die Leute wechseln nicht den Beruf; sie werden von ihm aufgefressen.

JOHN DOS PASSOS

Das ist leider immer häufiger der Fall. Im Zeitalter der Concorde, des Fax, des tragbaren Telefons, des Laptops haben wir ganz aus dem Auge verloren, warum wir gerade diesen Beruf gewählt haben. Schlimmer noch: Es erscheint uns fast unvorstellbar, in einen anderen überzuwechseln.

Woran erkennen wir, daß wir von unserer Arbeit aufgefressen werden? Daran, daß wir über die Arbeit viel mehr nachdenken als über unsere Frau, unsere Kinder, unsere Eltern, unsere Geliebte, uns selbst. Daß wir nicht mehr freundlich und großzügig sind, da wir vergessen haben, wie ein solches Verhalten überhaupt möglich ist. Daß wir allmählich eher aus Angst als aus freiem Willen handeln. Daß wir uns immer öfter im Büro oder hinter der Zeitung verschanzen. Daß wir uns »behandeln« mit Alkohol oder Nahrungsmitteln.

Ich will bewußt unterscheiden zwischen dem, was *ich* im Griff haben kann, und dem, was *mich* zunehmend im Griff hat. Ich will heute versuchen, eine Bestandsaufnahme zu machen. Das ist sehr wichtig.

15. Mai

Das Leben ist ein Abenteuer in Sachen Versöhnlichkeit.
NORMAN COUSINS

O ja. Ich glaube, daß die meisten überbeanspruchten Männer ihre Schwierigkeiten haben, wenn es ums Verzeihen geht.

Wie beginnen wir? Bei wem machen wir den Anfang? Viele erzählen mir, daß sie dabei zuerst an den Vater denken – an jenen Menschen also, von dem sie das meiste gelernt haben. Er brachte ihnen – häufig unbewußt – bei, daß es allein darauf ankommt, »ein harter Arbeiter und treusorgender Vater« zu sein; daß man nötigenfalls zwei oder gar drei Jobs übernimmt, um die Rechnungen bezahlen zu können; daß man den Urlaub immer wieder verschiebt, abends spät nach Hause kommt und jenen zweiten, dritten oder fünften Drink braucht, um Ärger und Sorgen abschütteln und gut schlafen zu können.

Männer, die sich ständig übernehmen, müssen zunächst einmal lernen, sich selbst zu verzeihen – sich also nicht mehr zu bestrafen für ihre eingebildeten oder tatsächlichen Mißgeschicke.

Dann erst können sie anderen Menschen verzeihen, zum Beispiel dem Vater.

Heute nehme ich mir etwas Zeit, um den Weg zurückzuverfolgen, auf dem ich hierher gelangt bin. Ich muß mir verzeihen, daß ich ihn gewählt habe, zugleich aber verstehen lernen, warum er der meine ist.

Wenn die Zeit kommt, dein eigenes Leben zu leben, setzt du entweder deine Kindheit fort – oder du stehst quasi auf ihr, um sie dann unter dir wegzukicken.

Rosellen Brown

Dieses Zitat von Rosellen Brown ist, selbst aus dem Zusammenhang gerissen, einfach großartig. Einmal hörte ich einen Satz, der diesen Gedanken in gewisser Weise variiert: Unsere Ehe wird auf den Schlachtfeldern ausgefochten, die einmal unsere Spielplätze waren. Das ist natürlich ein bißchen überspitzt ausgedrückt, aber es verweist doch auf solche Aspekte wie Erwachsenwerden, Entfremdung, Wiedergutmachung, Verzeihen – sowie auf die inneren und äußeren Fortschritte.

Viele von uns wissen nicht, wie man Abschied nimmt – von der Geliebten, von Freunden, von einer Arbeit, die uns enttäuschte und für die wir nichts übrig hatten, von den Kindern, wenn sie älter werden, und schließlich von der eigenen Kindheit. Und so sind wir eifrig damit beschäftigt, ein sehr großes Kind zu sein und uns dementsprechend zu verhalten – ohne je die Leiden, Frustrationen oder Enttäuschungen zu bewältigen, die wir als Kinder ertragen mußten.

Heute werde ich jene kindischen Verhaltensweisen näher untersuchen, die ich auch als Erwachsener stets beibehalten habe, und die trügerischen »Stützpfeiler« unter mir beseitigen.

17. Mai

Den Schlüssel zum Erfolg kenne ich nicht, aber der Schlüssel zum Mißerfolg ist der Versuch, allen gefallen zu wollen.
BILL COSBY

Genau so ist es. Die meisten von uns versuchen, alle anderen zufriedenzustellen, und zwar ständig. Das fängt schon bei unseren Eltern – meist beim Vater – an. Dann kommt der Lehrer, vielleicht sogar der Pfarrer oder der Rabbi. Dann wollen wir unseren Freunden alles recht machen; dafür haben wir schon die lächerlichsten Dinge getan. Und schließlich geben wir uns alle Mühe, bei unserem Chef, unserem Professor, unserem Therapeuten oder bei unserer neuen Geliebten gut dazustehen.

Und dann passiert etwas sehr Seltsames: Je mehr wir versuchen, bei ihnen Anklang zu finden, uns an sie zu klammern, sie ständig zum Lachen zu bringen, ihren Beifall zu ernten, von ihnen umarmt und gehalten zu werden, desto öfter sind sie von uns enttäuscht. Und warum? Weil wir nie ganz bei ihnen sind, nie längere Zeit mit ihnen zu tun haben, sondern immer nur einen Augenblick lang. Jedesmal also, wenn wir ihre Wünsche auf diese Weise erfüllen möchten, die wir allein beherrschen (oder zu beherrschen meinen), scheitern wir. Und auch beim nächsten Mal ist uns der Mißerfolg gewiß.

Als erstes muß ich mir selbst etwas Gutes tun und mich zu einem ganzen und glücklichen Menschen formen. Heute werde ich mir alle Möglichkeiten überlegen, die mich diesem Ziel vielleicht näherbringen.

Männer mit Macht haben keine Zeit zu lesen; aber gerade die Männer, die nicht lesen, sind ungeeignet für die Macht.
MICHAEL FOOT

Viele von uns treffen ihre Entscheidungen sehr schnell und haben so das Gefühl, leistungsfähig und klug zu sein. Aber woher bekommen wir die nötigen Informationen, die ein so rasches Handeln rechtfertigen? Da die meisten von uns zu beschäftigt sind, um die ganze Tageszeitung, irgendein Wirtschaftsmagazin oder auch ein Buch allein zum Vergnügen zu lesen, stellt sich diese Frage um so eindringlicher: Worauf gründen wir unsere Kenntnisse?

Die meisten Männer, die zuviel machen, machen natürlich in vielen Bereichen zuwenig. Dazu gehört zum Beispiel das Lesen. Nur zum Vergnügen in einem Buch zu schmökern erscheint uns verdächtig; und ein Fachbuch zu studieren, ist in unseren Augen ebenfalls reine Zeitverschwendung – eben weil wir uns passiv dabei fühlen und unseren Tatendrang nicht unter Beweis stellen können.

Ich werde anfangen, mich über meine Arbeit besser zu informieren und die entsprechende Literatur zu lesen, aber heute greife ich auch zu einem Buch, das mir wirklich Freude macht.

19. Mai

Unterschiedliche Zwänge verleiten einen dazu zu glauben, daß sich ein Problem umgehen läßt, wenn man eine strittige Frage zurückstellt; meistens aber beschwört man gerade dadurch eine Krise herauf.

Henry Kissinger

Wie gut wir uns doch hinter unseren Schreibtischen, hinter unseren Aufgaben verstecken. Wenn es uns gelingt, das Aufeinanderprallen verschiedener Schwierigkeiten hinauszuzögern, reden wir uns ein, Zeit gewonnen und den Kampf für uns entschieden zu haben. Aber im Grunde ist uns klar, daß wir damit meistens ein noch größeres Problem schaffen, das irgendwann wieder auftauchen wird. Wir beschwören Krisen gerade dadurch herauf, daß wir sie nach besten Kräften zu vermeiden suchen. Sobald wir unseren Kopf über die Arbeit beugen und die Stirn runzeln, sieht es wirklich ganz danach aus, als würden wir mit allem fertigwerden, auch wenn dem überhaupt nicht so ist.

Heute werde ich keine Ablenkungsmanöver veranstalten, sondern den auftauchenden Streitfragen und Problemen ohne jeden Aufschub entgegentreten.

Es ist kein Zufall, daß viele mir vorwerfen, die Staatsgeschäfte mit dem Herzen anstatt mit dem Kopf zu führen. Und wenn es wirklich so wäre? ... Wer nicht aus tiefstem Herzen weinen kann, hat auch kein Verhältnis zum Lachen.

GOLDA MEIR

Ich hatte schon oft das Gefühl, daß ein den Frauen zugeschriebener Charakterzug, nämlich die fürsorgliche Hingabe, im Grunde allen Menschen in leitender Stellung nützlich wäre, um die jeweilige Aufgabe wirklich anzupacken, konzentriert zu bleiben und sie auch zu Ende zu führen. Gern stelle ich mir vor, daß Männer diese Einstellung zumindest teilweise übernehmen könnten, damit sie lernen, ihre Geschäfte mehr mit dem Herzen zu führen – und weniger mit dem Verstand und den Händen.

Golda Meir war eine starke Führungspersönlichkeit – vielleicht auch deshalb, weil sie ihr ganzes Wesen in die Politik mit einbrachte. Sie verdrängte weder ihren Kummer noch ihre Freude, und eben deshalb erwarb sie sich mehr als alles andere die Achtung vieler Menschen auf der ganzen Welt.

Heute versuche ich, meinen Arbeitskollegen und -kolleginnen gefühlvoll zu begegnen. Ich werde sie nicht einfach nur anschauen, sondern in ihr Inneres blicken. Das wird mir helfen, ihnen und dann auch mir selbst den nötigen Respekt entgegenzubringen.

21. Mai

Der Mensch besitzt nur dann wahre Größe, wenn er aufgrund seiner Leidenschaften handelt.

BENJAMIN DISRAELI

Wenn wir uns ständig überarbeiten, fühlen wir unsere Leidenschaften nicht mehr. Manchmal fliehen wir regelrecht vor ihnen, indem wir ganz bewußt zu viele Verpflichtungen eingehen.

Meine größte Leidenschaft war das Malen. Ich gab es auf, weil ich dachte, niemand würde das als »ernsthaften« Beruf ansehen. Künstler werden immer verdächtigt, sich durchs Leben zu mogeln. Allerdings lassen sie sich auch nicht nach normalen Maßstäben messen. Die meisten von ihnen verdienen nicht sehr viel Geld.

Seltsam, nicht wahr? Ich malte nicht weiter, weil ich dachte, das sei eine Art Betrug. In Wahrheit aber habe ich mich selbst dadurch betrogen, daß ich nicht dabei geblieben bin. Dieses Gefühl beschleicht mich fast jeden Tag.

Heute nehme ich mir etwas Zeit, um wenigstens eine meiner Leidenschaften näher zu untersuchen; vielleicht packt sie mich so, daß ich ganz ohne Gewissensbisse heiter und vergnügt bin.

Macht ist nicht dasselbe wie Glück.
William Goodwin

Viele von uns sind besessen und berauscht von der Idee, Macht auszuüben: Wir glauben, jedem Zugriff enthoben und völlig ungebunden zu sein, wenn wir ein bestimmtes Maß an Autorität und Einfluß besitzen.

Jedoch beschert uns die Macht an sich weder Erleichterung noch Trost noch Glück. Ob wir ein Gefühl von innerer Befriedigung empfinden, hängt davon ab, *wie* wir sie einsetzen. Aber nur wenige von uns ziehen dies in Betracht oder kümmern sich darum, welch hohen Preis die Macht hat – denn sie sind allzusehr darauf fixiert, diese um ihrer selbst willen zu erlangen.

Heute werde ich mein Bedürfnis, Macht zu besitzen, näher ergründen, um herauszufinden, warum ich so versessen darauf bin.

23. Mai

Die Menschen sind nicht Gefangene des Schicksals, sondern nur ihres Denkens.

FRANKLIN D. ROOSEVELT

Nicht jeden Morgen, wenn wir aufwachen, steht unser Haus in Flammen. Aber wir verhalten uns, als wäre es so. Wir hetzen hin und her, haben übermäßig viel zu tun – und sind darüber hinaus noch völlig abhängig von den Fahrplänen, vom Berufsverkehr, von der Stechuhr, von den langsamen Aufzügen, den besetzten Telefonen, den unerbittlichen, immer höher aufragenden Stapeln eingetroffener Post ...

Sobald wir nicht mehr davon überzeugt sind, daß jeder uns nur fertigmachen will – daß ebendies unser Los sei, daß das Schicksal uns überfordere –, und sobald wir beginnen, für die eigenen Gefühle, Gedanken und Handlungen die Verantwortung zu übernehmen, entfliehen wir dem Teufelskreis, der uns gefangenhielt. Einen Menschen, der in Ruhe überlegt und sich seiner Gedanken vergewissert, wird man nie gegen seinen Willen zu etwas zwingen können.

Heute denke ich einmal über die verschiedenen Alternativen nach, die das Leben mir bietet – und nicht über die Grenzen, die ich mir selbst gesetzt habe.

Zum Leben gehört mehr, als ständig noch schneller zu machen.
MAHATMA GANDHI

Männer, die zuviel arbeiten, wollen unbedingt wissen, wieviel Zeit eine wie auch immer geartete Aufgabe in Anspruch nimmt.

Beweg dich. Schneller. Noch schneller. Werd fertig. »Schneller als geplant vorankommen« – das ist Musik in unseren Ohren. »Den Zeitplan einhalten« – das ist in Ordnung. »Der letztmögliche Termin rückt näher« – das läßt uns schier ohnmächtig werden.

Das hohe Tempo verdeckt einen enormen Mangel an Selbstbewußtheit. Doch wenn wir es schaffen, soweit langsamer zu machen, daß uns klar wird, *was* wir tun und *warum* wir es tun, kommen wir insgesamt wieder mehr ins Gleichgewicht und sehen außer unseren Aufgaben noch vieles andere.

Heute lasse ich zu, daß der natürliche Rhythmus mir gewissermaßen als Metronom dient. Ich werde mich nicht Hals über Kopf und völlig gedankenlos in jede vor mir liegende Arbeit stürzen.

25. Mai

Ich habe eine ganz neue Grundeinstellung. Ich werde mich jeweils nur vor dem nächsten Tag fürchten.
CHARLES M. SCHULZ

Charles M. Schulz ist ein kluger Mann. Das hat er mit unzähligen »Peanuts«-Cartoons – mit seinen Figuren, ihren genau gezeichneten Charakteren und einer wunderbaren Situationskomik – bewiesen. Er bringt uns zum Lachen, regt uns aber auch zum Nachdenken an.

Arbeitssüchtige Männer fürchten sich tatsächlich vor jedem Tag – zugleich jedoch auch vor jeder Woche und jedem Monat. Wir denken, daß der leere Terminkalender der nächsten Woche uns genug Zeit läßt, alle liegengebliebenen Dinge aufzuarbeiten, jede Verspätung aufzuholen – so daß wir dann am Freitagabend mit leeren Händen und frei wie ein Vogel das Büro verlassen können. Aber offenbar schaffen wir es immer wieder, die nächste Woche mit Terminen »vollzupacken«, dann die übernächste, und so weiter und so fort.

Ich werde nur jene Arbeiten ins Auge fassen, die ich heute bewältigen kann – also nicht alles, was auf dem Schreibtisch liegt, beachten, sondern nur das, was ich meiner Meinung nach in den Griff bekomme. Nicht mehr.

Das Leben mit einem Heiligen ist aufreibender, als selbst einer zu sein.

ROBERT NEVILLE

Früher habe ich mich oft gefragt, wie meine Kollegen es fertigbringen, am Abend einen leeren Schreibtisch vor sich zu haben. Ihr »gutes« Beispiel war für mich einfach erschreckend. Einige von ihnen erledigen ihre Aufgaben tatsächlich rechtzeitig und leisteten dabei auch noch gute Arbeit.

Ich dagegen war deutlich redegewandter, schlagfertiger und sarkastischer. Aber natürlich wurden jene Leute besonders geschätzt, deren Schreibtisch um 17 Uhr stets ordentlich aufgeräumt oder ganz leer war.

Ich wußte, daß einige von ihnen innerlich total hysterisch sein mußten. Zugleich ärgerte es mich, daß sie nach außen hin völlig ruhig und entspannt wirkten. Mir wäre es lieber gewesen, wenn ihre Schreibtische den Aufruhr in ihrer Seele widergespiegelt hätten.

❦

Im Verlaufe meines inneren Heilungsprozesses werde ich meine gesunden Ansichten nicht denen aufzuzwingen versuchen, die die krankhafte Arbeitssucht noch nicht so durchschaut haben wie ich.

27. Mai

Wenn alles gesagt und getan ist, ist mehr gesagt als getan.
ANONYM

Sitzungen, Konferenzen, Ausschüsse. Gruppendiskussionen. Unterredungen noch und noch. Ich glaube, viele von uns sind überzeugt von dem, was sie da sagen, denn es gibt ihnen das Gefühl, tatsächlich etwas vollbracht zu haben.

Arbeitssüchtige Männer sprechen sehr gern über die Arbeit, die sie so sehr in Anspruch nimmt – aber nur in dem Sinne, daß sie halt »ihr Kreuz auf sich nehmen«.

In einem Unternehmen, in dem ich früher gearbeitet habe, waren jeden Tag so viele Besprechungen anberaumt, daß meine Kollegen und ich oft nicht vor 17 Uhr an den eigenen Schreibtisch kamen. Dadurch konnten wir erst abends unsere Geschäftspartner zurückrufen. Das ist ganz angenehm, wenn man in New York ist und mit Leuten in Los Angeles zu tun hat. Ansonsten aber ergibt sich dadurch eine ganze Reihe von Problemen.

Heute bemühe ich mich, meine Äußerungen knapp zu halten. Aber ich werde nun auch nicht der stumme »Aufseher« sein, der durch sein Schweigen das Gerede der anderen kompensiert.

Korrigiere mich, wenn ich etwas Falsches sage – aber ist die feine Trennungslinie zwischen geistiger Gesundheit und Wahnsinn nicht noch feiner geworden?

George Price

Es gibt jeden Tag neue, großangelegte Meinungsumfragen über alle Themen, die man sich nur denken kann. Und von uns allen wird erwartet, daß wir alles wissen und immer auf dem laufenden sind.

Aber insgeheim lieben wir Workaholics ja diesen Informationsüberfluß, diese ungeheuren Mengen nutzloser Daten, weil sie unsere Sucht noch verstärken.

Früher einmal habe ich stolz verkündet, daß ich jeden Tag vier Zeitungen lese. Toll! Und daß ich vierzig oder fünfzig Mal zurückrufe. Wahnsinn!

Und was dann?

❧

Es ist mir egal, was Madonna gestern gemacht hat; ich konzentriere mich heute auf die Dinge, die mir wirklich wichtig sind, und lasse mich durch irgendwelche Klangfetzen nicht völlig durcheinanderbringen.

29. Mai

WARNUNG AN DAS GESAMTE PERSONAL: Die Entlassungen gehen solange weiter, bis die Arbeitsmoral besser ist.
ANONYM

Ist die Einschüchterung nicht ein äußerst wirksames Mittel? In den letzten paar tausend Jahren hat es sich jedoch immer wieder gezeigt, daß Menschen alles andere als produktiv sind, wenn man sie zu etwas zwingt und ihnen angst macht. Auf dieser Basis kann weder eine Firma noch eine Familie gedeihen.

Dennoch unternehmen viele von uns solche wahnwitzigen Einschüchterungsversuche. Jene, die sich zuviel Arbeit aufbürden (und zwar mit Vergnügen, man braucht sie nur zu fragen), verfolgen oft die Taktik, Angst und Schrecken zu verbreiten.

Um liebenswürdig zu sein, muß man Mut haben, sich selbst beobachten und nachdenken. Den Tyrannen zu spielen ist einfach.

Heute werde ich genau darauf achten, in welchem Ton ich mit den Leuten spreche, und aufpassen, daß ich niemanden herabsetze oder schlechtmache. Mir ist klar, daß ich durch Freundlichkeit viel bewirken kann.

Wenn es die letzte Minute nicht gäbe, dann käme überhaupt nichts zustande.
ANONYM

Es gibt viele Arten von Arbeitssüchtigen, und ihre Abhängigkeit äußert sich auf mannigfache Weise.

Am »beliebtesten« und am häufigsten anzutreffen ist aber wohl jener Typ, der alles »auf den letzten Drücker« macht. Wenn er überhaupt etwas erledigt, dann »fünf Minuten vor zwölf«. Die ganze Zeit vorher führt er Gespräche, steht Qualen durch, ringt die Hände, schmiedet neue Pläne – und dann: Plötzlich, wie aus dem Nichts, taucht auf einmal der – Trommelwirbel! – Abgabetermin auf …

Ihn einzuhalten erscheint uns, die wir immer bis auf die letzte Minute warten, so gut wie unmöglich. Da haben wir die ganze Zeit geschwitzt, geredet und alles gegeben – und dann besteht auf einmal die große Gefahr, daß die Arbeit nicht fertig wird, daß wir mit allem zu spät dran sind!

Heute werde ich mir einen anderen Arbeitsrhythmus überlegen, um nicht wieder erst in letzter Minute meine Aufgaben zu erfüllen oder meine Versprechen einzulösen.

31. Mai

Fanatismus – das heißt: doppelte Anstrengung, sobald man das eigene Ziel aus den Augen verloren hat.
GEORGE SANTAYANA

Manchmal überarbeiten wir uns so sehr, daß wir ganz fanatisch werden. Wir sehen nicht mehr unsere eigentlichen Ziele und hetzen blindlings weiter, nur um irgendwo als Erster anzukommen. Aber wo landen wir dann?

»Allein die Fahrt«, lautete der Slogan einer berühmten englischen Schiffahrtslinie, »ist schon das halbe Vergnügen.« Aber das ist nicht alles. Der Weg ist nur die halbe Wahrheit. Wir dürfen nämlich nicht vergessen, wohin wir eigentlich wollen. Wenn wir nur Dampf machen, bildet sich nichts als Feuchtigkeit.

Ich werde meine Ziele klar ins Auge fassen und mich nicht übermannen lassen von der Angst, als Letzter anzukommen.

Beginne jeden Tag mit einem Lächeln und bringe ihn dann hinter dich.

W. C. FIELDS

Ich habe großen Respekt vor einem Mann, der ehrlich ist gegen sich selbst und mit den anderen in Harmonie lebt.

Viele von uns glauben, daß wir eine Maske aufsetzen und so tun müssen, als seien wir heiter und glücklich, um allen Menschen zu gefallen. Gerade wir mit unseren zahlreichen Verpflichtungen greifen zu diesem Mittel, weil wir unser Gegenüber unbedingt beschwichtigen und zufriedenstellen wollen.

Wir müssen uns darum bemühen, eine Arbeit zu finden, bei der wir ungekünstelt und aufrichtig sein und in aller Ruhe das tun können, was unseren Fähigkeiten entspricht, anstatt uns hinter der eiskalten Maske des Übermenschen zu verstecken.

Heute werde ich mir meine wahren Gefühle bewußt machen, anstatt mir von jemand anderem sagen zu lassen, wie ich mich fühlen *sollte*.

2. Juni

Im Karneval tragen die Menschen Masken über ihren Masken.
XAVIER FORNERET

Manchmal ist es schwierig, zum Kern eines Menschen vorzudringen, herauszufinden, wer er wirklich ist. Kommt das daher, daß er zu große Angst hat, dem anderen sein wahres Gesicht zu zeigen? Oder daher, daß er die Maske schon so lange trägt, daß er sich ohne sie ganz unwohl fühlt?

Immer wieder eine Maske nach der anderen abzunehmen ist äußerst anstrengend. Aber um unsere Arbeit zu leisten und die Gründe ausfindig zu machen, warum wir all diese Bürden mit uns herumtragen, müssen wir versuchen, nach innen zu gehen und unser eigenes Wesen wirklich kennenzulernen.

Heute werde ich ganz besonders darauf achten, keinerlei Verschleierungstaktik anzuwenden, und jedem offen zeigen, wer ich bin.

Versuch nie, mit den Nachbarn gleichzuziehen. Zieh sie lieber auf dein Niveau herab.

QUENTIN CRISP

Ich bin immer wieder erstaunt, wie wir trotz unserer enormen Arbeit, trotz unserer dauernden Anspannung herausfinden, was der andere alles hat. Man könnte fast meinen, wir besäßen ein drittes Auge. Es ist stets auf die Nachbarn, die Kollegen und jede sonstige Person gerichtet, die vielleicht ein etwas größeres Stück Torte bekommt als wir.

Der Konkurrenzkampf war für uns schon immer ein Problem. Wir wetteifern mit uns selbst, weil wir als Kind lernten, um die Liebe und Aufmerksamkeit der Erwachsenen zu buhlen. Und so können wir nie genug kriegen. Ein halb gefülltes Glas betrachten wir als halbleer, nicht als halbvoll. Und indem wir dann unsere Tage und Nächte mit allen möglichen Dingen ausfüllen, versuchen wir auf unsere Weise, das Glas bis zum Rand vollzuschenken.

Ich gebe mir alle Mühe, meine Bedürfnisse bewußt *wahrzunehmen*, anstatt die der anderen *zu übernehmen*; und ich passe auf, daß ich nicht immer nur haben will, was sie schon haben.

4. Juni

Eine Lüge wäre sinnlos, wenn einem die Wahrheit nicht gefährlich erschiene.

C. G. JUNG

Wenn es irgendwie geht, reden wir uns und den anderen ein, daß wir die Dinge fest im Griff haben, daß alles in Ordnung ist. Wir sehnen uns danach, Kontrolle auszuüben und das Gefühl abzuschütteln, daß wir irgend etwas nicht schaffen, daß wir in einem Wirbelsturm gefangen sind, den wir selbst verursacht haben.

Im Grunde aber lügen wir uns selbst genauso an wie unsere Frau, die Kinder, die Freunde, die Geschäftspartner. Wir verbergen etwas, das gefährlich ist – nämlich unsere Arbeitssucht, unsere zwanghafte Neigung, alles mögliche zu versprechen, und unser großes Bedürfnis, dieses krankhafte Tun zu vertuschen.

Wenn ich heute die enorme Last der Verantwortung spüre, wird mir klarwerden, daß ich selbst sie mir aufgebürdet habe. Ich werde mich deswegen nicht schämen, aber doch deutlich sehen, was ich mir da alles antue.

Wenn ich mein Leben noch einmal leben müßte, würde ich die gleichen Fehler machen, nur früher.

TALLULAH BANKHEAD

Wir *machen* nicht nur Fehler, wir machen immer wieder die *gleichen* Fehler.

Daran etwas zu ändern, dauert uns zu lange. Eine andere Wahl zu treffen, kostet uns wertvolle Kraft. Also tun wir, was wir schon immer taten, selbst wenn das gar nichts bringt. Eher benutzen wir das gleiche alte Skript, als daß wir uns Zeit nähmen, ein neues zu schreiben.

Ich denke, Tallulah Bankheads Botschaft ist tiefsinniger, als es zunächst scheint. Hinter dem Sarkasmus verbirgt sich die Hoffnung, daß sie aus den früheren Fehlern etwas lernen möchte, um dadurch ihr jetziges und künftiges Leben harmonischer zu gestalten und weniger Angst vor ihm zu haben.

Da ich mein Leben nicht noch einmal leben muß, werde ich genauer darauf achten, was ich *jetzt* mit ihm anfange. Ich möchte meine Fehler nicht wiederholen und mehr darauf bedacht sein, fürsorglich mit mir selbst umzugehen.

6. Juni

Alle Telefonanrufe sind obszön.
Karen Elizabeth Gordon

An manchen Tagen – vielleicht sogar an vielen –, denken wir genauso. Männer, die zuviel arbeiten, sind der Meinung, daß sie mit Telefonanrufen regelrecht bombadiert werden. Zugleich aber sind wir stolz auf all die Botschaften, die uns da mitgeteilt werden! Sie sind wie Ehrenzeichen, all diese Telefonnotizen in Gelb oder Rosa. »Ich bin der am meisten Beschäftigte, Gestreßte und Beanspruchte von allen«, geben uns die kleinen Zettel zu verstehen.

Paradoxerweise erachten wir die vielen Anrufe als Beweis für unseren durchschlagenden Erfolg, auch wenn sie uns eigentlich stören, ja zuwider sind. Sie helfen uns sogar, den eigenen Wert genau zu definieren! Das Büro ist wirklich ein höchst seltsamer Ort.

Ich habe mir angewöhnt, Telefonnotizen zu trennen in solche, die so bald wie möglich beantwortet werden müssen, und solche, die Zeit haben. Jeder von uns weiß, was in welche Kategorie gehört.

Ich schlage immer zuerst die Sportseiten auf. Da ist nämlich von menschlichen Leistungen die Rede. Auf der Titelseite dagegen geht es immer nur um menschliches Versagen.

EARL WARREN

Ich denke zwar, daß auch im Sportteil der eine oder andere Artikel von menschlichen Mißerfolgen handelt, verstehe aber sehr wohl, was Earl Warren meint.

Eine ganze Reihe arbeitssüchtiger Männer interessiert sich sehr für Sport – als Zuschauer, versteht sich. Resultate, Tabellen, Statistiken – wir kennen sie alle. Viele von uns verstecken sich regelrecht hinter den Sportseiten der Tageszeitung, tauchen ein in die Sportmagazine und Sportsendungen und sind überhaupt nicht mehr zu sehen. Vielleicht ist dieses Verhalten teilweise auf unsere innere Stagnation zurückzuführen; vor allem aber glaube ich, daß wir gar keine andere Möglichkeit kennen, mit den Menschen und mit uns selbst in Beziehung zu treten.

Es ist erschreckend, wie viele Gesprächsrunden und Interviews zum Thema Sport mittlerweile ausgestrahlt werden – im Fernsehen genauso wie im Radio. Und so können wir auf dem Weg zur Arbeit und von der Arbeit »versorgt« und »geheilt« werden mit endlosen Diskussionen über die neuesten Ergebnisse, über Spielertransfers oder grobe Schnitzer.

Heute werde ich mein leidenschaftliches, übersteigertes Interesse am Sport ganz nüchtern betrachten und auch andere Sparten der Tageszeitung lesen, andere Nachrichten hören.

8. Juni

Fang langsam an und hör dann allmählich auf.
WALT STACK

Das richtige Tempo – wir kennen es nicht. Vielmehr treiben wir uns so sehr an, daß wir schon morgens um halb elf – nach einer Kanne Kaffee und einer halben Schachtel Zigaretten – reif sind für den Feierabend.

In Unternehmen, wo eine äußerst ungesunde Arbeitsatmosphäre herrscht, sind hohe Produktivität und fieberhaftes Tempo gefordert. Was also tun wir? Kündigen? Den ganzen Betrieb »umkrempeln«? Oder sagen wir unserem Chef, daß er die Zügel mal schleifen lassen soll?

Ja, genau das. Wir suchen uns eine Arbeit, bei der wir wirklich *Mensch* sein können. Wir machen uns Gedanken über einen Beruf, der uns inneres Wachstum, Freude sowie die eine oder andere Belohnung gewährt. Wir lassen uns nicht mehr mit der Stoppuhr überwachen. Außerdem müssen wir für unsere Arbeit in ganz neuer Weise Verantwortung übernehmen und herausfinden, inwieweit die daraus resultierenden Anforderungen unvereinbar sind mit unseren Erwartungen.

Ich werde mich nicht mehr über meine Arbeitsbelastung beklagen. Wenn sie kaum noch zu ertragen ist, muß ich mich nach einem anderen Arbeitsplatz umschauen, an dem Menschen, die ausgeglichen sind und ihren Beitrag leisten, geschätzt und geachtet werden.

Wenn du dich zu weit zurücklehnst, kannst du dich auch gleich auf die Nase fallen lassen.

JAMES THURBER

Wenn die vielen Verpflichtungen uns allzusehr in Anspruch nehmen, dann geschieht am Ende genau das: Wir fallen auf die Nase. Dagegen hilft nur eines: Sobald uns bewußt wird, daß wir zu viele Dinge gleichzeitig erledigen, daß wir über beide Ohren in Arbeit stecken, müssen wir innehalten und uns klarmachen, wann und inwiefern das Limit überschritten wurde und welchen Preis wir dafür zu zahlen haben.

Erzielen wir in einem Bereich hohe Gewinne, erleiden wir im anderen sicherlich um so mehr Verluste. Zeigen Sie mir einen Mann, der in wenigen Jahren mehrere Millionen Dollar verdient hat, dann werde ich Ihnen zeigen, daß er weder Familienleben noch Freunde kennt und praktisch allein auf seinem Geld sitzt – um schließlich der Länge nach auf dem Boden zu liegen.

Geben, geben, geben, bis es schmerzt. Wer hat uns diese Einstellung beigebracht? Wo und wann haben wir sie uns angewöhnt? Heute ist ein guter Tag, um zu entscheiden, wieviel ich geben *kann* – nicht, wieviel ich meiner Meinung nach geben *muß*.

10. Juni

Nur die Mittelmäßigen sind immer in Hochform.
JEAN GIRAUDOUX

Wir müssen uns einfach damit abfinden, daß unsere Leistungen, Verfahrensweisen und Ergebnisse mehr oder weniger stark schwanken. Wir Menschen können vieles – aber eben nicht jeden Tag.

Die Sucht nach Perfektion, sagt Anne Wilson Schaef, ist ein ebenso direkter Weg zur Selbstvernichtung wie eine Pistole, die man sich an die Schläfe setzt.

Wir müssen uns gestatten, auch einmal zu versagen, zu stolpern oder einfach nichts zu tun – und nur dann nachzudenken und etwas Außergewöhnliches zu tun, wenn wir uns stark genug fühlen.

Jedenfalls brauchen wir uns nicht zu schämen, wenn wir nicht jedesmal die Oberhand behalten, die Trophäe mit nach Hause bringen oder den großen Scheck einlösen.

Heute brauche ich mich nicht nach den Maßstäben zu beurteilen, die jemand anders als verbindlich erachtet. Ich tue einfach mein Bestes.

Für Menschen, die Ruhe und Frieden lieben: eine telefonlose Schnur.

ANONYM

Keine Ahnung, was Sie davon halten – ich würde mir so ein Ding schnellstens zulegen.

Wir brauchen uns wirklich nicht vom Telefon, vom Faxgerät, von der Post oder vom Expreßdienst tyrannisieren zu lassen. Vielmehr müssen wir selbst festlegen, welche Aufgaben so wichtig sind, daß sie unter die Dringlichkeitsstufe I fallen.

Viele von uns verhalten sich jedoch so, als würden sie in der Notaufnahme eines unterbesetzten Hospitals im Kriegsgebiet arbeiten. Jeden Tag ist die Hölle los! Was ist als erstes zu tun? Wer ist am schwersten verwundet? Wer muß an die Herz-Lungen-Maschine angeschlossen werden? Wie schnell kann ich ein Röntgenbild bekommen?

Bei allem Respekt vor den Männern und Frauen, die in solch einer Umgebung tätig sind: Ich denke, wir anderen sollten sie mit einem Gefühl von Verwunderung und Ehrfurcht betrachten und froh sein, daß wir nicht ihre Arbeit tun müssen.

Heute werde ich nicht zulassen, daß das Telefon über meinen Tagesablauf bestimmt. Schließlich ist es ja *mein* Apparat.

12. Juni

Je höher der Affe klettert, desto mehr sieht man von seinem Hinterteil.

GENERAL JOSEPH STILWELL

Gerade dadurch, daß wir die Karriereleiter so schnell nach oben klettern, wie es nur geht, ohne darauf zu achten, wer oder was sich uns in den Weg stellt, nehmen wir Arbeitssüchtigen eine äußerst exponierte Stellung ein.

Deshalb sollten wir zunächst einmal genau untersuchen, warum wir eigentlich auf dieser Leiter sind. Was erwartet uns denn ganz oben? Wissen wir darüber wirklich Bescheid? Und was wird zwischen dem oberen Ende der Leiter und der ungefähr mittleren Sprosse alles passieren?

Ist es das Geld, das uns so schnell so weit in die Höhe treibt? Oder einfach nur die mangelnde Selbstachtung? Oder die Scham, die daher kommt, daß wir vierzig sind und immer noch nicht »genug« Geld verdienen? Oder wollen wir unserem Vater, unserer Frau beziehungsweise unserer Geliebten zeigen, welch außergewöhnlicher Mensch wir sind?

Der Affe, der zu schnell den Baum hinaufklettert, entblößt nicht nur sein Hinterteil, sondern stürzt wahrscheinlich ab, bevor er die Krone erreicht hat.

Mit 65 in den Ruhestand zu treten ist lächerlich. In dem Alter hatte ich immer noch Pickel.
GEORGE BURNS

Hier ist ein Mann, der wohl nicht zuviel arbeitet, sondern bei dem, was er tut, sehr viel Vergnügen empfindet. Und sicherlich konnte er auf diese Weise Millionen andere Menschen erheitern und beglücken.

George Burns hat ein ganz eigenes Tempo. Das erkennt man daran, wie er eine Geschichte oder einen Witz erzählt. Er weiß, was Komik und was Timing ist. Darüber hinaus scheint er genau zu wissen, welche Dinge für ihn wichtig sind und welche nicht.

Aufgrund meiner beruflichen Tätigkeit hatte ich vor etwa fünfzehn Jahren das Glück, mit ihm zu Abend zu essen. Wir saßen einige Stunden zusammen, was mich angesichts seines Alters und der späten Stunde doch ziemlich überraschte.

Er sprach völlig ruhig. Meistens ging es dabei um seine Frau, Grace Allen. Außerdem erzählte er wunderbare Geschichten, was bei ihm natürlich nicht verwunderlich ist. Eines aber werde ich nie vergessen, nämlich wie ausgeglichen, wie abgeklärt er war. Keine unberechenbaren Gefühlsausbrüche, keine extremen Wechsel im Tonfall, keine Manieriertheiten. Jede Äußerung ein Zeichen von Klarheit und Konsequenz. Er war wirklich präsent – weder ängstlich noch großtuerisch – und frei von Selbstmitleid. Er war auf wunderbare Weise einfach *da*.

Wenn ich von George Burns etwas lernen könnte, dann dies: präsenter zu sein, bewußter zu leben und sich vom Alter nicht so sehr einschüchtern zu lassen.

14. Juni

Nichts ist so erfolgreich wie die äußeren Kennzeichen des Erfolgs.
CHRISTOPHER LASCH

Ich bin mir ziemlich sicher, daß ein Mann nicht unbedingt dadurch glücklich wird, daß in seinem Schrank nur erstklassige Anzüge hängen und in seiner Garage ein luxuriöses Auto steht. Aber für die meisten von uns sieht es dann wenigstens so aus, als hätten diese Männer »es geschafft«. Und machen wir uns nichts vor: Die äußeren Kennzeichen des Erfolgs üben meistens eine starke Anziehungskraft auf uns aus.

Allerdings glaube ich, daß die Zeiten sich ändern. Denn allmählich wird uns bewußt, welche Opfer wir bringen müssen, um in den Genuß solcher materiellen Vorteile zu kommen. Außerdem bewundern wir immer weniger diese Art von Ichbezogenheit, die notwendig ist, um den Typ mit »makelloser Figur, tollem Auto und wunderbarem Leben« zu kreieren.

Seltsamerweise würden die Männer, die immer noch gerne an seiner Stelle wären, niemals in seiner Nähe sein wollen.

Heute werde ich mich weniger damit beschäftigen, welchen Eindruck ich auf andere mache, als damit, wie ich mich innerlich fühle.

Eine Revolution ist nötig, um eine Lösung herbeizuführen.
Bob Marley

Wir müssen unsere Krankheit, die Arbeitssucht, genau unter die Lupe nehmen, um zu erkennen, welchen Schaden sie angerichtet hat.

Sobald wir ihr ganzes Ausmaß erkannt haben, sobald wir ein Gefühl dafür bekommen, wie der Neuanfang aussehen soll, ist es Zeit für eine totale Umwälzung.

Ich kenne nicht einen Menschen, der von dieser Bestandsaufnahme, dieser Revolution nicht profitieren würde. Gewiß, wir können einen Gang zurückschalten und uns ab und zu einen Tag freinehmen; wir können mit den Kindern spielen und mit ihnen Eis essen gehen. Aber im Grunde ist uns klar, daß wir damit nur uns selbst etwas vormachen. Wir brauchen eine Art Generalüberholung, eine Zeit, in der wir völlig abschalten und alles mit neuen Augen sehen können, in der wir nachdenken, ohne etwas zu verfälschen, und den Dingen wirklich auf den Grund gehen.

Ich gebe mir alle Mühe, meine Arbeitssucht nicht zu beschönigen, und setze mich mit den Ursachen dieser Krankheit auseinander, um neu zu beginnen und meine Lektionen noch einmal von vorn zu lernen.

16. Juni

Nichts muß dringender geändert werden als die Gewohnheiten anderer Leute.

MARK TWAIN

Ja und nein. Eine Gewohnheit ist nicht unbedingt etwas Schlechtes. Die eine oder andere wirkt sich sogar ganz positiv aus. Wenn sie jedoch gehäuft auftreten, läßt das meistens auf Inflexibilität und übersteigerte Ordnungsliebe schließen, die mit einem normalen, gesunden Leben nichts mehr zu tun haben.

Natürlich spricht Mark Twain hier von den »Gewohnheiten anderer Leute« wie von den »Kindern anderer Leute« – beide Male fällt es uns schwer, tolerant zu sein. Aber im Grunde müssen wir *unsere* Gewohnheiten näher betrachten. Welche sind überhaupt nicht gut für uns, wenn wir sie jeden Morgen, jeden Tag oder jedes Wochenende wiederholen? Dienen sie nur dazu, bestimmte Verhaltensweisen oder bisher ungeklärte Angelegenheiten zu verheimlichen? Routinemäßige Tätigkeiten, die immer zur gleichen Zeit – auf die Minute, auf die Stunde genau – ausgeführt werden, bieten uns die Möglichkeit, uns zu verstecken.

Ich werde heute meine Gewohnheiten »durchleuchten« und herauszufinden versuchen, ob sich dahinter Unerledigtes, Unbewältigtes verbirgt.

Weil wir mächtig waren, dachten wir, wir wären auch klug.
STEPHEN VINCENT BENET

Wie oft schon haben wir miterlebt, daß durch Machtmißbrauch großer Schaden angerichtet wurde? Eine einflußreiche Stellung verleitet uns zum Glauben, wir wüßten auf alles eine Antwort.

Die Macht ist ein Aphrodisiakum, das sowohl bei Männern als auch bei Frauen wirkt. Wenn wir davon berauscht sind, machen Herz und Verstand quasi dicht und funktionieren nicht mehr. Und so halten wir uns für unbesiegbar.

Macht und Klugheit haben nichts miteinander zu tun, ja sie schließen einander sogar völlig aus.

Ich werde mit meiner Macht sorgsam umgehen und immer mehr auf meine Klugheit bauen. Dann bin ich nicht länger auf meine Machtposition angewiesen.

18. Juni

Die Menschen neigen dazu, den ausgetretenen Pfad zu benutzen. Das Problem ist nur, daß er nirgendwohin zu führen scheint.
CHARLES M. MATHIAS JUN.

Es ist nicht leicht herauszufinden, wann und bei welcher Gelegenheit man ein Risiko eingehen soll. Mit besten Vorsätzen – denn wir legen zum Beispiel Wert auf unsere Beziehungen oder wissen zumindest, daß wir es tun sollten – benutzen wir oft die gleichen, bis zum Überdruß erprobten Mittel, selbst wenn uns bewußt ist, daß wir vom Endergebnis wahrscheinlich enttäuscht sein werden.

Menschen, die ein Wagnis auf sich nehmen und nötigenfalls auch gegen gewisse Grundsätze verstoßen, fürchten sich gar nicht so sehr vor den daraus resultierenden Folgen. Sie sind eher am Prozeß als am Resultat interessiert. Und wir alle befinden uns ja, wie Anne Wilson Schaef betont, in einer Art Durchgangsstadium: Unaufhörlich wachsen wir, bauen auf und zerstören wieder, und so sollten wir auch mehr Mut haben, die seltener eingeschlagenen Wege zu betreten.

Ich will risikofreudiger sein und neuen Möglichkeiten, ungewohnten Denkweisen weniger Widerstand entgegensetzen.

Der Erfolg ist eher eine Frage des unbeirrbaren gesunden Menschenverstands als der Begabung.

AN WANG

Ich kenne nur wenige Genies. Aber ich bin schon vielen Leuten begegnet, die vor langer Zeit dem gesunden Menschenverstand abgeschworen haben. Wir neigen dazu, unseren ursprünglichen Impulsen, unseren ersten Reaktionen nur wenig Bedeutung beizumessen und ihnen nicht zu vertrauen.

Arbeitssüchtige Männer handeln nur selten *konsequent*, sofern man mit diesem Ausdruck nicht das ständige Chaos bezeichnet, in dem wir leben. Gerade deshalb müssen wir auf logische Gedanken und schlüssige Argumentationen bauen, anstatt immer nur auf ein Feuerwerk »brillanter« Geistesblitze zu hoffen.

Ich muß meiner Denkweise, meinem Rhythmus, auf Ideen zu kommen oder zu Entscheidungen zu gelangen, vertrauen.

20. Juni

Wenn mir mein Arzt zu verstehen gäbe, daß ich nur noch sechs Minuten zu leben habe, dann würde ich nicht nachgrübeln, sondern ein wenig schneller tippen.

ISAAC ASIMOV

Nachgrübeln? Wer hätte dafür denn Zeit?

»Ein wenig schneller tippen« ist, im übertragenen Sinne, bei den meisten von uns *die* typische Reaktion. Auf diese Weise treiben wir die Dinge voran und vollbringen unsere Leistungen. Arbeite ein wenig mehr. Nimm einen neuen Auftrag an. Trainiere nebenbei noch die Fußball-Jugendmannschaft. Treib Geld auf für eine neue soziale Einrichtung. – Oft laden wir uns deshalb so viel auf, weil wir aus irgendeinem Grund glauben, die Zeit würde uns quasi überholen.

Also rennen wir so schnell wir können, wobei allerdings nur wenige unserer Ziele wirklich klar definiert sind. Das einzige, was zählt, ist der Wettlauf, das Tempo.

Heute will ich mir klarmachen, wann es ganz einfach genug ist. Ich werde mir nicht noch mehr Druck machen, nur um noch mehr zu schaffen.

Wer immer nur beschwichtigt, füttert ein Krokodil – in der Hoffnung, als letzter verspeist zu werden.
WINSTON CHURCHILL

Die meisten von uns beschwichtigen gern. Fast ständig versuchen wir, andere Menschen zu beruhigen und zufriedenzustellen: unseren Vorgesetzten, unsere Frau, unsere Kinder, unsere Geschäftspartner – einfach jeden. Denn wir haben das Gefühl, die ganze Zeit beurteilt und eingestuft zu werden.

So gehen uns immer wieder die gleichen Fragen durch den Kopf: Wie habe ich abgeschnitten? Bin ich gut genug, habe ich genug getan, um liebenswert zu sein? Habe ich die Anerkennung meines herrischen Chefs verdient? Oder bin ich selbst das Krokodil, von dem da oben die Rede ist? – Durch unseren wahnsinnigen Drang, anderen zu gefallen, ernst genommen und geliebt zu werden, gehören wir im Grunde zu denjenigen, die sich selbst bei lebendigem Leibe auffressen.

Zuallererst muß ich *mich* glücklich machen. Wenn ich mit mir selbst sowie mit meinem Tun wirklich zufrieden bin und mein Leben nicht aufs Spiel setze, wird sich alles andere wie von selbst regeln.

22. Juni

Ich bin dafür, die Post einmal im Monat zu öffnen, ob es nun notwendig ist oder nicht.

BOB CONSIDINE

Streßgeplagte Männer sehen der täglichen Post mit Spannung entgegen – und zugleich fürchten sie sich davor. Wir wissen, daß sie uns gute Nachrichten bescheren kann, manchmal sogar Geld; zweifellos aber erhalten wir auch Zahlungsaufforderungen und Mahnungen.

Natürlich sind es die letzteren, die uns auf Schritt und Tritt verfolgen, die uns aufwühlen und quälen. Gut, Rechnungen sind etwas ganz Normales – aber wie können diese Leute es wagen, mir eine Mahnung zu schicken? Hab' ich das nicht schon längst bezahlt? Oder hab' ich's doch vergessen?

Die Folgen meiner ständigen Überbelastung sind ablesbar an meiner Post. Es ist Zeit, auf den Inhalt dieser Briefe einmal genauer zu achten und festzustellen, welche Rückschlüsse sie auf meine Lebensweise zulassen.

Ich habe noch nie gesehen, daß ein Geldtransporter von Brink einem Leichenwagen zum Friedhof folgt.
Barbara Hutton

Das mag sein; trotzdem gibt es da draußen eine ganze Reihe von Männern, die meinen, daß so ein Geldtransporter das zweite Fahrzeug in ihrer Leichenprozession sein wird.

Da viele von uns mit dem großen Problem Verdrängung zu tun haben – schließlich sind wir ja keine richtigen Workaholics, oder? –, will uns auch nicht einleuchten, daß »genug« gleichbedeutend sein kann mit »zuviel«. Jedenfalls gibt es eine gesunde Mitte zwischen den beiden Maximen »Lebe, um zu arbeiten« und »Arbeite, um zu leben«.

Wir können nichts mitnehmen ins Grab. Wir müssen die Dinge genießen, solange wir hier sind. Geld zu horten macht nicht glücklich, es sei denn, wir versprechen unseren Erben, daß sie nach unserem Tode reich sein werden.

Wozu ist Geld da? Um die wahren Freuden des Lebens zu genießen? Ja, davon bin ich überzeugt. Heute werde ich allmählich daran denken, die Früchte meiner Arbeit wirklich auch auszukosten.

24. Juni

Ich bin das Musterbeispiel eines Mannes, der im Chaos lebt und die Hektik sucht.
OSCAR LEVANT

Ich erinnere mich daran, wie ich als kleines Kind Oscar Levant im Fernsehen sah. Schon damals erschien er mir wie ein Vulkan, der jeden Moment ausbrechen konnte.

Meine Eltern fanden ihn hervorragend, und wahrscheinlich wird auch niemand seine große Begabung bestreiten. Aber im Grunde war er ein typisches Kind seiner Zeit – voller Unsicherheit, Selbstzweifel, Selbstmitleid und Selbstanklage –, und genau dieser Eindruck übertrug sich (damals schon!) via Fernsehen.

Doch Levant war und ist kein Einzelfall. Sehr viele unter uns hetzen den ganzen Tag lang aufgeregt hin und her – aber was verbirgt sich hinter dieser »Inbrunst«? Antwort: das Gefühl, einsam zu sein, mißverstanden zu werden und allein in der Dunkelheit zu arbeiten. Männer, die sich zuviel zumuten, scheitern nicht deshalb, weil sie ein überstarkes Ego haben, sondern weil sie ihr schwaches Ego überkompensieren.

Ich werde mein Bedürfnis nach Ruhe und Ordnung nicht verheimlichen. Der heutige Tag ist gut geeignet, um im Innern nach Frieden zu suchen und jede Art von Hektik abzublocken.

Ameisen gleichen so sehr den Menschen, daß es einem schon unangenehm ist. Sie legen unterirdische Pilzgärten zur Ernährung an, ziehen Blattläuse auf, die ihren Viehbestand bilden, führen Armeen in den Krieg, nehmen Sklaven gefangen, unterstützen Kinderarbeit und tauschen unaufhörlich Informationen aus. Sie machen alles außer fernsehen.

LEWIS THOMAS

Was für eine Anschuldigung! Wer hätte gedacht, daß wir etwas über uns selbst erfahren, indem wir eine Tierart beobachten, deren Verhalten dem unseren so täuschend ähnlich ist.

Vor Jahren hatte ich eine Ameisenzucht. Ich erfuhr so ziemlich alles über ihre Arbeit, ihre Wechselbeziehungen und Organisationsformen, beobachtete, wie sie sich durch den Sand gruben, um neue Gänge anzulegen (die offenbar nirgends hinführten). Sie schienen niemals innezuhalten, und ich erinnere mich, daß ich mich fragte, ob sie auch etwas rein aus Vergnügen tun, was ihnen wirklich Spaß macht.

Ich würde weiterhin gern wissen, ob Ameisen auch Ausfallzeiten haben und wie sie diese bezeichnen.

Ich will nicht nur eine Ameise unter vielen sein, sondern Freude haben an meinen Aufgaben und mir klar darüber sein, daß diese Arbeit – und nicht irgendeine Rolle, die ich spiele – zu meinem Glück beiträgt.

26. Juni

Morgens stehe ich auf und bin hin und her gerissen zwischen dem Wunsch, die Welt zu verbessern (oder zu retten), und dem Wunsch, die Welt zu genießen (oder auszukosten). Dadurch fällt es mir schwer, den Tag zu planen.

E. B. White

Zumindest kannte E. B. White den Unterschied zwischen diesen beiden Vorstellungen. Viele von uns vermengen sie jedoch – oder stehen morgens nur auf, um durch noch mehr Arbeit und Mühe nicht die Welt, sondern *sich* weiter zu verbessern.

Trotzdem glaube ich, daß wir an beiden Lebensweisen Freude haben können, wenn wir es nur zulassen. Eine große Zahl von Männern gönnt sich ja noch nicht einmal die Zeit fürs Vergnügen. Wir denken, Spaß sei das Gegenteil von »Produktion«, von Leistungsfähigkeit.

Heute und in Zukunft möchte ich das Gleichgewicht zwischen Arbeit und Vergnügen näher kennenlernen.

Der Mensch, der in der Öffentlichkeit steht, wird besonders durch sein Ego korrumpiert ... Wenn er in den Spiegel schaut, hält ihn das von der Lösung der Probleme ab.

DEAN ACHESON

Schwierig wird die ganze Sache natürlich dadurch, daß wir alle Menschen sind, die »in der Öffentlichkeit stehen«, die jeden Tag in den Spiegel schauen, um festzustellen, wie gut sie sind und inwieweit sie die Ansprüche der anderen erfüllen.

Wir sind überzeugt, in unserem Beruf »politisch« handeln zu müssen. Wie sollten wir sonst nach oben kommen, mehr Geld verdienen oder von den Kollegen mehr respektiert werden? Wenn wir klug und berechnend sind – und diese Eigenschaft darf man bei den meisten Arbeitssüchtigen wohl voraussetzen –, dann erreichen wir unsere Ziele einfacher und schneller.

Die Sache ist nur die: Der Blick in den Spiegel zeigt uns nur selten, wie wir wirklich sind. Unser Ich ist aufgespalten in hundert verschiedene Einzelteile, die wir vor der Welt ausbreiten. Und diese ist es, die über uns bestimmt, die Seele und Körper fest im Griff hat.

Ich versuche mir beizubringen, daß ich an mich denken kann, ohne *ausschließlich* an mich zu denken. Außerdem bemühe ich mich, jene Selbstachtung zu erlangen, die mit einer sachbezogenen und zielgerichteten Arbeit einhergeht.

28. Juni

Jeder Tag war so kurz, jede Stunde so flüchtig, jede Minute so angefüllt mit dem Leben, das ich lebte, daß die Zeit mir entfloh auf allzu schnellen Flügeln.

AGA KHAN III

Die Tage und Nächte werden kürzer für diejenigen unter uns, die zuviel arbeiten. Die Menschen aber, die nicht so gestreßt und abgehetzt sind wie wir, haben das Gefühl, daß die Dauer eines Tages genau »richtig« ist. Zwölf Stunden Aktivität und zwölf Stunden Ruhe reichen völlig aus.

Da wir nicht wissen, wie wir uns die Aufgaben und Verpflichtungen einteilen sollen, haben wir nie genug Zeit und stehen ständig unter Druck.

Nicht die Uhr ist uns feindlich gesinnt; wir sind es, die ihr und dem Terminkalender den Krieg erklärt haben.

Heute werde ich mir bewußt machen, daß die Zeit begrenzt ist, und zulassen, daß sich meine Arbeit harmonisch in den Tagesrhythmus einfügt. *Mir* zuliebe muß ich auf die Zeit achten.

Das Selbstmitleid vermittelt anfangs ein genauso behagliches Gefühl wie ein Federbett. Erst wenn es sich »verhärtet«, wird es unbequem.

MAYA ANGELOU

Das Selbstmitleid resultiert aus den Erfahrungen, die wir in einem bestimmten Umfeld machen. Man zeige mir einen Mann, der zuviel arbeitet, und ich werde zeigen, daß er das Gefühl hat, betrogen zu werden. Irgend jemand stiehlt ihm seine Zeit – seine Angestellten vielleicht. Nein, seine Frau. Alle haben sich gegen ihn verschworen und machen ihn ganz verrückt. Wie soll er, eine einzige Person, denn noch härter arbeiten? Anscheinend ist das, was er leistet, nie ausreichend, nie gut genug. Genau diese Einstellung führt zu Selbstmitleid und Verzweiflung.

Darauf folgt dann, wie Maya Angelou darlegt, die Traurigkeit. Denn mit der Zeit »verhärtet« sich das Selbstmitleid; es macht uns zu unattraktiven, inflexiblen, mürrischen, isolierten Menschen.

Schließlich sorgt es dafür, daß wir tatsächlich allein dastehen. Dann aber haben wir es auch gar nicht mehr verdient, mit jemand anderem zusammenzusein.

Ich möchte nicht, daß das Selbstmitleid mich oder die geliebten Menschen belastet. Deshalb werde ich, wenn es sich das nächste Mal ankündigt, genau untersuchen, warum ich mich diesem lähmenden Gefühl so widerstandslos hingeben will.

30. Juni

Wenn du die anderen etwas für *dich tun läßt, tun sie etwas* gegen *dich.*

ROBERT ANTHONY

Männer, die sich ständig übernehmen, müssen nicht nur lernen, Vertrauen zu haben, sondern auch herausfinden, wem sie Vertrauen schenken können. Wenn die Leute einen so oft enttäuschen, daß man meint, niemand anders als man selbst könne »die Sache hinkriegen«, dann hat man sich wahrscheinlich die Falschen ausgesucht.

Darüber hinaus ist es wichtig, nicht allzu heftig Kritik zu üben. Viele von uns haben an fast allem, was die anderen machen, etwas auszusetzen. Wir brauchen eben Zeit und Geduld, um herauszufinden, wer etwas für uns tun kann, ohne uns etwas anzutun.

Heute ist ein Tag, an dem ich voller Vertrauen sein kann. Trotzdem werde ich die Augen offenhalten, wenn ich meine Bedenken, die oft ja auch ganz nützlich sind, zurückstelle.

Da keiner unserer Pläne vollkommen, keiner unserer Versuche fehlerlos und keine unserer Leistungen frei ist von gewissen Begrenzungen und möglichen Irrtümern, die zur menschlichen Natur gehören, erweist sich gerade die Versöhnlichkeit als unser Rettungsanker.

DAVID AUGSBURGER

Perfektionswahn ist eine jener Krankheiten, mit denen wir täglich zu tun haben. Er ergibt sich direkt aus unseren ungesunden Lebensumständen: Wir sind davon überzeugt, daß uns das Mißgeschick geradezu verfolgt – und Irrtümer jagen uns genauso Angst ein wie der Gedanke, daß man uns »auf die Schliche kommt«.

Aber wir müssen uns klarmachen, daß Fehlbarkeit ein Teil der menschlichen Natur ist, und lernen, uns zu verzeihen, daß wir nur Menschen sind.

Heute will ich Fehler, die ich mache, als normalen Bestandteil des Alltags ansehen.

2. Juli

Du siehst: Hier mußt du so schnell rennen, wie du nur kannst, um an Ort und Stelle zu bleiben. Wenn du irgendwo anders hin willst, mußt du mindestens so schnell rennen wie jetzt!
LEWIS CARROLL

Falls Sie es noch nicht bemerkt haben: Die Tretmühle, in die sich die meisten von uns vor Jahren begeben haben, wurde inzwischen gründlich überholt und modernisiert, so daß das Arbeitstempo noch wesentlich höher geworden ist.

Wenn wir uns mit unserer Arbeitssucht auseinandersetzen und daran denken, die Stelle zu wechseln, dann haben wir zuerst oft den Impuls, schneller und mit mehr Kraftaufwand zu rennen. Wir glauben, wir könnten am neuen Arbeitsplatz allein dadurch einen guten Eindruck machen, daß wir unsere Aufgaben in noch kürzerer Zeit bewältigen.

Allerdings sollten wir uns nicht nur deshalb beruflich verändern, weil der neue Job interessanter ist oder mehr Geld bringt, sondern auch, weil er uns gestattet, menschlicher zu sein. Wir sollten also versuchen, eine Änderung herbeizuführen, die uns wirklich wohltut, anstatt uns bloß irgendwie »größer« zu machen.

Ich will darüber nachdenken, ob bei mir zwischen Arbeitstempo und Arbeitsleistung ein ausgeglichenes Verhältnis besteht, denn wahrscheinlich ist das nicht der Fall.

Ich vermute, die Menschen halten unter anderem deshalb so hartnäckig an ihrem Haß fest, weil sie spüren, daß sie sich, sobald der Haß verschwunden ist, mit ihrem Schmerz auseinandersetzen müssen.

JAMES BALDWIN

Den eigenen Schmerz zu thematisieren ist nicht leicht. Einige klammern sich regelrecht an ihre Haßgefühle und ihre Vorurteile, um nur ja nicht in den inneren Abgrund blicken zu müssen. Gerade arbeitssüchtige Menschen »behandeln« ihren Kummer damit, daß sie den Kalender restlos mit Terminen ausfüllen, in irgendwelchen Ausschüssen tätig sind, an unzähligen Sitzungen teilnehmen und gerne den Retter in der Not spielen.

Die Arbeit ist unser tägliches Narkotikum. Es betäubt den Schmerz, der aus Konflikten, finanziellen Verlusten und gescheiterten Beziehungen resultiert. Aber es macht uns auch unfähig, Freude zu empfinden und zu zeigen.

Wenn wir uns mit dem eigenen Schmerz befassen und die eigenen Verluste und Widersprüche richtig einschätzen sollen, haben wir unausweichlich das Gefühl, grausamen Ungeheuern gegenüberzustehen. Deshalb will ich mir heute bewußtmachen, welche Ungeheuer tatsächlich existieren und welche ich nur erfinde.

4. Juli

Nicht die Arbeit macht uns kaputt, sondern der Verschleiß, der mit der täglichen Routine einhergeht.

RAY BEDICHEK

Immer wieder das gleiche, immer wieder das gleiche. Das ist eine uralte Redewendung, aber wir benutzen sie oft.

Die Routine ist sozusagen ein zweischneidiges Schwert. Diejenigen unter uns, die zu viele Verpflichtungen eingehen, empfinden sie als angenehm und nützlich, eben weil wir am Ende des Tages auf eine ganze Reihe von Leistungen zurückblicken können und dementsprechend stolz sind.

Aber wenn eine routinemäßige Tätigkeit wirklich positiv sein soll, muß sie auch noch etwas anderes beinhalten und einem zum Beispiel die Freiheit lassen, in Ruhe nachzudenken und selbständige Entscheidungen zu treffen. Dann kann man in bezug auf den Alltag eigentlich kaum noch von Routine sprechen.

Unabhängig davon, daß fast jeder Beruf gewisse Zwänge mit sich bringt, sollten wir lernen, uns nicht mehr in eingefahrenen Bahnen zu bewegen.

Heute werde ich in meinen normalen Tagesablauf etwas Abwechslung bringen und dergleichen auch in Zukunft tun, bis ich nicht mehr das Gefühl habe, durch die Routine zum Sklaven zu werden.

Ich würde gerne mit dem Hut in der Hand an Straßenecken stehen und die Passanten bitten, ihre freien Minuten hineinzuwerfen.
BERNARD BERENSON

Leute, die ständig auf die Uhr schauen, jagen mir Angst ein. Entweder wollen sie die Zeiger schneller vorwärtsdrehen oder ganz anhalten. Alles dauert ihnen viel zu lange, und nie haben sie genug Zeit.

Aber sie haben ein untrügliches Zeitgefühl. Ich kenne Männer, die auch ohne Blick auf die Uhr wissen, wie spät es ist, und die zu jeder Verabredung fast auf die Minute genau pünktlich kommen. Das ist deshalb so erschreckend, weil ihr Leben offenbar im Tempo des Minutenzeigers abläuft.

Wir sollten unseren Magen fragen, wie spät oder wie früh es ist, und erst dann wieder auf die Uhr schauen, wenn die jeweilige Arbeit beendet ist – sollten also weder uns noch anderen Menschen Termine setzen, bei denen es auf Stunden, Minuten oder Sekunden ankommt und die doch nur in unserer Einbildung existieren.

Obwohl ich mir oft mehr Zeit wünsche, werde ich heute kein einziges Mal auf meine Uhr schauen.

6. Juli

Wir können alles werden. Deshalb ist hier jede Ungerechtigkeit ausgeschlossen. Es gibt vielleicht den Zufall der Geburt, nicht aber den des Todes. Nichts zwingt uns, weiterhin so zu sein, wie wir waren.
JOHN BERGER

Wir Menschen haben die Möglichkeit, uns zu ändern. Das unterscheidet uns von anderen Spezies. Wir können vernünftig denken und dadurch kluge Entscheidungen treffen, die uns in eine neue Richtung führen.

Wenn wir uns schwertun, die eigenen Wutgefühle zu zeigen, so können wir uns überlegen, anders damit umzugehen, und allmählich lernen, sie auf angemessene Weise zum Ausdruck zu bringen. Und wenn es uns große Mühe macht, mit unseren Geschäftspartnern eine enge Beziehung herzustellen, dann können wir an diesem Problem intensiv arbeiten, um es schließlich zu beseitigen.

Wir haben immer die Wahl. Aber Männer, die zuviel arbeiten, sind eher vom Gegenteil überzeugt. Sie glauben, ständig in irgendwelchen Situationen »gefangen« zu sein, ohne Alternativen zu haben. Genau das aber ist ein Irrtum.

Ich werde nicht glücklich sein über das, was mich unglücklich macht. Mir ist klar, daß ich in meinem Leben jederzeit etwas ändern kann, und so will ich eine Bestandsaufnahme der Dinge machen, die ich heute ändern will.

Es ist schwierig, in der Gegenwart zu leben, lächerlich, in der Zukunft zu leben, und unmöglich, in der Vergangenheit zu leben. Nichts ist weiter weg als die letzte Minute.
JIM BISHOP

Besonders dem Arbeitssüchtigen fällt es schwer, im Hier und Jetzt zu leben, also wirklich *da* zu sein und auch den geliebten Menschen Aufmerksamkeit entgegenzubringen.

Aber wenn wir erkennen, daß das Leben nichts anderes ist als eine fortlaufende Reihe von Augenblicken, daß die Vergangenheit nur eine Sekunde hinter uns liegt und die Zukunft nur eine Sekunde vor uns, dann werden wir uns nicht mehr beklagen über verlorene Stunden, Tage, Monate und uns weniger Gedanken darüber machen, wie wir die eigene Zukunft in den Griff bekommen.

Wenn wir uns immer wieder bewußtmachen, was wir gerade tun, sagen und fühlen, wenn wir präsent sind und den Menschen offen begegnen, so wird jeder Augenblick, jeder Tag, jedes Jahr, ja das ganze Leben kostbarer und sinnvoller für uns sein.

Der heutige Tag ist der stillen Reflexion gewidmet. Ich werde mir überlegen, wie ich den Augenblick leben kann, ohne um die Vergangenheit zu trauern oder besorgt in die Zukunft zu blicken.

8. Juli

Andere zu kritisieren, ist viel einfacher, als selber alles richtig zu machen.

BENJAMIN DISRAELI

Kritische Bemerkungen gehen gerade jenen leicht von der Zunge, die von ihren eigenen Leistungen enttäuscht sind. Indem sie immer mehr von sich selbst erwarten, erwarten sie auch immer mehr von den Menschen in ihrer Umgebung und haben an fast allem etwas auszusetzen: am »System«, an der Arbeit, am Chef, an der Frau und an den Kindern.

Wir benutzen die Kritik nur als Deckmantel, um uns selbst besser verstecken und distanzieren zu können, aber auf diese Weise ziehen wir uns auch zurück von der vordersten Front des Lebens.

Heute werde ich auf meine kritischen Äußerungen achten und herauszufinden versuchen, woher sie eigentlich kommen.

Zwischen einem ausgefahrenen Gleis und einem Grab gibt es nur einen Unterschied: die Tiefe.
GERALD BURRILL

Überbeanspruchte Männer bewegen sich oft in ausgefahrenen Gleisen, die sie quasi selbst verlegt haben. Routine und Monotonie eines von der Arbeitssucht gekennzeichneten Lebens verdrängen langsam, aber sicher den Wunsch, mit anderen Menschen in Beziehung zu treten. Wie Roboter gehen wir durchs Leben, fixiert auf die immer gleichen Tätigkeiten, eingeschlossen in einen stählernen Panzer.

Natürlich ist dieses Verhalten auch eine Art Selbstschutz. Wir denken, daß alles gutgehen wird, wenn wir einfach nur »unseren Kurs beibehalten« – daß wir schon irgendwo ankommen werden, ohne viel gefragt zu werden, ohne besondere Forderungen erfüllen zu müssen.

Aber der immer gleiche Trott ähnelt doch sehr dem Grab, wie Gerald Burrill richtig bemerkt.

Heute werde ich etwas tun, das in meinem Terminkalender nicht vorgesehen ist, den Tagesablauf mit offeneren Augen sehen und Raum lassen für günstige Gelegenheiten.

10. Juli

Wie viele Sorgen man doch loswird, wenn man beschließt, nicht irgend etwas, sondern ein Individuum zu sein.
COCO CHANEL

Ein »besonderer Mensch« und nicht »irgend etwas« zu sein, erfordert Mut.

Erst einmal muß man sich selbst genau erforschen und die eigenen Schwächen genauso zum Vorschein kommen lassen wie die Stärken. Es ist ja viel einfacher, irgendwelche Eigenschaften zu erfinden, als den anderen zu gestatten, daß sie einen so sehen, wie man wirklich ist. Man braucht nur mit der Visitenkarte zu protzen, das ungezwungene Lächeln zur Schau zu tragen, den eingeübten Händedruck geschickt »anzuwenden«, und schon spielt alles andere keine Rolle mehr.

Aber diese Maskerade fordert, wie Coco Chanel zu verstehen gibt, einen hohen Tribut. Denn es bedarf großer Mühen, um den Schein zu wahren, und vieler Lügen, um die Wahrheit zu verbergen.

Heute will ich in jeder Beziehung ich selbst sein. Ich werde die mir nahen Menschen nicht vor den Kopf stoßen, aber mich weder so anpassen noch der Selbstzensur unterwerfen, daß am Ende eine Lüge herauskommt.

Der Tag nimmt seinen Lauf, ob du nun aufstehst oder nicht.
JOHN CIARDI

Wir sind ja so unglaublich wichtig. Was passiert nur, wenn ich nicht um neun im Büro bin – oder wenn ich nicht vor zwei aus der Mittagspause zurückkomme? Wird jeder es ausnutzen, wenn ich nicht aufkreuze? Und wird die Produktivität merklich sinken, wenn ich Urlaub mache?

Wir alle sind einfach unentbehrlich – zumindest denken wir das. Wir glauben nicht, daß jemand anders eine Entscheidung treffen, einen Geschäftsbrief schreiben oder auch nur das richtige Briefpapier aussuchen kann. Wenn wir nicht hinter allem her sind, wenn wir nicht verwalten, ordnen und bearbeiten, wird die ganze Welt auseinanderfallen.

All das reden wir uns nur ein. In Wahrheit kommt jeder fast immer sehr gut ohne uns aus, und alles läuft prächtig.

Ich werde nicht so von mir eingenommen sein, daß ich mich für unersetzlich halte.

12. Juli

Wenn du deinen Zweitwagen in der Garage abgestellt und die neue Designer-Badewanne eingebaut hast; wenn du in Colorado zum Skifahren und in der Karibik zum Windsurfen gewesen bist; und wenn du deine erste Liebesaffäre hattest, deine zweite und deine dritte, so bleibt immer noch die Frage: Wo setzt du dir eine Grenze?
Mario Cuomo

Wir bekommen nie genug. In den achtziger Jahren waren wir vor allem damit beschäftigt, ständig neue Dinge anzuschaffen. Dieses Jahrzehnt entsprach genau unserem Geschmack: Wir Arbeitssüchtigen fanden ein ideales Betätigungsfeld vor.

Um all den Ansprüchen zu genügen, die uns das eigene, vor aller Welt zur Schau getragene Image vorschreibt, mußten wir härter, schneller und noch effizienter arbeiten. Denn es gibt ja immer noch andere Möglichkeiten, bessere Chancen, ein schöneres Haus, ein größeres Bett ... Aber früher oder später wird jeder von uns allein schlafen.

Wenn ich diese ganze »Ausrüstung« brauche, um zu wissen, wer ich bin, dann muß ich einmal genauer untersuchen, wer ich eigentlich sein *möchte*.

Fanatismus ist nichts anderes als eine Überkompensation der eigenen Zweifel.
ROBERTSON DAVIES

Wir sprechen von »Konzentration«, »Genauigkeit«, »Zielsetzung«, doch unsere unbeirrbare Entschlossenheit grenzt oft an Fanatismus. Was kompensieren wir damit anderes als unsere Selbstzweifel?

Man hat uns nie beigebracht, unsere Wünsche zu äußern und Forderungen zu stellen, und so zweifelten wir immer wieder an uns selbst. Wir haben gelernt, daß zuerst einmal die Bedürfnisse der anderen befriedigt werden müssen, und so mißtrauen wir den eigenen Wünschen. Nie war uns klar, wie wir den eigenen Fragen, Ängsten und Problemen begegnen sollten, was dazu geführt hat, daß wir jeder Konfrontation mit anderen ausgewichen sind und uns selbst voller Argwohn betrachtet haben.

Wir wollen, können und werden nie zugeben, daß wir unrecht haben, und diese Einstellung hat jenen Fanatismus erzeugt, der letztlich von tiefen Selbstzweifeln herrührt.

Sobald wir völlig unbeugsam und unversöhnlich sind, nagen die Zweifel an uns. Heute werde ich meine Überzeugungen hinterfragen, zumal dann, wenn sie mein persönliches Glück beeinträchtigen.

14. Juli

Spiel dieses Stück nicht zu schnell. Einen Ragtime schnell zu spielen ist immer verkehrt.
Scott Joplin

Nur selten achten wir auf das richtige Tempo. Nie nehmen wir den Rhythmus wahr, der von der Natur ausgeht und den die Liebenden oder auch die Komponisten auf ihre Weise nachempfinden. Wir kennen nur ein Tempo, nur einen Takt: schnell, schneller, am schnellsten.

Wenn wir die Rhythmen des Lebens ignorieren, entgeht uns so vieles. Sie sind es nämlich, die der Zeit Maß und Struktur verleihen. Diese gleichmäßig gegliederte Bewegung kommt in den Gezeiten genauso zum Ausdruck wie in unserem Herzschlag, unserem Atem – oder im Metronom. Wenn wir aber zu sehr drängeln, zu viel versprechen und so tun, als hörten wir nicht den einzigartigen Takt unserer inneren Musik, kommt uns das Gefühl für die ursprünglichen Rhythmen des Daseins völlig abhanden.

Heute werde ich meinen Körperrhythmus nicht verleugnen, sondern, im Gegenteil, ihn konzentriert wahrnehmen und frei zur Entfaltung kommen lassen.

Die meisten Leute haben das Problem, daß ihr Denken eher von ihren Hoffnungen, Ängsten oder Wünschen ausgeht als von ihrem Verstand.

WILL DURANT

Es ist schwer, das »Gestrüpp« in unserem Kopf zu beseitigen und so lästige Regungen wie Selbstzweifel, Scham, Selbstmitleid oder Schuldgefühle auszuschalten. Gefühle sind zwar notwendig und einer rein rationalen Betrachtungsweise vorzuziehen, aber sie müssen dann auch wirklich *klar* sein.

Männer, die zuviel arbeiten, sorgen stets dafür, daß in ihrem Kopf ein genauso großes Durcheinander herrscht wie auf ihrem Schreibtisch. Je mehr wir unseren Geist überfrachten, desto verschwommener werden unsere Ansichten. Wir denken zwar mit dem Verstand, aber der ist in jeder Hinsicht getrübt. Und so senden wir unsere konfusen Botschaften aus wie Radiowellen.

Heute werde ich meine Ängste transzendieren und so klar denken, wie es mein von allen Fesseln befreiter Verstand zuläßt.

16. Juli

Wenn wir herauszufinden versuchen, wie wir eine große Veränderung herbeiführen können, dürfen wir nicht die kleinen täglichen Veränderungen übersehen, zu denen wir fähig sind und die mit der Zeit jene großen Veränderungen ergeben, die wir oft nicht vorhersehen können.

MARIAN WRIGHTS EDELMAN

Gerade uns, die wir süchtig sind nach Arbeit, fällt es schwer, nach dem Grundsatz zu leben: Eine Stunde nach der anderen, von einem Tag zum nächsten. Wir wollen den ganzen Kuchen auf einmal, also beißen wir auch gierig hinein. Wir sehnen uns nach sofortigen Ergebnissen, also ignorieren wir alles, was uns irgendwann in Zukunft zugute käme.

Wir müssen auf die kleinen Veränderungen achten, die wir bewirken können. Und gerade weil wir nur »die großen Schritte« kennen, müssen wir uns immer wieder bewußt machen, daß diese ja eigentlich aus »den kleinen Schritten« folgen.

Der heutige Tag eignet sich gut dazu, kleine Veränderungen vorzunehmen, die, konsequent fortgesetzt, mich glücklicher und gesünder machen.

Wenn A gleich Erfolg ist, so lautet die Formel: A = X + Y + Z. X ist Arbeit. Y ist Vergnügen. Z ist: Halt den Mund.
ALBERT EINSTEIN

Wir reden viel: Befehle, Anordnungen, Herumkommandieren, Anweisungen. Wenn wir in dieser Zeit öfter einmal *nachdenken* würden, wären wir wesentlich produktiver, ja sogar liebenswerter.

Es gibt eine Zeit, da müssen wir still werden, in Ruhe nachdenken, die Aufregung vergessen und uns auf die nächsten Schritte, Gedanken und Beurteilungen vorbereiten. In diesem Zustand entsteht oft eine ganz eigene friedliche Stimmung, in der wir uns auf das Wesentliche besinnen, Kraft schöpfen und anderen Menschen verzeihen.

Heute will ich nicht wieder pausenlos reden, sondern herausfinden, was passiert, wenn ich bei meinen Aktivitäten mehr nach innen schaue und weniger nach außen orientiert bin.

18. Juli

Die Klugheit besteht darin, genau zu wissen, wann man nicht klug sein kann.

PAUL ENGLE

Wer ständig zuviel macht, gibt sich gerne der Illusion hin, daß er bei all seinen Unternehmungen gute Arbeit leistet oder den anderen gar überlegen ist.

Haben Sie je erlebt, daß der Olympiasieger im Schwimmen auch im Kugelstoßen die Goldmedaille gewinnt? Oder daß der geschickte Automechaniker aus der Vertragswerkstatt nachts noch als Neurochirurg tätig ist?

Man muß klug und konzentriert sein, um genau zu wissen, was man gut und was man am besten kann. Aber im Vergleich dazu gibt es viel mehr Dinge, die man nicht meistert und für die man auch gar nicht das nötige Rüstzeug mitbringt.

Ich will meine Fähigkeiten klar erkennen und mich allmählich auch für die richtige Tätigkeit entscheiden, anstatt immer nur zu sagen: »Ja, das kann ich!«, wenn ich genau weiß, daß das gar nicht stimmt.

Im Lauf der Jahre habe ich etwas überaus Wichtiges gelernt, nämlich zu unterscheiden, ob man die eigene Arbeit oder aber das eigene Ich ernst nimmt. Das erste ist unbedingt nötig, das zweite ist verheerend.

MARGOT FONTEYN

Wir müssen trennen zwischen uns und unserer Arbeit. Wir müssen begreifen, daß wir keine totalen Versager sind, wenn wir bei irgendeiner Aufgabe versagt haben. Das ist die erste Lektion, die wir unseren Kindern beibringen, die wir aber als Erwachsene nur allzuleicht vergessen.

Wir sind nicht identisch mit unserem Beruf. Wir haben ihn gewählt, um unseren Lebensunterhalt zu verdienen. Wenn das Glück uns gewogen ist, dann haben wir zu dieser Arbeit auch die richtige Einstellung und lieben sie sogar. Aber sie bestimmt nicht über unser Leben.

Ich möchte meinen Tag genießen, und das bedeutet auch, daß ich an meiner Arbeit Freude haben will. Trotzdem kann und werde ich beides voneinander trennen.

20. Juli

Wer nicht ausruhen kann, kann auch nicht arbeiten; wer nicht loslassen kann, kann auch nicht festhalten; wer keinen sicheren Stand finden kann, kann auch nicht voranschreiten.

HARRY EMERSON FOSDICK

Man stelle sich nur einmal vor, was wir alles entdecken werden, wenn wir innerlich loslassen – nicht vollständig, aber doch so, wie wir es eigentlich tun sollten.

Dieses Loslassen müssen wir lernen, um unser Leben klar ins Auge fassen zu können. Kontrolle spielt für uns und unser Leben eine wichtige Rolle, und doch scheinen wir ständig darum zu kämpfen, sie zurückzugewinnen, eben weil wir stets davon überzeugt sind, sie verloren zu haben. Das ist paradox, aber wahr.

Trotzdem ist es manchmal nötig, die Zügel aus der Hand zu geben. Wenn wir loslassen, begreifen wir allmählich, was Freiheit bedeuten kann, und wir haben ein ganz neuartiges Gefühl von persönlicher Macht, das uns erlaubt, weiter voranzuschreiten.

Heute werde ich Zeit einplanen, um auszuruhen, meine Kräfte zu regenerieren und sicheren Halt zu gewinnen.

Selbstmitleid ist mit Abstand das schädlichste nicht pharmazeutische Betäubungsmittel; es macht süchtig, beschert kurzzeitig eine Art Wohlgefühl und isoliert sein Opfer von der Wirklichkeit.
JOHN W. GARDNER

Nur allzuleicht verfallen wir in Selbstmitleid. Und warum auch nicht? Wir brechen fast zusammen unter der Last unserer Verpflichtungen, unserer Gefühle, unserer Versuche, zu einer stoischen Haltung zu finden, und so ist das Selbstmitleid manchmal unser einziger Trost.

Aber wir müssen lernen, uns nicht über jene Dinge zu beklagen, die wir ändern können. Wenn wir ehrlich genug und unglücklich genug sind, um uns mit uns selbst auseinanderzusetzen, dann besteht wirklich Anlaß zur Hoffnung.

Selbstmitleid ist etwas für diejenigen, die weder von der Notwendigkeit gewisser Änderungen überzeugt sind noch die Absicht haben, in dieser Richtung etwas zu unternehmen.

Ich werde den Teufelskreis der Selbsterniedrigung, der aus Selbstmitleid resultiert, endgültig durchbrechen, denn mir ist klar, daß es immer die Möglichkeit gibt, etwas anders zu machen.

22. Juli

Du bist einzigartig, und wenn du dieser Wahrheit nicht gerecht wirst, geht etwas Wesentliches verloren.
MARTHA GRAHAM

Allzuoft sehen wir uns als anonymen Teil der Masse, als eine Nummer unter vielen. Dann sind wir nicht mehr als zwei Hände, die an der Bohrmaschine, am Computer oder am Schreibtisch tätig sind. Unsere Persönlichkeit bleibt uns genauso verborgen wie unsere Einzigartigkeit, weil wir sie schlichtweg verneinen.

In gewisser Weise ist es einfacher, in der Masse aufzugehen und eine Nummer, eine unbedeutende Figur zu sein, als nach innen zu blicken und herauszufinden, wer man wirklich ist, welche Ziele man verfolgt, was man im Grunde will – und derlei auch konsequent von sich zu verlangen und es gegenüber den geliebten Menschen zum Ausdruck zu bringen.

Wenn wir aus Bequemlichkeit oder Gleichgültigkeit jene Eigenschaften einbüßen, die uns zu besonderen Menschen machen, werden wir vergeblich nach geistigem Frieden suchen und immer nur die Zerstreuung finden, die jede innere Erneuerung verhindert.

Ich habe Talente und Interessen, die ich mir nicht oft genug bewußt mache. Deshalb werde ich heute einen Blick in meine Innenwelt werfen und fühlen, wie dort sich allmählich ein Wandel vollzieht.

Es kann gut sein, daß das Glück vor allem in einer gesunden Einstellung zur Zeit besteht.
ROBERT GRUDIN

In einem Punkt sind wir uns alle einig. Es ist nie genug Zeit vorhanden.

Aber was fangen wir mit den vierundzwanzig Stunden an, die jeder von uns täglich zugeteilt bekommt? Wir hetzen, wir drängen, wir sind eine Art Wirbelwind, der kaum etwas anderes verursacht als seelische Erschöpfung und Streß.

In weiten Teilen der westlichen Welt herrscht eine radikal andere Auffassung von der Zeit als in anderen, älteren Kulturen, die Zahlen, Stunden, Tagen und Wochen weniger Wert beimessen. Wir orientieren uns an Terminen, an sogenannten *deadlines* (man beachte die erste Silbe des Wortes, die im Deutschen *tot* bedeutet) oder an *finish lines*, »Ziellinien«.

Mir wäre es lieber, mehr von uns würden sich an das Motto halten: »Fortsetzung folgt«, »Morgen ist auch noch ein Tag«, und gemäß dieser Vorstellung ihr Leben gestalten.

Ich werde mich heute nach meiner »inneren Uhr« richten und mir weniger Sorgen über die üblichen »Termine« und imaginären »Fälligkeitstage« machen.

24. Juli

Hab keine Angst, daß dein Leben enden wird, sondern daß es nie richtig anfängt.

GRACE HAUSER

Ich bin im mittleren Alter und fange gerade erst an zu begreifen, worum es in meinem Leben eigentlich geht; wie ich es schaffen kann, mich zu ändern, neue Prioritäten zu setzen, geistigen Frieden zu erlangen und für andere Menschen offener zu werden.

Seit frühester Kindheit habe ich mich vor dem Tod gefürchtet. In gewisser Weise war ich stets mit ihm konfrontiert. Aber eigentlich kann das jeder von sich sagen. Trotzdem haben wir nur allzuoft das Gefühl, daß der Tod – oder die eigene Sterblichkeit, wenn man so will – über unser Leben bestimmt, quasi von oben auf uns herabschaut in der Erwartung, uns zu packen und mit sich zu nehmen: nächstes Jahr vielleicht oder möglicherweise schon heute nacht(!).

Gerade arbeitssüchtigen Menschen fällt es schwer, sich mit dem Tod auseinanderzusetzen. Schließlich ist das ja unsere letzte Verabredung. Und so sollten wir uns klarmachen, auf welche Art und Weise wir das eigene Leben wirklich in Gang bringen und die uns verbleibenden Tage auskosten können – wie wir also empfänglich werden für das, was uns umgibt, und den Tod nicht mehr fürchten.

❧

Heute will ich ganz sachlich über Leben und Tod nachdenken. Ich werde das Leben als einen Prozeß betrachten und Möglichkeiten ins Auge fassen, die in die Zukunft weisen.

Kannibalen bevorzugen Menschen ohne Rückgrat.
STANISLAW LEM

Tyrannen im Büro (dem Spielplatz für Leute, die gerne erwachsen wären) sind fast immer Arbeitssüchtige. Sie mähen alles nieder, was in der Nähe ist, und trampeln auf jedem herum, der ihnen in die Quere kommt. Sie fressen ihre Jungen und machen andere Männer, die ebenfalls zuviel arbeiten und einfach nicht nein sagen können, zu ihren Opfern.

Workaholics gelten oft als Menschen, die eine große Überzeugungskraft, einen starken Charakter und einen unerschütterlichen, echten Glauben besitzen. Obwohl viele von uns nicht gerade ein schwaches Rückgrat haben, kann es doch passieren – und häufig ist das auch der Fall –, daß wir uns so verhalten, als wären wir für diese rüpelhaften Kannibalen »das gefundene Fressen«. Anders gesagt: Wir lassen zu, daß sie uns wie Bauern auf dem Schachbrett hin und her schieben.

Wenn wir jedoch auch einmal nein sagen können, versichern wir uns gerade damit unseres eigenen Wertes.

Ich will etwas tun, das meine Selbstachtung erhöht. Ich habe genügend Mut und Stehvermögen, um zu wissen, wann ich nein sagen muß.

26. Juli

Auf jeden ganz normalen, mit seinem Leben gut zurechtkommenden Amerikaner entfallen zwei, die nie die Möglichkeit hatten, sich selbst zu entdecken. Vielleicht vor allem deshalb, weil sie nie mit sich allein waren.

MARYA MANNES

Sich mit der eigenen Person auseinanderzusetzen – davor haben wir am meisten Angst, davor graust es uns. Wir weichen allem aus, was auch nur ein schwaches Licht auf unseren Charakter, unser Innenleben wirft.

Wir geben uns jede Mühe, um ja nicht mit dem eigenen Wesen in Berührung zu kommen. Gerade davon wollen wir überhaupt nichts wissen, und gerade deshalb vergraben wir uns so sehr in die Arbeit.

Wir verstecken uns vor uns selbst, um nicht leiden zu müssen. Aus diesem Grunde müssen wir lernen, mit uns selbst allein zu sein, den Schmerz zu fühlen und zu erkennen, wie gut es ist, das innere Leben zu offenbaren.

Es braucht viel Mut, allein zu sein und nicht ständig irgendwelchen aufreibenden Tätigkeiten nachzugehen. Das werde ich mir heute noch einmal bewußtmachen.

Sieger ist, wer weiß, wann er aussteigen muß, um nicht den Anschluß zu verlieren.
MARSHALL MCLUHAN

Männer, die zuviel arbeiten, haben schreckliche Angst vor dem »Aussteigen«. Für uns wäre das gleichbedeutend damit, noch einmal ganz von vorn anzufangen. Aber Marshall McLuhan spricht nicht von einem neuen Start, sondern von grundlegenden Veränderungen im Leben.

Er wußte, daß wir oft die vertraute Umgebung verlassen müssen, um uns einen anderen Weg zu bahnen, der den eigenen Bedürfnissen mehr entspricht und letztlich auch mehr Befriedigung gewährt.

Es fällt uns sehr schwer, wirklich zu begreifen, daß »aussteigen« nicht dasselbe ist wie »aufgeben«. Wenn wir bei einer bestimmten Sache nicht mehr mitmachen, so bedeutet das, daß wir uns aufgrund tieferer Einsicht anders entschieden haben.

Ich will mich darauf konzentrieren, welche Kenntnisse nötig sind, um »nicht den Anschluß zu verlieren«. Durch dieses Wissen werde ich den Mut haben, mich nötigenfalls zu ändern.

28. Juli

Geld ... ist die Schnur, mit der ein sardonisches Schicksal die Bewegungen seiner Marionetten lenkt.
SOMERSET MAUGHAM

Wir sind unglaublich damit beschäftigt, unseren »Wert« zu taxieren – nicht etwa in bezug darauf, wie glücklich wir sind oder wie weit wir innerlich zur Ruhe kommen können, sondern natürlich in bezug auf die gute alte Summe unter dem Strich.

Bin ich gut genug? Moment, ich überprüfe nur mal kurz, wie hoch meine Aktien stehen, oder versichere mich, daß ich die Gold-Card bei mir habe. Nie suchen wir *im Innern* nach einem greifbaren Beweis unseres Selbstwertgefühls.

Es ist eine traurige und zugleich lähmende Wahrheit: Wie Marionetten hängen wir an unserer Arbeit, nur weil sie uns Geld einbringt.

Heute will ich nicht an das Geld denken, das ich verdiene, und nicht der Sklave meines Gehalts sein. Auch verspreche ich mir von meinem Reichtum keine innere Stabilität.

Männer schauen *sich im Spiegel* an, *Frauen* suchen *sich selbst darin.*

ELISSA MELAMED

Ich bin kein Sexist, aber seien wir doch mal ehrlich: Die meisten Männer haben kein besonderes Talent, sich selbst zu beobachten. Das mag zum Teil.kulturell bedingt sein, aber von frühestem Alter, vielleicht schon von Geburt an wird uns beigebracht, daß dieser Blick nach innen im Grunde den Frauen vorbehalten bleiben sollte und reine Zeitverschwendung ist. (»Was soll das Ganze«, denken Sie vielleicht, »geh an die Arbeit!«)

Aber wenn wir nicht wissen, wer wir sind, was sind wir dann? Wenn wir uns jeden Tag Hals über Kopf in die Arbeit stürzen, ohne auf eine gesunde Selbstachtung Wert zu legen oder darüber nachzudenken, ob wir tatsächlich glücklich sind, so ist das äußerst gefährlich – ein Verhängnis, das wir selbst heraufbeschworen haben und das nun seinen Lauf nimmt.

Wir müssen auf mehr achten als auf unsere Frisur, wenn wir in den Spiegel schauen.

Ich brauche keinen Spiegel. Heute werde ich mir Zeit nehmen, um ganz ruhig dazusitzen, um auf meinen Herzschlag zu hören und auf meine Gedanken zu achten.

30. Juli

Du spezialisierst dich auf eine Sache, bis du eines Tages feststellst, daß sie sich auf dich spezialisiert.
ARTHUR MILLER

Wo soll man die Grenze ziehen?
Wenn wir in unserem Beruf glücklich sind, wenn diese Arbeit uns wirklich fasziniert, uns ausfüllt, uns geistig wach und aktiv hält, so ist das etwas Wunderbares.
Aber wenn wir eine Sache zu sehr lieben – oder uns auf sie spezialisieren, wie Arthur Miller sagt –, gibt es ein Problem: Sie kann uns völlig absorbieren. Nach und nach ergreift sie Besitz von uns. Wir werden engstirnig, machen innerlich immer mehr zu und halten die geliebten Menschen von uns fern.
Das alles wissen wir – aber es läßt sich nicht oft genug wiederholen: Arbeit kann wie Alkohol sein, Arbeit kann einen umbringen.

Ich werde darüber nachdenken, welche persönlichen Opfer meine Arbeit verlangt, wie tief ich in ihr versunken bin, was sie mir gibt und was sie mir nimmt.

Die starke Neigung, anderen vorzuschreiben, was richtig ist, ist selbst ein schlimmes Leiden.
MARIANNE MOORE

Selbst wenn Sie diese Neigung nicht verspüren, so mußten Sie sich doch schon oft mit ihr auseinandersetzen – bei anderen nämlich.

Solche Leute sind ganz versessen darauf, jeden, der ihnen über den Weg läuft, zu bekehren. Sie tun nicht nur zuviel, sie tun ihrem Gegenüber auch zuviel an. Sie überhäufen einen mit (oft) wohlgemeinten Ratschlägen und Belehrungen, sie sagen einem, was man denken und wann man aktiv werden soll. Häufig sind diese Menschen religiöse Fanatiker. Mit Gott auf ihrer Seite finden sie auch für die Arbeitssucht eine durchaus vernünftige Erklärung.

Wenn Sie auch zu diesem Kreis dazugehören, dann sollten Sie dem obigen Zitat ganz besondere Beachtung schenken. Nehmen Sie sich selbst einmal genau unter die Lupe, und finden Sie heraus, warum Ihre ständige Überbelastung dazu führt, daß Sie Ihr gesamtes Umfeld und alle Menschen darin kontrollieren.

Habe ich wirklich alles unter Kontrolle, wenn ich zu kontrollieren versuche? Zwischen beidem besteht ein feiner Unterschied. Heute werde ich über mein zwanghaftes Bedürfnis nachdenken, andere Menschen zu beaufsichtigen.

1. August

Kalifornien liegt dort, wo man nicht weiter nach Westen davonlaufen kann, ohne naß zu werden.
NEIL MORGAN

Wir sind gute Läufer. Meistens laufen wir weg – um jeder Introspektion, Analyse und unkonventionellen Therapie auszuweichen.

Diese Fluchtbewegung ist mehr als nur eine Gewohnheit. Wenn es niemanden gibt, dem wir Rede und Antwort stehen müssen oder für den wir Verantwortung zu tragen haben, können wir uns auch weiterhin der Illusion hingeben, daß wir alle Fäden in der Hand halten, völlig gesund und äußerst produktiv sind, gerade indem wir uns entziehen. Aber wir leben ja nicht allein auf der Welt.

Im Gegenteil: Wir sind Väter, Ehemänner, Liebhaber – immer hektisch, immer kurz angebunden. Und wir können uns – im wörtlichen und im übertragenen Sinne – nirgendwo länger aufhalten, eben weil die anderen uns sonst vielleicht durchschauen würden!

Manchmal frage ich mich, ob all die blonden Typen mittleren Alters, die vor der kalifornischen Küste surfen, zu jenen Arbeitssüchtigen gehören, die auf die ideale Welle warten, um endlich irgendwo anders hingetragen zu werden?

Wenn ich nur noch darauf bedacht bin, in Bewegung zu bleiben – also von einem Job zum nächsten, von einem Haus ins andere, von Ort zu Ort und von dieser Frau zu jener zu ziehen, so werde ich die Gründe dafür einmal genauer erforschen und feststellen, inwieweit sie mit meiner Arbeitssucht zusammenhängen.

Der Erfolg beinhaltet einen Prozeß, eine geistige Qualität, eine bestimmte Seinsweise – und eine umfassende Bestätigung des Lebens.

Alex Noble

Diese Einsicht wurde uns weder auf den Knien unseres Vaters noch auf der Wirtschaftsakademie zuteil, und weder im hektischen Treiben der achtziger Jahre noch bei der Lektüre des *Wall Street Journal* sind wir mit ihr in Berührung gekommen. Aber jeder von uns weiß, daß sie der Wahrheit entspricht.

Wenn wir unsere Arbeit als einen Bereich, einen Bestandteil unseres Lebens betrachten, ohne sie unter- oder überzubewerten, ohne uns hinter ihr zu verstecken oder uns in ihr zu verlieren, dann haben wir es geschafft, sie mit allen anderen Tätigkeiten zu verbinden und insgesamt ein stabiles Gleichgewicht herzustellen.

Unsere persönlichen Interessen können durchaus in Einklang sein mit unseren beruflichen Aktivitäten. Wir müssen uns nur überlegen, *wie* wir diese Harmonie herstellen beziehungsweise bewahren.

Ich werde untersuchen, auf welche Weise Erfolg allmählich zustande kommt und was er mir bedeutet.

3. August

Wir erinnern uns nicht an Tage, sondern an Augenblicke.
CESARE PAVESE

Daß dem so ist, wird Ihnen klar, wenn Sie einmal an Ihre Kindheit zurückdenken. Vor dem inneren Auge tauchen sowohl lichte und wunderbare wie auch dunkle und unangenehme Momente auf – aber niemals ganze Tage.

Wenn wir auf die eigene Vergangenheit zurückblicken, so wird uns nicht jeder Tag, jede Verabredung, jede Aufgabe bewußt sein. Vielmehr erinnern wir uns an den Augenblick, da wir zum ersten Mal unserer späteren Frau begegneten, an die Szene, als unser Kind plötzlich »Papa« sagte, an das Weihnachtsfest mit der ganzen Familie oder an den Fasching im tiefen Schnee.

Auf die Augenblicke kommt es an. Gerade die sogenannten Kleinigkeiten sind manchmal derart umwerfend, unvergeßlich, lebenswichtig und lebenserhaltend, daß wir sie keinesfalls vergessen dürfen. Wir müssen uns alle Mühe geben, damit sie in der lauten, hektischen Aktivität nicht untergehen.

Wenn heute etwas Ruhe einkehrt, werde ich mir einzelne Augenblicke meines Lebens ins Gedächtnis zurückrufen und an solche Augenblicke denken, die vor mir liegen.

Wir leben in einer unruhigen, hektischen Zeit und sind selbst nur noch fragmentarisch vorhanden, während wir einander kurze Blicke zuwerfen ... Wir sind gezwungen, das eigene Leben und das der anderen flüchtig, quasi im Vorbeigehen wahrzunehmen; wir wollen das Wesentliche wissen, nicht die Einzelheiten.

V. S. PRITCHETT

Wenn wir zuviel auf einmal machen und völlig versinken in unserer Arbeit, haben wir für andere Menschen keine Zeit mehr. Wir können ihnen nicht mehr geben und nicht mehr von ihnen bekommen als ein gemurmeltes »Hallo, wie geht's?«. Da ist kein Augenblick frei für sie.

Und so ähneln wir jenen Filmmagnaten in Hollywood, die Romane und Drehbücher von ihren Gehilfen »auswerten« lassen, um sie nicht selbst lesen zu müssen. Aber wieviel entgeht uns, wenn reichhaltige Erfahrungen auf ihren bloßen »Sinngehalt« reduziert werden? Auf diese Weise betrügen wir uns selbst und erzeugen eine unerfreuliche, triste, abweisende Atmosphäre, die durch nichts anderes gekennzeichnet ist als durch ständige Bewegung und pausenlose »Produktion«.

Ich möchte mein Leben und das der anderen nicht mehr nur »aus dem Augenwinkel« betrachten, sondern mich der Realität voll aussetzen, mich an ihr messen. Sie wird für mich ein großes Abenteuer sein.

5. August

Wenn ein Freund zu mir spricht, ist alles, was er sagt, interessant.
JEAN RENOIR

Wir müssen wirklich offen sein für die Mitteilungen der anderen. Doch gerade diejenigen unter uns, die der Arbeit absolute Priorität einräumen, sind dazu überhaupt nicht fähig. Wir sind es gewohnt, die momentane Tätigkeit höher einzustufen als alles, was uns aus anderen Quellen zuteil wird.

Wir glauben nicht einmal daran, so etwas wie Freundschaft verdient zu haben. Wir sehen uns als fleißige Ameisen, die ihre Aufgabe erfüllen. Wie sollten wir denn da noch die Zeit erübrigen, einem Freund zuzuhören und die reichhaltigen Belohnungen einer solch engen Beziehung in Empfang zu nehmen?

Jean Renoirs Ausspruch ist durchaus tiefsinnig. Wenn wir ihn beherzigen, bejahen wir uns selbst und schenken unseren Freunden etwas ganz Besonderes: unsere Aufmerksamkeit. Wir müssen uns Freundschaften gönnen und genügend menschliche Größe besitzen, die Rolle des Freundes bereitwillig zu übernehmen.

Zuweilen denke ich an meine früheren Freunde und frage mich, wie es ihnen jetzt wohl geht. Heute werde ich einen von ihnen anrufen oder ihm schreiben, um ihn wissen zu lassen, daß ich mich sowohl für ihn als Mensch als auch für seine Tätigkeit interessiere.

Das Schließen einer Tür kann einem willkommene Ungestörtheit und Behaglichkeit bescheren – das Öffnen Angst und Schrecken. Umgekehrt kann das Schließen einer Tür aber auch etwas Trauriges und Unwiderrufliches sein – das Öffnen ein wunderbar freudiger Augenblick.

ANDY ROONEY

Es ist wichtig zu wissen, welche Tür man öffnen und welche man schließen muß – und wann der richtige Zeitpunkt dafür gekommen ist. Oft haben wir gar keine Wahl – Vater und Mutter sterben, die Kinder ziehen aus, unsere Stelle wird jemand anderem gegeben. Aber gerade in solchen Phasen sollte uns klar sein, wie wir die Tür in *angemessener Weise* schließen und wie wir dadurch eine andere Tür öffnen können, die in jenen Raum führt, wo ein unsagbarer Frieden uns erwartet, wo alte Fragen beantwortet werden oder neue Fragen zu stellen sind.

Türen sind Möglichkeiten, und als solche sollten wir sie auch betrachten. Wenn die eine endgültig ins Schloß fällt, so gilt das Versprechen, daß eine andere sich auftun wird.

Ich muß in mich gehen, um zu begreifen, wie diese Türen des Lebens miteinander zusammenhängen. Heute will ich mir überlegen, welche von ihnen ich vor mir habe und über welche Alternativen ich verfüge.

7. August

Gute Menschen sind deshalb gut, weil sie durch Mißerfolge klüger geworden sind. Erfolge vermitteln uns fast keine neuen Einsichten.
WILLIAM SAROYAN

In der Tat: Man braucht nur irgend jemanden, der einen großen Erfolg hatte, einmal aufzufordern, diesen zu wiederholen, und es wird sich zeigen, daß er weiche Knie bekommt.

Er hat nicht nur deshalb Angst, weil er vor der Herausforderung steht, erneut reüssieren zu müssen, sondern weil ihm klar ist, daß er vieles durch Zufall, ja durch Irrtümer erreichte – und eben nicht durch gezieltes Vorgehen. Da man also nur selten wirklich klug sein muß, um Erfolg zu haben, erscheint dieser um so beängstigender: Es gibt keinen todsicheren Plan, keine schriftlichen Garantien, die ihn hundertprozentig gewährleisten.

Aber wir haben ja Erfahrung im Scheitern und wissen auch, warum es dazu kam. Wenn wir also bereit sind, aus jedem Fehlschlag unsere Lehren zu ziehen, so besteht die Chance, daß wir das nächste Mal tatsächlich einen Volltreffer landen.

Menschen, die sich vor dem Mißerfolg nicht fürchten und ihn als Teil ihrer Entwicklung betrachten, können schließlich wahren Erfolg haben.

Wenn ich das nächste Mal stolpere oder gar auf die Nase falle, werde ich das als Teil jenes Prozesses betrachten, der letztlich zu meinem Erfolg führen wird.

Innere Integrität ist in den Sommermonaten des Erfolgs eine so leicht verderbliche Ware.

VANESSA REDGRAVE

Gerade wenn wir erfolgreich sind, müssen wir auf unsere moralischen Grundsätze achten. Nur allzuoft schleichen sich dann nämlich neue Wertvorstellungen, neue Sitten ein, die lockerer sind als unsere früheren, und übernehmen sozusagen das Kommando: Dabei geht schnell die innere Integrität verloren.

Und so bilden wir uns allmählich etwas ein auf das positive Echo, das wir erfahren, und die Leute, die uns applaudieren, lassen uns viel Spielraum. Plötzlich werden wir weniger kritisiert als idealisiert. Aber im Grunde ist uns bewußt, daß dieser günstige Zustand nicht lange andauern wird. Irgendwann geht er zu Ende, und dann sind wir nur halb so stark, nur halb so menschlich, wie wir einmal waren.

Männer, die sich zu sehr dem Hochgefühl überlassen, das der Erfolg beschert, fallen diesem häufig zum Opfer. Unser persönlicher Moralkodex, der ja immer etwas »anfällig« ist, wird einer schweren Belastungsprobe unterzogen, wenn wir uns aufs hohe Roß setzen.

Bisher war ich in einigen Bereichen erfolgreich; in Zukunft werde ich mir klarmachen, daß es immer ein Erfolg ist, die innere Integrität zu wahren.

9. August

Das wahre Bild eines Mannes setzt sich zusammen aus dem, was er zu sein glaubt, was andere über ihn denken, was er wirklich ist und was er sein will.

DORE SCHARY

Sehr richtig. Jeder Mensch ist ein Ganzes, das sich aus kompliziert miteinander verbundenen Einzelteilen zusammensetzt – aus Bildern, die wir selbst entwerfen und auch von anderen übermittelt bekommen.

Und wir entwickeln und verändern uns. Montags bin ich nicht mehr der gleiche wie sonntags. Vielleicht habe ich mich gebessert. Zumindest gebe ich mir Mühe. Am Dienstag schwanke und zaudere ich möglicherweise, aber mit Hilfe meiner Freunde, meiner Höheren Macht und meines Willens werde ich mir am Mittwoch etwas Gutes tun.

Und so geht es weiter. Wir sind ein Gemisch aus sehr vielen Eigenschaften und Verhaltensweisen. Könnten wir diese doch auswählen, bevor wir uns auf den Weg machen! Aber da wir Menschen sind, sollten wir uns nicht als unveränderliche, sondern als stets im Wandel begriffene Wesen verstehen, die jeden Tag noch intensiver versuchen, zu besseren Menschen zu werden.

❦

Wenn ich heute darüber nachdenke, was ich alles gemacht habe, so werde ich jeden Schritt genauer untersuchen: Habe ich kluge Entscheidungen getroffen, oder war ich davon überzeugt, überhaupt keine Wahl zu haben?

Was auch immer die rechte Hand zu tun gedenkt – am Gelenk der linken Hand sitzt eine Uhr, die anzeigt, wie lange das dauern wird.
RALPH W. SOCKMON

Wir haben immer das Gefühl, als würde unsere innere Uhr, die keine Zeiger hat, sondern erhobene Zeigefinger, etwa zwei Stunden vorgehen.

Männer, die zuviel arbeiten, haben nie genug Zeit. Und wenn wir uns nicht selbst kritisieren, daß wir zu spät dran sind, dann, so meinen wir, werden uns die anderen nur allzugerne auf unsere Unpünktlichkeit hinweisen.

In Wahrheit aber tragen *wir* ein Metronom in uns, das viel zu schnell eingestellt ist und völlig verrückt spielt. Alle Menschen haben nämlich jeden Tag die gleiche Anzahl von Stunden zur Verfügung.

Obwohl ich die Zeit nicht völlig außer acht lassen kann, werde ich sie nicht als »Waffe« gegen mich einsetzen, mich also keinesfalls verurteilen wegen irgendwelcher Verspätungen. Vielmehr sage ich mir, daß die Zeit auf meiner Seite ist.

11. August

Es ist unmöglich, einen Menschen zu überzeugen, der nicht widerspricht, sondern nur lächelt.
MURIEL SPARK

Diejenigen unter uns, die voller Selbstzweifel sind, begegnen geradezu fassungslos Menschen, die sich nicht auf ihre Ebene einlassen – die einen kurzen verbalen Schlagabtausch, eine kleine Kraftprobe versuchen, um herauszufinden, »wer der Stärkere ist«.

Manchmal ist das Lächeln, von dem Muriel Spark spricht, ein Zeichen von Passivität. Meistens gibt es uns allerdings zu verstehen: »Ich bestimme, was geschieht, gebe mich aber freundlich, damit du ganz was anderes denkst.« Das mag nicht besonders nett sein, ist unter Umständen jedoch, wenn man andere manipulieren will, nützlicher und klüger, als sich ständig zu sehr in alles »reinzuhängen«.

Ich möchte mich nicht hinter einem Lächeln verbergen, sondern zu meinen Überzeugungen stehen und sie ganz offen zum Ausdruck bringen, ohne mein Gegenüber zu beschämen.

Die Leute sagen oft, daß dieser oder jener sich selbst noch nicht gefunden hat. Aber das Selbst findet man nicht – man erschafft es.
THOMAS SZASZ

Wenn man dauernd das unangenehme Gefühl hat, daß zu viele Dinge zu erledigen sind, daß zu viele Menschen zufriedengestellt werden müssen; wenn man in ständiger Angst lebt und meint, daß alles verkehrt läuft, dann ist die eigene Welt doch ziemlich aus den Fugen geraten.

Jene unter uns, die hart darum kämpfen mußten, sich selbst zu formen, sich innerlich zu erneuern, soweit wie möglich gesund zu werden, weniger Versprechen zu geben und eventuelle Suchtkrankheiten offen einzugestehen – sie wissen, wovon Thomas Szasz spricht. Uns ist vollkommen klar, daß es überhaupt nichts bringt, passiv zu sein und zu warten, bis man irgendwann »sich selbst findet« – sondern daß man alles daransetzen muß, sein Schicksal selbst in die Hand zu nehmen.

Die Menschen, an denen mir etwas liegt, sollen wissen, daß ich meine Entscheidungen bewußt treffe, daß ich für sie da bin und für mich selbst Verantwortung trage.

13. August

Wir müssen lernen, uns selbst der beste Freund zu sein, weil wir nur allzuleicht den Fehler machen, uns selbst der schlimmste Feind zu sein.

RODERICK THORP

Lapsus. Rückfall. Ausrutscher. Versehen. Sich wieder aufrappeln. Von vorn anfangen. Ja, den meisten sind diese Wörter nur allzu vertraut – sie spielen in unserem Leben eine große Rolle. Aber wie viele von diesen harten Schlägen haben *wir selbst* uns »verpaßt«?

Wir wissen, was es heißt, sich selbst der schlimmste Feind zu sein. Wir kennen die tiefe Scham nach dem Sturz, den Schmerz, wenn wir uns im Spiegel betrachten. Aber viele von uns empfinden allmählich auch eine große Freude, ein Hochgefühl, eben weil sie sich wieder gefangen haben und ihren Weg fortsetzen. Außerdem erkennen wir nun, wie wichtig es ist, daß wir uns zu jenem Menschen formen, der uns behagt und dem wir Interesse, Achtung, ja sogar Liebe entgegenbringen.

Da ich jeden Tag gut mit mir auskommen muß, scheint es doch eine sehr gute Idee zu sein, mich selbst so zu behandeln wie einen Menschen, den ich liebe.

Zukunftsangst (ist) die enorme Belastung und Verwirrung, die wir bei anderen Menschen hervorrufen, wenn wir sie in zu kurzer Zeit mit zu vielen Veränderungen konfrontieren.
Alvin Toffler

Es galt immer als »männlich«, wenn man sich auf tiefgreifende Veränderungen sofort einstellen kann. Aber die Dinge ändern sich – zum Teil ohne jede Vorankündigung – oft so schnell, daß es selbst für die erfahrensten Männer schwierig, wenn nicht unmöglich ist, mit der Entwicklung Schritt zu halten.

Toffler benutzt solche drastischen Ausdrücke wie *enorm* oder *konfrontieren*, weil die Veränderung oft völlig unerwartet geschieht und uns wie eine Naturgewalt trifft. Aber wenn wir lernen, widerstandsfähig und flexibel zu bleiben, wenn wir begreifen, daß der Wechsel sowie die Art und Weise, wie wir darauf reagieren, nicht das Ende unserer täglichen Routine, sondern den Beginn der Freiheit bedeutet, so können wir ihn wie einen guten Freund willkommen heißen und bereitwillig akzeptieren.

Häufig ist eine »Revolution« nichts anderes als eine längst überfällige »Evolution«. Selbst wenn wir alles beim alten lassen und immer wieder in die gleichen Gewohnheiten zurückfallen, wird die Veränderung trotzdem eintreten – uns dann aber brutal erscheinen.

Ich werde stets offen sein für die Möglichkeit, etwas zu ändern, mir zugleich aber klarmachen, inwieweit ich fähig bin, eine feindliche, ständig wechselnde Arbeitsatmosphäre heil zu überstehen.

15. August

Die Gewißheit, daß man nicht unbedingt glücklich sein muß, ist das größte Glück, das man haben kann.
William Saroyan

Niemand ist immer glücklich. Es wäre absurd, ja kindisch, anzunehmen, daß man den ganzen Tag singend durch den Regen gehen kann.

Aber es ist auch gar nicht nötig, sich unendlich glücklich zu fühlen. Das Glück kann die tatsächlichen Verhältnisse »verzerren«, kann eine weitere Droge sein, auf die wir immer wieder zurückgreifen.

Wichtiger als das Glück ist ein gesundes Gefühl für Harmonie – dafür, wie man innerlich und äußerlich ins Gleichgewicht kommt. Gerade indem wir nicht mehr darauf hoffen, tagaus, tagein im Paradies zu leben, entwickeln wir uns weiter und erkennen die Niederlagen genauso an wie die Siege.

Es hat etwas Befreiendes, nicht mehr an das Märchen vom ewigen Glück zu glauben. Ich bin jetzt genau da, wo ich sein muß und auch gerne sein möchte, bejahe also meine innere Entwicklung und lebe in Frieden.

Nichts ist bei einem Menschen so ernst zu nehmen wie sein Sinn für Humor; dieser ist ein Zeichen dafür, daß er die ganze Wahrheit wissen will.
MARK VAN DOREN

Wie wir lachen, worüber wir lachen und wann wir lachen – damit geben wir uns selbst zu erkennen. Unser Humor hängt aufs engste mit unseren Bedürfnissen und mit unserem Selbstbild zusammen. Insofern ist er eine äußerst ernste Angelegenheit.

Arbeitssüchtige Männer haben oft keinen Sinn für Humor. Alles Heitere und Lustige ist uns irgendwie suspekt, und das Lachen empfinden wir als Zeitverschwendung. Manchmal denken wir sogar, Scherze seien nur dazu da, etwas Bestimmtes zu vertuschen.

Aber der Humor kann uns auch ein Gefühl von Freiheit bescheren, das uns bisher fremd war. Gerade durch ihn erlangen wir die Fähigkeit, uns mit drängenden Problemen auseinanderzusetzen, die schmerzlich, unangenehm und traurig sind. Zuweilen müssen wir einfach lachen, um uns verabschieden zu können – oder um freundlich »Hallo« zu sagen.

Ich möchte einen gesunden Sinn für Humor haben. Das Lachen lockt mich aus der Reserve und bringt mich dazu, auch schwierige Fragen zu stellen.

17. August

Mir scheint, in den sechziger Jahren haben die Leute vergessen, was Gefühle eigentlich sind. Und ich glaube nicht, daß sie sich je wieder an sie erinnerten.

ANDY WARHOL

Andy Warhol hat die Menschen sehr genau beobachtet. Irgendwie wußte er bereits in den sechziger Jahren, daß die Leute anfangen würden, ein bestimmtes Image aufzubauen, um sich der Mode, den Sitten und den allgemeinen gesellschaftlichen Veränderungen anzupassen.

Jetzt erst fangen wir an, in dieses Bild, das wir von uns selbst entworfen haben, auch Gefühle mit einfließen zu lassen. Eine Zeitlang hatten wir sie ganz vergessen. Denn es ist schwierig, mit der eigenen Entwicklung Schritt zu halten, wenn ständig etwas Neues passiert und schnelle Richtungswechsel erforderlich sind.

Arbeitssüchtige Menschen haben sich lange Zeit nicht als Mitglieder der menschlichen Gemeinschaft betrachtet. Gerade deshalb müssen wir nun unsere Gefühle bejahen und sie für andere Ziele einsetzen als dafür, uns selbst größer zu machen.

Heute bemühe ich mich darum, meine emotionale Seite zu berühren. Ich möchte erfahren, was ich durch meine »Gefühllosigkeit« alles versäumt habe.

In Gottes Weltordnung ist nichts umsonst. Durch den Mißerfolg lernen wir eine Lektion in Demut, die wahrscheinlich notwendig ist, auch wenn sie schmerzt.

BILL W.

Wir räumen ohne weiteres ein, daß im Leben vieles schmerzlich ist. In Schwierigkeiten kommen wir erst, wenn wir das Leid verdrängen, wenn wir die Wirklichkeit verneinen.

Unsere Arbeit gibt uns Gelegenheit, die Aufmerksamkeit auf etwas zu richten, das vom tiefen Kummer ablenkt. Das ist zuweilen beruhigend und wohltuend; immer und zuallererst aber handelt es sich hierbei um eine Art Zerstreuung, nach der wir allmählich süchtig werden.

Wenn wir einmal innehalten und alle Wahrnehmungskanäle öffnen, können wir aus unseren Mißerfolgen gewisse Lehren ziehen. Gerade im Scheitern werden wir zu starken, robusten und großzügigen Menschen.

Seltsamerweise ist es manchmal mein Schmerz, der mich rettet. Ich werde herausfinden, was mich leiden macht, dadurch neue Erkenntnisse gewinnen und begreifen, daß dieser Schmerz gewissermaßen ein Lehrmeister ist, der mir eine wichtige Botschaft übermittelt.

19. August

Der große Chefsessel erhöht den, der darauf sitzt ... und er ist bezogen mit der Haut eines Tieres, möglichst der deines Vorgängers.
EMILIO AMBASZ

Jede Firma hat einen solchen Sesssel, auf dem der Chef thront.

Ich erinnere mich, daß ich in dem Unternehmen, wo ich zuletzt arbeitete, genau auf die unterschiedlichen Größen und Formen der Sessel achtete, die den leitenden Angestellten vorbehalten waren. Ergebnis: Je höher die Stellung, desto kunstvoller der Sessel. Das zeigte sich an der besseren Qualität des Leders, an der breiteren und höheren Rückenlehne, an der Armlehne aus wertvollem Teakholz. Jeder Sessel war anders, aber alle strahlten eine gewisse Eleganz aus.

Nur eine Ausnahme gab es: Einer der jüngeren Manager, der erst kurz vorher in seine Stellung aufgerückt war, hatte einen Sessel, der so aussah, als würde er direkt aus einem alten Schlitten aus den 60er Jahren, Marke Pontiac Bonneville, stammen. Aber ihm machte das gar nichts aus. Er fand ihn sogar großartig. Ich frage mich, worauf er wohl heute sitzt.

Ich weiß, welche Ausstattung zum Erfolg dazugehört. Und ich weiß auch, wie unwichtig dieses äußere Drum und Dran ist. Es dient wirklich nur der Zierde – und als Falle.

Ich glaube, alles, was mit Kontemplation, Stille, Alleinsein zu tun hat, empfinden die Leute immer als traurig. Kommt das daher, daß wir die Fähigkeit verloren haben, allein zu sein?
ANDREW WYETH

Arbeitssüchtige Menschen und solche, die einfach zuviel machen, können fast nie allein sein. Gerade diese Zurückgezogenheit aber regt zur Kontemplation, zur Reflexion an, durch die wir uns selbst und die geliebten Menschen bewußt wahrnehmen und zu einem tieferen Verständnis gelangen.

Da wir den ganzen Tag über hektisch sind, eine Sache nach der anderen in Angriff nehmen, sind wir nie wirklich für uns. Getrennt von den anderen, kämen wir in zu engen Kontakt mit uns selbst, mit jener Person, mit der wir ja überhaupt nichts zu tun haben wollen.

Erst wenn wir uns mit der Angst vor dem Alleinsein auseinandersetzen, sind wir imstande, mit dem inneren Heilungsprozeß zu beginnen.

Heute ist ein guter Tag, um mich einige Zeit von den anderen zurückzuziehen, um genauer nachzudenken und bewußter zu fühlen, anstatt ewig herumzurennen.

21. August

Ich träume, um Geld zu verdienen.
STEVEN SPIELBERG

Welch merkwürdige Art, den eigenen Beruf zu umschreiben! Was für ein Luxus! Die meisten von uns leben nicht in so angenehmen Verhältnissen wie Steven Spielberg und besitzen auch nicht die Fähigkeit, so zu träumen wie er. Wir haben unsere Arbeit und unsere Verpflichtungen, bei denen, offen gesagt, weniger unsere Phantasie gefordert ist.

Aber wir wollen doch einmal über unsere Träume nachdenken. Wenn wir sie verdrängen, so negieren wir all das, was wir sein *können* und was wir gerne möchten. Vielleicht sollten wir, mit Rücksicht auf unsere konkreten Lebensumstände, wenigstens sagen: »Ich träume, um zu leben.«

Ich will meine Träume weder ignorieren noch sie mir ausreden, sondern ganz bewußt an ihnen festhalten. Ich brauche sie nicht einmal in die Tat umzusetzen – es genügt schon, das Gefühl von Freiheit zu empfinden, das sie mir schenken.

Sie wollten nicht, daß die Arbeit gut ist, sondern daß sie am Mittwoch fertig ist.
ROBERT HEIMLEUR

Bildende Künstler, Schriftsteller, Photographen – kreative Menschen im allgemeinen – sehen die Arbeitssucht mit ganz anderen Augen. Viele von ihnen glauben nämlich, daß ein inneres Feuer die Leidenschaft entfacht, mit der sie ihre Werke schaffen, daß die zwanzigstündige, ununterbrochene Arbeit an der Leinwand ein Ausdruck künstlerischer Hingabe ist – und nicht die Tat eines Workaholics.

Andererseits kann es zu starken Reibungen, großen Konflikten kommen, wenn die Kunst mit dem Kommerz konfrontiert wird und auf geschäftliche Interessen Rücksicht nehmen muß. Die Auftraggeber verlangen, daß die Arbeit schon Dienstag abgeliefert wird, weniger kostet als geplant und schon im ersten Entwurf perfekt ist. Und der Künstler erwidert: »Mein Werk durchläuft viele verschiedene Stadien, und dieser Prozeß ist mit Zeitdruck und Abgabetermin nicht zu vereinbaren. Wenn Sie gute Arbeit wollen, müssen Sie schon so lange warten, bis sie fertig ist.«

Ich muß nachdenken über den Widerspruch zwischen Kunst (meinen Gefühlen und Gedanken) und Kommerz (meinem Bedürfnis nach äußerer Sicherheit und geregeltem Einkommen), muß untersuchen, ob zwischen diesen beiden diametral entgegengesetzten Bereichen eine Art Ausgleich möglich ist.

23. August

Wenn sich ein Mann drei Fußballspiele hintereinander anschaut, sollte er offiziell für tot erklärt werden.
Erma Bombeck

Sport ist eines unserer Betäubungsmittel. Gerade in den Ferien nehmen wir es in hohen Dosen zu uns. Die zahlreichen Fußballspiele sind eine perfekte Ablenkung. (Inzwischen werden sie ja auch unter der Woche regelmäßig live übertragen, man sieht Begegnungen der Ersten und der Zweiten Bundesliga, Pokalkämpfe, Länderspiele, ganz zu schweigen von Champions League und UEFA-Cup.)

Wenn wir dermaßen in die Rolle des passiven Fernsehzuschauers schlüpfen, der nur noch Sport sehen will, so haben wir in der Tat einige Probleme. Es gibt andere erholsame Beschäftigungen, mit denen wir uns einmal näher befassen sollten; zu empfehlen wäre etwa ein Gespräch mit unserer Frau, unseren Kindern, unseren Eltern – oder mit unserer Geliebten, unseren Freunden, unseren Geschäftspartnern. Jedenfalls ist dieses dumpfe »In-die-Glotze-Starren« neben vielen anderen Verhaltensweisen ein Zeichen dafür, daß wir uns nicht mehr in der Hand haben.

Ich werde nicht darauf bedacht sein, mir alle nur erdenklichen Sportsendungen »reinzuziehen«. Es gibt andere, wichtigere Dinge zu tun, die weniger wie eine Droge sind, mich aber glücklicher machen.

Wir finden immer eine Möglichkeit, etwas Unsinniges zu tun, um ja nicht tun zu müssen, was wir eigentlich tun müßten.
MELODY BEATTIE

Ja, das ist wahr. Unsere Sucht äußert sich auch darin, daß wir die wichtigen Dinge vor uns herschieben oder ihnen ganz aus dem Weg gehen.

Ich kann aus dem Stegreif dreißig Tätigkeiten aufzählen, die mich von meiner eigentlichen Arbeit abhalten. Zum Beispiel nehme ich ein Magazin oder Buch zur Hand, das monatelang herumgelegen hat; jetzt plötzlich will ich darin lesen. Oder ich muß das Auto in die Waschanlage fahren und dann zum Geldautomaten gehen – schließlich habe ich ja noch den ganzen Nachmittag Zeit, mich an die eigentliche Arbeit zu machen.

Die meisten Workaholics verstehen es meisterhaft, sich irgendeine Ablenkung auszudenken. Aber die alltägliche Routine zu umgehen, die beruflichen und sonstigen Verpflichtungen zu vernachlässigen, ist – ich wiederhole es – *nicht* das gleiche, wie frei zu sein.

Ich werde genau darauf achten, wann ich wieder anfange, umherzuschweifen und unkonzentriert zu sein, und versuchen, »am Ball zu bleiben«, bis die jeweilige Sache abgeschlossen ist.

25. August

Verwechsle Charisma nicht mit einer lauten Stimme.
HARVEY MACKAY

Diese Typen sind allseits bekannt (vielleicht gehören Sie auch dazu): Sie geben sich übertrieben männlich und machen viel Lärm. Sie fluchen und protzen. Sie schreien und stellen Forderungen. Sie erwecken den Eindruck, als wären sie auf einem heruntergekommenen Bauernhof geboren und aufgezogen worden.

Außerdem sind sie fest davon überzeugt, sie hätten »Stil«, »Charisma«, einen etwas »herben Charme«. Das ist alles nur Mache. Mit ihrer ruppigen Art versuchen sie, die eigenen Selbstzweifel zu überdecken. Lautstärke ist für sie ein Zeichen von Männlichkeit, von Macht. Doch diese schallende Stimme, dieses aufbrausende Temperament gehört zu einem Menschen, der sich nie mit sich selbst auseinandersetzt, sondern nur mit anderen.

Männer, die gerne herumkommandieren und losbrüllen, sind ein warnendes Beispiel dafür, welch hohen Preis die Arbeitssucht hat.

Wenn die obige Beschreibung auf mich paßt, muß ich mir einmal über meine Selbstachtung Gedanken machen. Anscheinend ist sie kaum oder gar nicht vorhanden, und so will ich ganz systematisch einige Veränderungen in die Wege leiten.

Ich mag einfach keine Memos schreiben. Lieber schaue ich jemandem in die Augen und sage: »Laß uns miteinander reden.«
PETER C. SCOTT

Diese Einstellung gefällt mir. Memos bilden sozusagen den Papierschwanz, den der Arbeitssüchtige hinter sich her zieht. Obwohl das inzwischen etwas abgedroschen klingt, habe ich mir doch schon oft gedacht, daß einer, der unzählige Memos schreibt, auf diese Weise seine Position verteidigt, sich den Rücken freihält und anscheinend alles glaubt, was er liest (sogar die Notizen, die er selbst verfaßt hat).

Ich will gar nicht bestreiten, daß manches schriftlich festgehalten werden muß. Aber wenn man in einer Umgebung tätig ist, wo es weder rücksichtslose Workaholics noch irgendwelche anderen suchterzeugenden Mechanismen gibt, wo also ein offenes und freies Arbeitsklima herrscht, dann werden Memoblocks eigentlich fast nicht mehr gebraucht.

Ich möchte so arbeiten, daß man zu mir Vertrauen haben kann. Außerdem muß ich zu erkennen geben, daß ich ein zuverlässiger, einfühlsamer und freimütiger Angestellter des Unternehmens bin, der in allem, was er propagiert, mit leuchtendem Beispiel vorangeht.

27. August

Der wahre Anführer läßt sich immer führen.
C. G. JUNG

Ich würde sagen, noch der charismatischste, kraftvollste und aufgeschlossenste Denker wird von der Stimme des Herzens geführt. Er verläßt sich nicht auf rein rationale Erklärungsversuche, zumindest nicht immer – und manchmal überhaupt nicht.

Wer wirklich das Zeug hat, andere zu führen, ist ein guter Zuhörer. Er ist offen für sie, erkennt ihr wahres Wesen, weiß ihre Äußerungen richtig zu deuten und achtet auf die feineren Unterschiede.

Niemals benimmt er sich tyrannisch, rücksichtslos. Seine Selbstachtung hängt nicht von den Leuten ab, die ihm untergeben sind. Er ist ein *geistiger* Mensch.

Ich werde mir gestatten, gegenüber meinen Arbeitskollegen und -kolleginnen offen zu sein und behutsam auf sie zu reagieren. Ich werde in meiner Führungsposition nicht auf jene alten Strickmuster zurückgreifen, die andere Menschen und auch mich selbst nur verletzen würden.

Lerne, innezuhalten und abzuschalten ... sonst wird dir nichts Lohnendes zuteil.
DOUG KLING

Wir Arbeitssüchtigen haben auch deshalb so große Mühe, uns ohne Terminkalender, ohne Assistentenstab an den vorigen Tag oder an den letzten Monat zu erinnern, weil wir ständig dafür sorgen, daß das Leben im Eiltempo vorbeigeht und die Dinge nur noch verschwommen wahrgenommen werden.

Unsere krankhafte Hyperaktivität verhindert, daß wir eine Pause einlegen. »Wozu?« fragen wir. Wenn wir auch nur kurz innehielten, könnte es ja sein, daß wir uns selbst begegnen. Dann würden wir vielleicht die eigenen Motive in Zweifel ziehen oder, schlimmer noch, nach den Ursachen unseres Leidens forschen.

Die inneren Kontrollmechanismen verschwinden erst dann, wenn wir zur Ruhe kommen, wenn der ganze Apparat, den wir so fieberhaft zusammengebaut haben, endlich zum Stillstand kommt. Dann bleibt uns nichts anderes übrig, als das eigene Ich einmal genauer zu untersuchen.

Wie oft habe ich schon gesagt: »Zwei Wochen Urlaub sind nicht genug. Nach zehn Tagen bin ich gerade mal zu mir gekommen, und dann ist schon wieder Zeit, die Koffer zu packen.« Ich werde also mein Bedürfnis, eine Pause zu machen oder, wie es in der alten Pepsi-Cola-Werbung hieß, »mich zu erfrischen«, bewußt wahrnehmen.

29. August

Wir sitzen alle im gleichen Boot – aber allein.
LILY TOMLIN

Die Einsamkeit ist gewissermaßen ein Eckpfeiler jener Festung, in der der Arbeitssüchtige lebt. Wir habe keine engeren Kontakte, eben weil wir niemandem vertrauen.

Die Arbeit ist unsere Gebieterin und unsere Geliebte – deshalb herrscht in unserer Ehe und in den anderen persönlichen Beziehungen das völlige Chaos.

Was Lily Tomlin da sagt, ist dennoch richtig. Wir sollten uns der Verbundenheit zwischen allen Arbeitssüchtigen bewußt sein, aber auch erkennen, daß wir uns zuallererst mit uns selbst anstatt mit anderen auseinandersetzen müssen, um im *eigenen* Leben etwas zu ändern.

Den Menschen zu vertrauen und eine enge Beziehung mit ihnen aufzubauen, ist ein wichtiges Ziel, auf das ich hinarbeite. Aber ich werde auch darüber nachdenken, wie ich mir selbst genauso nah sein kann wie den geliebten Menschen.

Ich arbeite so, wie mein Vater getrunken hat.
George Bernard Shaw

Der Teufelskreis ist immer der gleiche, und er wird nur selten durchbrochen. Extreme Verhaltensweisen – egal, ob es sich dabei um den Mißbrauch von Alkohol, Drogen, Essen, Sex oder Arbeit handelt – unterscheiden sich im Grunde gar nicht voneinander.

Wir nehmen – zumeist schon im Kindesalter – diese schlechten Gewohnheiten in aller Deutlichkeit bei den Menschen wahr, denen wir Liebe und Vertrauen entgegenbringen. Und da unsere Eltern nie fähig waren, sich zu öffnen und die eigene innere Welt oder vielleicht einmal *uns* näher kennenzulernen, da sie weder ihr wahres Gesicht noch ihre Liebe zeigen konnten und auch keine menschliche Nähe suchten, sich statt dessen nur mit irgendwelchen Giften »behandelten« und ständig »untertauchten«, lernten wir die Lektion, die sie uns unbewußt erteilten, relativ schnell und machten ihnen alles nach.

Shaws Ausspruch trifft genau den Kern der Sache und ist zugleich bestürzend. Wenn wir uns jedoch dieses Teufelskreises bewußt sind, so können wir ihn auch durchbrechen.

Ich möchte nicht miterleben, daß meine Kinder größer werden und dann irgendwann arbeitssüchtig sind. Daher werde ich mein möglichstes tun, um mit ihnen zu spielen und ihnen zu zeigen, daß ich ein Mensch bin, keine ferngesteuerte Maschine.

31. August

Hab Mut, zu agieren, statt nur zu reagieren.
EARLENE LARSON JENKE

Ich denke, man braucht für beides Mut.

Wir müssen lernen, auf unser oft gefährliches Verhalten zu reagieren – auf jene lähmenden Gewohnheiten, die sich heimtückisch in unser Leben eingeschlichen haben und jetzt Tag und Nacht immer wieder zum Vorschein kommen.

Der Mut, sich zu ändern, kommt von tief innen; es erfordert großes Engagement und enorme Kraftreserven, um zur Tat zu schreiten.

Wir müssen uns selbst und unsere Verhältnisse einer genauen Prüfung unterziehen, sozusagen eine innere Inventur vornehmen, um zu erkennen, wie wichtig es ist zu agieren. Zunächst jedoch müssen wir reagieren.

Meine Arbeitssucht kommt mich teuer zu stehen. Ich muß den Schaden genau abschätzen und dann aktiv werden, um die notwendigen Änderungen herbeizuführen.

Dein Ziel sollte gerade außer Reichweite, aber nicht außer Sichtweite sein.

DENIS WAITLEY UND RENI L. WITT

Wenn wir uns unglaublich hohe Ziele setzen, Maßstäbe, denen nur Übermenschen gerecht werden können, dann programmieren wir den Mißerfolg schon vor.

Vielleicht erreichen wir ja tatsächlich eines dieser Ziele, aber der riesige Aufwand, der dazu erforderlich ist, macht den Triumph zunichte. Wenn uns nichts anderes mehr interessiert, als irgendwelche Leistungen zu vollbringen, so sind wir doch sehr einseitig, ja borniert. Das hat zur Folge, daß wir unsere Werte opfern, uns selbst verlieren und gegenüber den geliebten Menschen einen Vertrauensbruch begehen.

Ziele, die unsere Kräfte freisetzen, die uns anspornen, können heilsam und nützlich sein. Ziele aber, die uns Folterqualen bereiten, sind lächerlich und kosten uns das Leben.

Die Devise lautet: Von einem Tag zum nächsten, Schritt für Schritt, ein realistisches Ziel nach dem anderen.

2. September

Die Fesseln der Gewohnheit sind so dünn, daß man sie nicht spürt, bis sie so dick sind, daß man sie nicht mehr zerreißen kann.
SAMUEL JOHNSON

Gewohnheiten schleichen sich langsam ein. Bevor uns nicht bewußt ist, daß wir immer wieder die gleichen Verhaltensmuster wiederholen, können wir sie auch nicht ändern oder beseitigen. Irgendwie geben sie uns das Gefühl von Ordnung, von Geborgenheit.

Außerdem bestärken sie uns in der Ansicht, alles unter Kontrolle zu haben. Wenn sie dann nicht genauer untersucht und hinterfragt werden, besitzen sie eine ungeheure Macht: Sie bestimmen über unser Leben, und wir sind quasi nur noch ihre Erfüllungsgehilfen.

Gewohnheiten sind hartnäckig, aber wenn wir den Teufelskreis der Selbstsucht und des Perfektionswahns durchbrechen, der sie mit verursacht hat, so besteht die Chance, daß wir zu gesunden, ganzen Menschen werden.

Ich werde mir bewußt machen, daß absolute Kontrolle unmöglich ist, und meine Gewohnheiten einmal näher betrachten. Haben sie Gewalt über mich – oder habe ich sie in der Gewalt?

Ein Kamel ist ein Pferd, an dem ein Ausschuß herumgebastelt hat.
ANONYM

Bringen Sie an irgendeinem Ort einige Leute zusammen, die unterschiedliche Terminpläne haben, eigennützige Zwecke verfolgen und jeweils ihre Talente zur Schau stellen wollen – und siehe da, schon haben Sie eine suchterzeugende, zum Scheitern verurteilte Versammlung, die auch als »Ausschuß« bezeichnet wird.

Die Demokratie mit all ihren Freiheitsrechten beschert uns nicht nur intime, bizarre Details aus den Schlafzimmern anderer Leute, sondern sie führt uns auch in Sitzungssäle, wo es ebenfalls etwas seltsam zugeht. Wenn wir uns allein auf »die Gruppe« verlassen, werden die von ihr getroffenen Entscheidungen so gesund oder so ungesund sein wie die Gesamtheit ihrer Mitglieder. Wir können erst dann auf positivere Ergebnisse hoffen, wenn wir lernen, unsere Zusammenkünfte so zu gestalten, daß sie in einer harmonischen, »suchtfreien« Atmosphäre stattfinden, in der kreative Ideen ausgetauscht werden. Solch ein Ort ist keine Kampfstätte für sich bekriegende Egos, kein Tummelplatz für entfesselte Arbeitssüchtige.

Diesmal bin ich allein das Komitee. Ich achte bewußt darauf, wie ich in Gruppensituationen reagiere und wie ich mir meine eigenen Freiräume schaffe.

4. September

Durch nichts üben Eltern psychologisch einen stärkeren Einfluß auf ihre Umgebung und besonders auf die Kinder aus, als durch ihr ungelebtes Leben.

C.G. Jung

»Was wird aus einem aufgeschobenen Traum?« So fragt der amerikanische Lyriker Langston Hughes in einem seiner frühen, hellsichtigen Gedichte. Am Ende deutet er an, daß Träume, die sich nicht frei entfalten können, Wünsche, die nie in Erfüllung gehen dürfen, nicht einfach verschwinden, sondern »explodieren«.

Wenn wir als Eltern unsere Träume verdrängen, unsere Hoffnungen aufgeben, uns ständig der Sucht und der Arbeit beugen, so setzen wir nur unser »ungelebtes« Leben fort. Unsere Demütigungen, unsere tiefsitzenden Angstgefühle und Frustrationen – sie alle kommen in vielfacher Weise zum Vorschein. Manchmal zeigt sich der Schmerz über diese zerstörten Träume auch darin, daß wir uns wie wild in die Arbeit stürzen.

Wir verschieben viele Träume auf später – und hinterlassen so auf unserer Seele und den Seelen der geliebten Menschen eine dicke Schicht von Kummer und Trauer.

Wenn ich die eigenen Gefühle und Enttäuschungen nicht thematisiere, schade ich mir selbst wie auch den Menschen, die Liebe und Vertrauen für mich empfinden. Ich möchte ihnen nicht weh tun, und deshalb muß ich genau untersuchen, welche Atmosphäre ich durch meine Arbeitssucht geschaffen habe.

Nur wenige große Männer würden einen Einstellungstest bestehen.
PAUL GOODMAN

Wir müssen die persönlichen Unterschiede anerkennen, müssen unseren Kollegen und Kolleginnen viel Raum lassen, in dem sie sich frei entfalten können.

Das Zitat von Paul Goodman ist genauso amüsant wie vielsagend. In allgemeinen Einstellungstests werden die Kandidaten geprüft, ob sie für die verschiedenen Tätigkeiten und Berufe geeignet sind. Aber wie »mißt« man bestimmte Gedankengänge, spontane Assoziationen, kluge Äußerungen – oder gar Genialität?

Man unterläßt es, weil es unmöglich ist. Trotzdem benutzen wir bei jedem armen Menschen, der sich bei uns bewirbt oder mit dem wir zu tun haben, die gleiche abgegriffene Meßlatte.

Bewältigt er ein großes Arbeitspensum? Wie hoch ist seine Produktionsleistung? Ist er oft krank? Hält er sich strikt an die üblichen Arbeitszeiten? Paßt er in unsere Firma?

Ich denke, manch eine Personalabteilung sollte umgetauft werden in: Abteilung zur Förderung der Arbeitssucht.

Ich möchte nicht, daß andere meine Arbeit aufgrund überholter, allzu hoher Maßstäbe beurteilen, und auch ich werde ihnen dergleichen nicht antun.

6. September

Einige Leute nähern sich jedem Problem mit offenem Mund.
ADLAI STEVENSON

Manche glauben tatsächlich, daß durch viel Geschwätz jedes Problem zu lösen sei. Vielleicht können wir es ja einfach zerreden, Ausschüsse oder Spezialeinheiten bilden, um Untersuchungen anzustellen und Gespräche über Gespräche zu führen.

Manchmal kommt die richtige Antwort direkt aus dem Herzen, manchmal ergibt sie sich durch Nachdenken. Männer, die zuviel machen, reden auch zuviel – als ob auf diese Weise alles Unangenehme sofort aus der Welt geschafft werden könnte.

Arbeitssüchtige sind nicht gerade bekannt dafür, daß sie ruhig nachdenken oder Besinnlichkeit verbreiten. Nur allzuoft stürzen wir uns mit einem Schwall von Worten auf das jeweilige Problem, ohne überhaupt zu wissen, worin es besteht.

Heute gebe ich mir alle Mühe, etwaige Schwierigkeiten ganz in Ruhe anzugehen, ohne gleich irgendwelche großartigen Schlußfolgerungen zu verkünden.

Sitzungen sind dann unerläßlich, wenn man selbst nichts unternehmen will.

JOHN KENNETH GALBRAITH

Wenn Sie jeden Fortschritt schon im Keim ersticken oder ein kleines Problem in einen größeren Alptraum verwandeln wollen, so brauchen Sie nur eine Sitzung einzuberufen, in der endlos lange über die betreffende Sache diskutiert wird.

Ich habe schon erlebt, daß noch die besten Ideen, die großartigsten Entwürfe sich vor meinen Augen buchstäblich in Luft auflösten, wenn sechs oder sieben eingefleischte Arbeitssüchtige zusammenkamen und darüber berieten. Jeder von ihnen ist ganz fanatisch, jeder vertritt die Meinung, »die hier einzig und allein ins Gewicht fällt« – so überzeugt sind sie von sich selbst.

Wenn Standpunkte wichtiger wären als Ideen, befänden wir uns in einem noch größeren Chaos. Noch nie habe ich an einer Besprechung teilgenommen, in der wirklich kreative oder auch nur angemessene Lösungen gefunden worden wären.

Ich muß die Auffassungen und Vorstellungen der anderen respektieren, aber ich brauche keine Konferenz anzuberaumen, um die Bedeutung eines Konzepts oder einer Idee richtig einschätzen zu können.

8. September

Lerne, nein zu sagen; das wird dir nützlicher sein als die Fähigkeit, lateinische Texte zu lesen.

CHARLES HADDON SPURGEON

Latein spielt im heutigen Unterricht keine so große Rolle mehr. Läßt man die humanistischen Gymnasien, die medizinischen und juristischen Fakultäten außer Betracht, so ist es im Grunde eine tote Sprache.

Das Wort *nein* wird von arbeitssüchtigen Menschen nicht oft benutzt. Wir mögen Pessimisten sein, aber da wir stets bereit, willens und fähig sind (zumindest behaupten wir das), immer noch mehr Aufträge anzunehmen, würde es uns nie in den Sinn kommen, nein zu sagen.

Wenn wir voll beladen sind, wenn unter dieser Last unser Leben und unsere Arbeit leidet, dann sollten wir einmal genau untersuchen, warum wir eigentlich immer nur ja sagen.

Ich weiß, daß die Arbeit allein mich nicht ausfüllen kann. Und mir ist auch klar, daß ich lernen muß, nein zu sagen oder deutlich zum Ausdruck zu bringen: »Ich kann mich mit diesem Problem oder mit diesem Projekt jetzt nicht beschäftigen. Ich habe schon genug zu tun.«

Werde nicht zum Zyniker. Gib die Hoffnung nicht auf … In dieser Welt gibt es auch Idealismus und Brüderlichkeit zwischen den Menschen.

GOLDA MEIR

Apropos Pessimismus: Arbeitssüchtige Menschen haben eine so negative Einstellung, daß man ihnen im Grunde gar nicht begegnen möchte.

Wir sind zynisch, weil wir gestreßte, innerlich unausgefüllte und unglückliche Einzelgänger sind. Das halb volle Glas ist für uns ein halb leeres Glas. Wenn überhaupt, so beteiligen wir uns nur an wenigen positiven Aktivitäten.

Da wir glauben, eine hoffnungsfrohe Gesinnung nicht verdient zu haben, da wir aus Erfahrung zu wissen meinen, daß Idealismus völlig sinnlos ist, und da wir weder ein Gefühl von Kameradschaft noch von Brüderlichkeit empfinden, sind wir durch und durch bissig und spöttisch.

Deshalb müssen wir nun uns selbst soweit herausfordern, daß wir auch die unangenehmen Fragen stellen, um so allmählich gesünder zu werden in Geist und Seele – und um uns nicht mehr die durchaus vorteilhaften Eigenschaften unseres Charakters vorzuenthalten.

Heute will ich nicht zynisch sein, sondern anfangen, meine inneren Konflikte zu lösen – sie also nicht mehr hinter einem zwanghaften Arbeitseifer verbergen.

10. September

Nimm diesen Job an und liebe ihn.
HARVEY MACKAY

Wir sprechen viel über unsere Arbeit, darüber, wie sie uns auch privat in Anspruch nimmt, wie sie zwischen den einzelnen Lebensbereichen als Bindeglied fungiert und schließlich zum alleinigen Mittelpunkt wird. Weil sie eine so wichtige Rolle spielt, setzen wir ihr auch keinen Widerstand entgegen; wir sind nicht fähig, klare Grenzen zu setzen.

Doch gerade wenn wir meinen, die Arbeit würde uns einschnüren und keine Wahl mehr lassen, kann sie erfreulich und erfüllend sein, vorausgesetzt natürlich, wir sind dafür offen. Wir wollen ja ständig über alles bestimmen – paradoxerweise aber schauen wir tatenlos zu, wie bestimmte Menschen, Ereignisse und sogar die eigenen beruflichen Tätigkeiten über *uns* bestimmen!

Deshalb müssen wir lernen, Grenzen zu ziehen, auf Abstand zu gehen, nein zu sagen und den anderen klarzumachen: »Ich habe heute genug getan. Morgen ist auch noch ein Tag.« Dann können wir zu unserer Arbeit die richtige Einstellung finden und sie allmählich – lieben.

Weise ist, wer seine Grenzen kennt. Heute werde ich meine Arbeit als *einen* Bestandteil meines Lebens betrachten, anstatt sie mit diesem gleichzusetzen.

Ich habe Memos bekommen, die so angefüllt waren mit geschäftlichem Blabla, daß mir diese schriftlichen Mitteilungen wie eine tödliche Waffe vorkamen, mit der ein Anschlag auf mich verübt wird.
PETER BAIARDI

Wir erfinden einen bestimmten Jargon, um uns noch wichtiger zu machen, um mit Wörtern eine Mauer zu errichten, um einige Leute »mit einzubeziehen« und andere »fernzuhalten«.

Bürokratensprache wie in George Orwells »1984«, Politikergerede, Fachsimpeleien der Juristen und Mediziner und nun schließlich geschäftliches Blabla. Darin kommen Wörter und Redewendungen vor, die wir alle täglich benutzen und die dann wie Bumerangs zurückkommen und quasi als Waffen gegen uns eingesetzt werden.

Der Jargon spielt in der Ausdrucksweise aller Arbeitssüchtigen eine ganz wesentliche Rolle. Er behagt uns, denn durch ihn sind wir ruhig und sicher. Er gibt uns das Gefühl, ein bedeutender Mensch zu sein.

Ich gebe mir alle Mühe, meine Mitarbeiter nicht durch »Wortmauern« zu befremden, die mich – meiner Meinung nach – schützen und zu einem unnahbaren Menschen machen.

12. September

Als ich ein junger Mann war, fiel mir auf, daß neun von zehn meiner Bemühungen erfolglos blieben. Da ich aber kein Versager sein wollte, arbeitete ich zehnmal soviel.

GEORGE BERNARD SHAW

Wir sind unsere strengsten Richter. Die eigenen Fähigkeiten nehmen wir kaum wahr. Wir fühlen uns äußerst unwohl in unserer Haut, unser Blick ist getrübt, und so kritisieren wir unsere Leistungen am allerschärfsten.

Folglich machen wir auch immer mehr Druck, arbeiten noch härter, noch schneller und häufen eine Unmenge von Aufgaben an. Unsere Selbstachtung entspricht nie unserem Leistungsvermögen. Daß wir einfach genug getan haben, erscheint uns unvorstellbar.

Vielleicht besteht unser Problem gerade darin, daß wir einen genauso unbarmherzigen wie unerbittlichen Chef zufriedenstellen wollen – einen Menschen also, der keinen Fehler verzeiht oder vergißt, der keine Niederlage duldet. Auf diese Weise aber geben wir uns selbst auf, denn auch wir können uns ja kein Mißgeschick verzeihen.

Ich möchte freundlicher sein zu mir selbst und nicht wieder so viele Notizzettel zusammenkommen lassen, daß ich das Gefühl habe, ständig zu versagen. Ich will meine Arbeit im ganzen beurteilen, nicht nur einzelne Erfolge und Mißerfolge.

Die Sorge ist nichts anderes als Angst vor dem eigenen Ich.
WILHELM STEKEL

Unsere Sorgen rühren größtenteils daher, daß wir uns nicht regelmäßig mit unserem Innenleben auseinandersetzen. Wenn wir von Zeit zu Zeit uns selbst, unsere Persönlichkeit, im ganzen genauer betrachten würden, anstatt immer nur einzelne Aspekte, isolierte Ereignisse herauszugreifen und streng zu beurteilen, so hätten wir wahrscheinlich weniger Angst vor dem Versagen.

Es ist einfach schwierig oder gar unmöglich, sich selbst richtig einzuschätzen, wenn man zu hohe Erwartungen hat. Das heißt: Wenn wir uns unerreichbare Ziele setzen, sind wir zum Scheitern geradezu verurteilt. Und dann bekommen wir es mit der Angst zu tun. Um sie zu kompensieren, laden wir uns noch mehr Arbeit auf. Und je mehr Arbeit wir uns aufladen, desto virulenter wird unsere Arbeitssucht. Der Teufelskreis hat sich – wieder einmal – geschlossen.

Es macht mir Angst, nach innen zu blicken. Ich weiß, daß diese Introspektion schmerzlich ist, aber daß ich dennoch die Ursache meiner Angst ausfindig machen muß, um die unerträglichen Spannungen endlich loszuwerden.

14. September

Im Leben gibt es immer wieder Probleme, und wenn du nicht darüber sprichst, gibst du dem Menschen, der dich liebt, nicht die Möglichkeit, dir genug Liebe entgegenzubringen.

DINAH SHORE

Unser mangelndes Vertrauen hat schon immer zu Auseinandersetzungen geführt. Denn wir benutzen die Arbeit auch dazu, jedem engeren Kontakt auszuweichen.

Ganz offen zu sprechen, ist für uns ein Greuel; wir haben das Gefühl, daß es uns schwächen würde – oder daß der Mensch, dem wir persönliche Dinge mitteilen, uns als Schwindler entlarven könnte.

Wir müssen unser Leben in die Hand nehmen, andere daran teilhaben lassen, die Türen und Fenster unserer Seele öffnen, damit wir durch Liebe und Vertrauen jene Sicherheit erlangen, die sich jeder von uns wünscht, wenngleich keiner weiß, wie man sie vom anderen erbittet.

Ich muß über meinen Kummer genauso sprechen wie über meinen Kopfschmerz und brauche mir nicht ständig Sorgen um das Wohlergehen anderer Menschen zu machen. Es gibt immer wieder gute Gelegenheiten, mich von ihnen umsorgen zu lassen.

Sie berauschen sich an ihrer Arbeit, um nicht zu sehen, wie sie wirklich sind.

ALDOUS HUXLEY

Wir sind trunken von der Arbeit. Wie unsere Leidensgenossen, die Alkoholiker, haben wir immer wieder Blackouts. Wir vergessen wichtige Termine und Namen. Wir sind verkatert, ausgelaugt und mit gesundheitlichen Problemen belastet. Wir brauchen die Droge Arbeit. Dadurch können wir uns zeitweise der Illusion hingeben, daß doch alles o.k. sei. Und um diese aufrechtzuerhalten, müssen wir noch mehr arbeiten, uns noch mehr abhetzen.

Von weitem betrachtet, sieht alles gar nicht so schlecht aus. Aber die Sucht hat ihre Wurzeln tief im Innern – sie beeinträchtigt uns in jeder Beziehung und treibt sowohl mit uns als auch mit den Menschen, die wir lieben, ein übles Spiel.

Ich möchte mein Leben nicht verneinen, sondern, im Gegenteil, alles ganz bewußt wahrnehmen. Auch darf die Arbeit kein Ablenkungsmanöver sein, durch das ich mir selbst verborgen bleibe.

16. September

Ich trage eine ganze Familie auf dem Rücken!
LOUIE ANDERSON

Wir fühlen uns überfordert – und zwar mindestens in 110 Prozent aller Fälle! Daran ist nicht nur die Arbeit schuld. Wenn wir nach einem anstrengenden Tag, an dem wir ungeheuer viel geistige und körperliche Energie in jenes schwarze Loch gepumpt haben, das gemeinhin als »Beruf« bezeichnet wird, endlich nach Hause kommen, sind wir mit unserer Familie konfrontiert.

Unsere Frau, die Kinder – sie alle wollen ein Stück von uns abhaben. Ich bin erschöpft, ich kann nichts mehr geben, sagen Sie zu sich selbst. Ich habe mich schon im Büro völlig verausgabt.

An diesem Punkt zeigt sich erneut, wie wichtig es ist, zwischen Beruf und Familienleben klare Grenzen zu ziehen, um so von der Arbeitssucht geheilt zu werden. In unseren eigenen vier Wänden sollten wir, so gut es geht, für unsere Frau und unsere Kinder verfügbar sein und ihnen Aufmerksamkeit und Verständnis entgegenbringen. Eine Familie, die viel Zuneigung erfährt, ist ganz einfach gesünder; und auch wir fühlen uns wohler, denn unsere schwere Last wird allmählich leichter und verschwindet vielleicht sogar ganz.

Wenn wir den geliebten Menschen etwas geben von uns selbst, so ist dieses Geschenk wichtiger und tiefer empfunden als jedes andere, das man anfassen und aufmachen kann. Deshalb werde ich heute Zeit haben für meine Familie – sie bedeutet mir wesentlich mehr als meine Arbeit.

Innere Integrität meint nichts anderes als die Bereitschaft, die eigene Persönlichkeit nicht zu verletzen.
ERICH FROMM

Wenn wir ein gesundes, harmonisches Gefühl in bezug auf uns selbst haben, wenn wir eins sind mit unserem Wesen und all seine Facetten akzeptieren, so ist unsere innere Integrität stets unversehrt.

Männer, die zuviel arbeiten, tun ihrer Persönlichkeit oft Gewalt an. Wir unternehmen so wenig, um unser Ich einmal näher zu betrachten und tatsächlich auch zu erforschen, daß wir im Grunde gar keine Identität besitzen. Wenn überhaupt, so besteht sie einzig und allein in unserer Arbeit.

Wenn wir tatenlos zusehen, daß diese Tätigkeit über unser Leben bestimmt, daß *die anderen* uns definieren, dann büßen wir auch unsere Integrität ein. Wir selbst müssen unseren Charakter formen und uns so sein lassen, wie wir gerne sein möchten.

Ich bin weder identisch mit meinem Beruf noch mit dem, was andere über mich sagen, sondern ein Mensch mit komplexen Eigenschaften. Da sind viele Stimmen in mir. Ich werde also versuchen, mich unvoreingenommener und entspannter zu fragen, wie mein Charakter ist und in welcher Richtung ich mich gerne weiterentwickeln würde.

18. September

Eigentlich mag ich Geld gar nicht, aber es beruhigt meine Nerven.
JOE LOUIS

Daß wir Geld brauchen, steht außer Frage. Allein um stets ein Dach über dem Kopf zu haben und für die lebensnotwendigen Dinge zu sorgen, müssen wir viel Zeit aufbringen. Es erschreckt uns, wenn wir jeden Monat nur über »genügend Geld verfügen; ein »wenig mehr« jedoch beruhigt unsere Nerven.

Aber was heißt eigentlich »genügend«? In den achtziger Jahren sah es ganz danach aus, als wären unsere Bedürfnisse »grenzenlos«. Wir wollten mehr und immer mehr. Gerade darüber sollten wir jedoch heute noch einmal genauer nachdenken.

Männer, die sich ständig zuviel zumuten, haben keine Zeit (oder wollen sie nicht erübrigen), sich an dem Geld zu erfreuen, das sie ja sowieso reichlich verdienen.

Wie teuer kommt mich meine Geldgier eigentlich zu stehen? Bin ich dadurch, daß ich immer mehr wollte, zu einem anderen Menschen geworden? Ich werde herausfinden, welche Bedürfnisse ich wirklich habe und welche ich mir nur einbilde. Dann wird mir auch klar sein, wo ich meine Grenzen setzen kann.

Nur wenige Männer der Tat waren fähig, zum richtigen Zeitpunkt würdevoll abzutreten.
MALCOLM MUGGERIDGE

Es kommt die Zeit, da man gehen, da man aufhören muß. Das ist für uns arbeitssüchtige Menschen kein Thema, weil wir uns über die tiefere Bedeutung von Anfang, Mitte und Ende keinerlei Gedanken machen. Unser Leben ist ein einziger, ununterbrochener Prozeß – wir bewegen uns quasi auf einem Förderband, das immer in Betrieb ist.

»Männer der Tat« können sich nicht dazu durchringen, alles mal einfach liegenzulassen, eben weil sie nichts anderes kennen, als immer weiterzumachen. Sie mißtrauen ihrer inneren Stimme; sie haben keine Ahnung, wie sie sich am Ende des Tages oder der Woche oder wenigstens in den Ferien zurückziehen sollen.

Aber zu wissen, wann man die Arbeit beendet, ist für die eigene Gesundheit genauso wichtig wie zu wissen, wann man mit ihr beginnt.

Ich werde mir kein imaginäres Datum setzen, wann ich den Beruf wechsle oder wann ich in den Ruhestand trete. Aber ich werde sehr wohl nachdenken über mein Weiterkommen, über neue Alternativen sowie über meinen zweiten und dritten Lebensabschnitt.

20. September

Wachstum um des Wachstums willen ist das Grundprogramm der Krebszelle.

Edward Abbey

Es gab in diesem Land immer wieder Phasen – die achtziger Jahre sind das bisher letzte Beispiel –, da die Forderung »Wachstum um des Wachstums willen« tatsächlich Krebs verursachte. Diese künstliche Vorgabe bescherte uns zuallererst mehr Macht und ein trügerisches Gefühl von Wohlergehen und Selbstachtung. Aber man denke nur einmal daran, welch hohen Preis wir dafür zahlen mußten!

Bankrotte Banken, staatliche Finanzspritzen für marode Bausparkassen, Betrügereien am Aktienmarkt, Börsenkräche – durch verstärktes Wachstum haben wir eine neue Dekade des Zerfalls eingeleitet.

Wenn wir aufgrund dieses »anschaulichen Modells« erkennen, wie gefährlich es ist, auf immer höheres Wachstum zu bauen, so wird uns vielleicht auch klar, welch gefährliche Auswirkungen dies auf unsere Gesundheit sowie auf unser Leben insgesamt haben kann. Und wir bekommen sie ja bereits zu spüren.

Was möchte ich wirklich? Erstrebe ich mehr Wachstum, um die Schmerzen meines enttäuschten Egos zu lindern? Muß ich mich mit Männern und Frauen umgeben, die mir immer wieder bestätigen, wie wichtig ich bin? Die Antworten auf diese Fragen werde ich in meinem Innern suchen.

Wahn ist oft die Logik eines akkuraten, aber überbeanspruchten Denkens.

OLIVER WENDELL HOLMES SEN.

Überbeansprucht, überlastet ... Ich bin Männern begegnet (gehöre sogar selbst zu ihnen), die über einen wachen, scharfen Verstand verfügen. Diese kreativen Denker, diese logisch argumentierenden, sehr vernünftigen Intellektuellen bewegen sich allmählich auf den Abgrund zu – sie folgen der falschen Spur, verlieren sich selbst, sind einsam und überarbeitet und haben einfach zuviel am Hals. Kurzum: Sie leben in Extremen.

In den Stimmen einiger Männer spürt man das Vibrato der Angst – sie sprechen sehr schnell und in hohem Ton, was darauf hindeutet, daß sie mit dem Rücken zur Wand stehen. So ein Mann ist oft allein. Vielleicht hatte er einmal eine Familie, eine Gruppe von Freunden, die ihn unterstützten, aber ach, sie sind alle verschwunden. Die Menschen wollen nicht co-abhängig sein, folglich verlieren sie bald das Interesse an ihm. Sie wissen, daß die Beziehung nur einseitig ist, eine Art Sackgasse, in der alle Bemühungen fruchtlos sind. Und wenn dieser Mann nicht eine tiefgreifende Erfahrung macht – einen Herzanfall erleidet, einen schweren Autounfall hat, eine Scheidung durchstehen muß oder mit einer Alkoholvergiftung ins Krankenhaus kommt –, wird er tiefer und tiefer fallen.

Ich werde diesen inneren Zusammenbruch nicht zulassen, sondern mir Zeit geben, um meine unglückliche Situation zu klären. Ich möchte ein ausgeglicheneres Leben führen.

22. September

Die Einsamkeit des Menschen ist nichts anderes als Angst vorm Leben.

Eugene O'Neill

Wenn wir uns mit uns selbst und mit den eigenen Ängsten nicht auseinandersetzen können oder wollen – also zum Beispiel jene Fehler und Mißgeschicke nicht zugeben, die uns am meisten erschrecken und mit denen wir uns ganz direkt befassen müßten, um sie schließlich ein für allemal abzuhaken –, so verstecken wir uns auch weiterhin.

Durch dieses Tarnmanöver werden wir zu Lügnern – zu einsamen, verängstigten Menschen. Ja, unser Gefühlsleben ist dann völlig abgetrennt von der restlichen Welt.

Die Arbeitssucht ist nicht auf eine bestimmte Generation beschränkt. Wenn unser Vater oder unsere Mutter arbeitssüchtig war, so sind wir es wahrscheinlich auch. Wir müssen also der Tatsache, daß diese Krankheit quasi weitervererbt wird, ins Auge sehen. Und wir sollten keine Angst haben vorm Leben, sondern, im Gegenteil, alle Möglichkeiten, die es uns bietet, willkommen heißen.

Ich möchte lernen, wie man die richtigen Fragen stellt, sich innerlich öffnet und nicht immer wieder die gleichen Verhaltensweisen wiederholt. Darauf werde ich mich heute konzentrieren.

Er sät die Hast und erntet Magenschmerzen.
ROBERT LOUIS STEVENSON

Wir alle zahlen den Preis für unsere wahnsinnige Hetze, unser blindes Treiben, unser teuflisch schnelles Leben.

Arbeitssüchtige kommen nicht besser voran, wenn sie ihr Tempo immer weiter steigern, um vor allen anderen fertig zu sein. Im Gegenteil: Sie sind am unproduktivsten, halten den absoluten Rekord bei den Krankmeldungen und können sich ihres Jobs kaum sicher sein.

Wir müssen dem Mythos vom Mann, der morgens um sieben Uhr dreißig ins Büro kommt und es erst spät abends wieder verläßt, ein Ende machen. Er ist nämlich nicht wirklich präsent, er ist einfach nur anwesend.

Durch bloße Eile kommen wir nirgendwo an. Sie ist nichts als ein Tarnmanöver, eine Illusion, ein Fehler. Und sie fordert von uns allen einen sehr hohen Tribut.

Mach langsamer, sage ich zu mir selbst. Entspanne dich. Was nutzt es dir, wenn du zur nächsten Arbeit, zur nächsten Aufgabe hetzt? Gar nichts, es macht dich nur kaputt.

24. September

Die Menschen sind zu Werkzeugen ihrer Werkzeuge geworden.
HENRY DAVID THOREAU

Unsere Zivilisation hat unzählige Werkzeuge erfunden, mit denen wir ständig etwas Neues kreieren, andere Dinge herstellen und die Produktivität immer weiter steigern.

Im Zeitalter des Computers (auf jeden Tisch ein PC, heißt es heute statt: in jeden Topf ein Huhn) können wir rationeller arbeiten und sind dadurch auf vielen Gebieten äußerst leistungsfähig – zugleich aber erstellen wir ein Dokument innerhalb von wenigen Minuten, was vor noch nicht allzulanger Zeit Tage gedauert hätte. Das heißt: Wir sind völlig abhängig geworden von unserem hohen Tempo, das wiederum von jenen Geräten vorgegeben wird, die wir ersonnen haben, um den »Output« zu steigern.

So rennen wir vom Faxgerät zum Telefon, das die Konferenzschaltung ermöglicht, von dort zum Laserkopierer und dann wieder zurück zum Computer; wenn wir Glück haben, können wir dazwischen kurz bei der Mikrowelle Halt machen, um unseren Kaffee aufzuwärmen.

Ich lehne es ab, mich zum Sklaven irgendwelcher Geräte zu machen. Ich möchte nur solche Dinge haben, die ich wirklich brauche, und nach dem Motto handeln: So einfach wie möglich.

Die meiste Zeit habe ich nicht viel Spaß. In der restlichen Zeit habe ich überhaupt keinen Spaß.
WOODY ALLEN

Das können wir alle gut verstehen, Mister Allen.

Männer, die zuviel arbeiten, kennen nämlich kein Vergnügen. Es macht sie mißtrauisch, erscheint ihnen als Zeitverschwendung, als Leichtsinn und ist doch »sowieso nur was für die Kinder«.

Wir erwarten keinen Spaß und haben ihn ja auch gar nicht verdient. Außerdem lachen wir nicht sehr oft. Dazu ist einfach keine Zeit. Zuviel zu tun, zu viele Termine. Spaß ist doch nichts anderes als Small talk – wir aber müssen uns mit den wesentlichen Dingen des Lebens beschäftigen und unsere großen Aufgaben bewältigen.

Arbeitssüchtige Menschen sind von einer tiefen Melancholie durchdrungen. Schon in frühem Alter hatten wir keinen Sinn für Humor – und daran änderte sich auch nichts mehr. Diese Einstellung haben wir von unserem hart arbeitenden Vater übernommen, der fast nie da war.

Ich werde sowohl in meiner Arbeit als auch in meinem Privatleben immer wieder meinen Humor unter Beweis stellen. Dadurch schöpfe ich neue Kraft und erlebe Augenblicke, in denen mir klar wird, daß ich mich selbst nicht allzu ernst nehmen sollte.

26. September

Zweimal Unrecht ergibt noch kein Recht, aber eine gute Ausrede.
THOMAS SZASZ

Ausreden. Sie sind für den süchtigen Menschen ein echtes Hilfsmittel.

»Sehen Sie nicht, daß ich im Moment völlig überlastet bin? Wie soll ich da ein weiteres Projekt übernehmen? Vier Leute sind diese Woche nicht zur Arbeit erschienen, und die Computer streiken. Ich lese Ihren Bericht sobald ich kann. Heute abend wird's wieder mal spät ...«

Wenn wir ja sagen, obwohl wir eigentlich vom Gegenteil überzeugt sind, kommt bald darauf die unvermeidliche Entschuldigung.

Ich werde meine noch nicht erledigten Arbeiten klar ins Auge fassen und jeden weiteren Auftrag einfach ablehnen. Dadurch bin ich ehrlich und werfe zugleich einige Bürden ab – ohne Entschuldigung, ohne Ausrede.

Versöhnung ist der Schlüssel zur Tat und zur Freiheit.
HANNAH ARENDT

Wie wahr. Und zuallererst muß man sich mit seinem Ich versöhnen.

Wir müssen lernen, uns zu verzeihen, daß wir unbedingt perfekt sein wollen, nur noch mit uns beschäftigt sind, nie wirklich aufrichtig sein können, das Bedürfnis haben, alles zu kontrollieren, und über andere Menschen harte Urteile fällen.

Darüber hinaus müssen wir unsere Schamgefühle thematisieren und jenen vergeben, die uns beschämt haben. Wenn wir unseren lang gehegten Groll endlich loslassen, werden wir zu »neuen« Menschen.

Ich möchte meine Fehler und die der anderen von einem höheren Standpunkt aus betrachten, denn ich weiß, daß der Perfektionswahn eine Art Gefängnis ist. Und ich werde nachdenken über die Freiheit, die aus der Versöhnlichkeit resultiert.

28. September

Eine glänzende Eigenschaft läßt die andere erstrahlen – oder sie verdeckt eine eklatante Schwäche.
William Hazlitt

Jeder von uns hat zumindest eine Begabung. Ja, wir strahlen eine Art Glanz aus – eine Energie, die wir, wenn alles gut läuft, in unsere tägliche Arbeit auch mit einfließen lassen.

Wir hoffen, daß wir unsere positiven Eigenschaften nutzen und zum Ausdruck bringen, anstatt uns hinter ihnen zu verstecken; daß wir auf unsere Stärken stolz sind und sie nicht nur als »Schutzschild« gegen unsere Schwächen betrachten. Gerade wir mit unserer Arbeitssucht müssen herausfinden, was wir am besten können, diese Fähigkeit(en) dann weiter entwickeln und versuchen, uns keine Sorgen darüber zu machen, was wir nicht so gut können.

William Hazlitt sagt, daß »eine glänzende Eigenschaft« unter Umständen »eine eklatante Schwäche« verdeckt. Ich für meinen Teil denke eher, daß wir von unseren Schwächen nie in Verlegenheit gebracht werden können, wenn wir unsere Stärken wirklich zur Entfaltung kommen lassen. Aber mit unserer menschlichen Natur, unserer Fehlbarkeit und unserer unmittelbaren Realität müssen wir uns immer wieder auseinandersetzen.

Heute werde ich über meine Stärken nachdenken, mich an meinen »Qualitäten« erfreuen und nicht beschämt sein wegen meiner Unzulänglichkeiten.

Man muß ein Mistkerl sein, um es zu schaffen, das ist einfach so. Und die Beatles sind die größten Mistkerle, die es auf der Welt gibt.
JOHN LENNON

Ich glaube nicht, daß man ein »Mistkerl« sein muß, um »es zu schaffen«. Aber der übermächtige Zwang, mit anderen zu konkurrieren, die Versuchung, große Mengen Geld zu verdienen – sie untergraben ganze Wertsysteme und machen aus manchem Arbeitssüchtigen einen »Mistkerl«.

In einigen Geschäftszweigen – in der Musikbranche zum Beispiel – herrscht ein besonders strenger Wettbewerb, und um da »voranzukommen«, denkt man vielleicht eher an die Belohnung, die einem winkt, als an den beschwerlichen Weg, den man gehen muß.

Männer, die zuviel arbeiten, vergessen oft ihre moralischen Grundsätze, wenn sie mit lauter Finanzhaien in einem Raum zusammen sind.

Ich glaube, ich kann mehr leisten und ein glücklicherer, gesünderer und großzügigerer Mensch sein, wenn ich kein agressiver, feindseliger und anstrengender Mitarbeiter bin. Ich werde mir überlegen, wie ich mit sanfteren Methoden »nach oben« komme.

30. September

Alle Tiere außer dem Menschen wissen, daß die Hauptsache im Leben ist, es zu genießen.
SAMUEL BUTLER

Das erscheint uns doch sehr radikal. Das Leben genießen? Wir dachten, wir sollten zur Arbeit gehen, nach Hause kommen, über die Arbeit nachdenken und dann wieder zur Arbeit gehen.

Männer, die sich soviel aufladen, haben große Mühe, einmal wirklich loszulassen. Unsere Grenzen sind nicht klar definiert, und wir haben auch kein gesundes Selbstwertgefühl, das uns erlauben würde, Freude und Genuß zu erstreben. Wir »behandeln« uns lieber mit Sport, Fernsehen oder einem Sechserpack Bier – aber damit schlagen wir eher die Zeit tot, als daß wir sie genießen.

Heute erübrige ich etwas Zeit, um mir die Tätigkeiten zu überlegen, an denen ich Freude habe, und für sie dann auch Platz zu schaffen in meinem Terminkalender.

Wie oft kommt es doch vor, daß man sein wahres Leben gar nicht lebt.
OSCAR WILDE

Wenn wir unserer Arbeitswut freien Lauf lassen, verzichten wir in gewisser Weise auf unser eigentliches Leben; tief im Innern sind wir nämlich davon überzeugt, den Tagesablauf nicht mehr im Griff zu haben, den Ereignissen ohnmächtig ausgeliefert zu sein.

Ich kenne Handelsvertreter, die gerne Maler wären, Schadenssachverständige, die lieber musizieren würden, Lehrer, die alles dafür gäben, als Profifußballer zu arbeiten.

In der Kindheit wurde uns nie beigebracht, daß man seinen leidenschaftlichen Interessen wirklich nachgehen sollte. Im Gegenteil, man befahl uns, ihnen zu mißtrauen, sie zu ignorieren, denn sie würden sowieso bald verschwinden. Und das geschah dann ja auch.

Ich kann einige meiner Leidenschaften wiederentdecken und Zeit für sie einplanen. Der heutige Tag ist dazu bestens geeignet.

2. Oktober

Schäme dich nicht, aber sei auch nicht begierig nach Ruhm, denn er ist teurer erkauft als alles andere.
SYDNEY SMITH

Der Ruhm ist ein Hirngespinst, die Scham ist etwas ganz Reales. Der Ruhm hat einen hohen Preis; er stiehlt uns die Zeit und gibt uns das trügerische Gefühl, wie ein römischer Kaiser herrschen zu können.

Männer, die nach Ruhm streben, brauchen den falschen Pomp, der damit verbunden ist. Und auf welche Weise erreicht man dieses Ziel? Durch Ichbesessenheit, Arbeitssucht und Einsamkeit.

Auch heftige Schamgefühle führen dazu, daß man sich absondert, verachtet und zerfleischt. Sie hemmen einen so sehr, daß man sich ganz klein vorkommt. Sydney Smith' Worte enthalten also eine wichtige Aussage, und wir sollten länger als einen Augenblick darüber nachdenken.

Heute werde ich mir einmal klarmachen, was ich wirklich will. Wenn mir der Ruhm nichts bedeutet – was treibt mich vorwärts? Ich muß ganz einfach wissen, wer ich bin und wie ich gerne sein möchte.

Ich glaube, niemand ist wirklich frei – jeder baut sich sein eigenes Gefängnis.
GRAHAM SUTHERLAND

Workaholics neigen eher dazu, Mauern und Zäune zu errichten, als Brücken und Tunnel zu bauen. Eben weil wir unbedingt mit anderen konkurrieren und unseren Arbeitseifer ständig unter Beweis stellen wollen, sind wir selbst diejenigen, die sich isolieren und die sich immer neue Beschränkungen auferlegen.

Frei wird man dadurch, daß man so viele Türen wie möglich öffnet. Allerdings kann es passieren, daß man eine Tür nach der anderen durchschreitet, auf der Karriereleiter immer weiter nach oben klettert und sich trotzdem wie ein Gefangener vorkommt.

Wir müssen lernen, die Grenzen, die wir uns selbst gesetzt haben, bewußt wahrzunehmen und zu untersuchen. Wenn wir uns eingesperrt fühlen, dann deshalb, weil wir Richter, Gefängnisdirektor und Gefangener in einer Person sind; wir selbst haben uns zu »lebenslänglich« verurteilt. Berufung können wir erst dann einlegen, wenn wir die von uns selbst erbaute Zelle einmal näher in Augenschein nehmen …

Ich muß die Mauern, die mich umgeben, einreißen und mein Leben freier und flexibler gestalten. Deshalb will ich heute darüber nachdenken, wie ich es so bereichern kann, daß jede Art von Tyrannei allmählich überflüssig wird.

4. Oktober

Einen Menschen erkennt man an dem Unternehmen, das er gründet.

AMBROSE BIERCE

Wenn man seine Sucht auch am Arbeitsplatz ausagiert und damit die Kollegen und Kolleginnen belastet, so verschlimmert sie sich um ein Vielfaches und erzeugt im gesamten Unternehmen eine äußerst ungesunde Atmosphäre, in der vielerlei Arten von Abhängigkeit »gedeihen«. Zu dieser Feststellung gelangen Anne Wilson Schaef und Diane Fassel in ihrem faszinierenden Buch *Suchtsystem Arbeitsplatz*.

Es gibt Tausende von Firmen – angefangen bei den großen Konzernen bis hin zum kleinen Geschäft mit drei Angestellten –, die eindeutig »suchtfördernde Zentren« der Arbeitssucht sind. Wir wissen, daß der Workaholic dort für seinen Einsatz zwar meistens belohnt wird, im Grunde aber unter allen Mitarbeitern der schlechteste, unproduktivste ist. Er leistet am wenigsten, eben weil er so wenig zu geben hat.

Ich werde genau darauf achten, wie meine Arbeitsatmosphäre beschaffen ist. Möglicherweise hat sie mein Suchtverhalten überhaupt erst verursacht. In diesem Fall sollte ich mir einen gesünderen Arbeitsplatz suchen.

Nie mit sich selbst zu sprechen, ist eine Form von Heuchelei.
FRIEDRICH NIETZSCHE

Der Workaholic gehört nicht zu den Menschen, die intensiv nachdenken und innere Zwiegespräche führen. Mit Analysen, Einschätzungen, stillen Betrachtungen haben wir kaum etwas am Hut. Wir sind zu sehr damit beschäftigt, schnelle Entscheidungen zu treffen, und vertrauen weder auf die Hilfe unseres Verstandes noch auf die Lösungen, die sich erst nach längerer Zeit ergeben.

Wie oft kam uns schon der Gedanke, daß wir gerne jenen Männern nacheifern würden, die äußerst entschlußfreudig sind und im Bruchteil einer Sekunde genau sagen können, was zu geschehen hat?

Bei genauerer Betrachtung ist es jedoch ziemlich erschreckend, ständig blitzschnell zu reagieren und so sehr von sich überzeugt zu sein. Ich habe gelernt, jenen Menschen zu vertrauen, die sich alles noch einmal durch den Kopf gehen lassen und dann in aller Ruhe zu einer Entscheidung kommen. Denn was heute noch absolut richtig erscheint, gibt morgen schon Anlaß zu Zweifeln.

Ich möchte jemand sein, der mit sich selbst spricht und seinem inneren Dialog vertraut. Außerdem will ich nicht in allen Angelegenheiten sofort entscheiden.

6. Oktober

Ich bin ein Mensch, und nichts Menschliches ist mir fremd.
TERENZ

Diese Wahrheit drückt Maya Angelou so aus: »Wir sind einander eher ähnlich als unähnlich.« Das heißt: Wir müssen uns als Mitglied einer größeren Familie, einer globalen Gemeinschaft sehen.

Arbeitssüchtige Menschen sind bekannt dafür, daß sie sich isolieren. Gerade weil wir davon überzeugt sind, härter und engagierter zu arbeiten, also keine Schwächen zu haben, keine Fehler zu machen, keinen Schaden anzurichten, grenzen wir uns ab und kehren der Welt den Rücken.

Ich bin Mitglied der menschlichen Gemeinschaft. Ich bin weder besser noch schlechter als der andere neben mir. Allerdings habe ich verschiedene Wahlmöglichkeiten und kann Entscheidungen treffen, die mich glücklicher machen.

Die Sorge ist der Zins, der vor dem Fälligkeitsdatum für Probleme gezahlt wird.
WILLIAM INGE

Arbeitssüchtige sind ängstliche Menschen. Wir machen uns nicht nur Sorgen wegen der kritischen Situationen, die heute vielleicht eintreten werden, sondern auch wegen der Probleme, die im Moment überhaupt noch nicht akut sind, oder wegen möglicher Katastrophen, Fehler und Mißerfolge in ferner Zukunft.

Das Leben erscheint uns trostlos, und so erwarten wir kaum etwas von ihm. Wenn wir Metereologen wären, die das Wetter für die nächste Woche vorhersagen, ginge niemand mehr vor die Tür.

Wir sind voller Angst und Sorge und geben diese ungesunden Gefühle an jeden weiter, der mit uns in Berührung kommt.

Ich möchte klar erkennen, wovor ich Angst haben muß und wovor nicht. Ich will nicht durchs Leben gehen als ein »Wetterprophet«, der sich selbst und den geliebten Menschen nur Tiefdruckgebiete und Kaltfronten vorhersagt.

8. Oktober

Gesegnet sind diejenigen, die uns von der Selbstverachtung heilen. Unter allen Diensten, die man einem Menschen erweisen kann, erscheint mir dieser als der wertvollste.

William Hale White

Da wir arbeitssüchtige Menschen ja auf alles eine Antwort wissen, mißtrauen wir generell den Meinungen, Vorstellungen und Grundsätzen der anderen. Und wenn wir uns der eigenen Suchtkrankheit gar nicht bewußt sind, warum sollten wir dann irgendeine Therapie ausprobieren, die uns gesund macht? Wir haben ein Selbstbild erzeugt, das zum großen Teil auf Selbstverleugnung beruht.

Aber wir müssen den Tatsachen ins Auge sehen und uns von jemandem helfen lassen; wir müssen uns einer Gruppe von Arbeitssüchtigen anschließen, die sich mit ihrer Obsession auseinandersetzen, um von ihr befreit zu werden; wir müssen mit denen, die uns nahestehen, über unser Leben sprechen; wir müssen andere Menschen an unserer Innenwelt teilhaben lassen und unser zwanghaftes Tun in ein gesundes Verhalten »umwandeln«.

Eine Sitzung beim Therapeuten kann den Stein ins Rollen bringen. Ich werde genug Vertrauen haben zu mir selbst, um diese Methode einmal auszuprobieren.

Ich schiebe den Tod hinaus, indem ich lebe, leide, mich irre, indem ich mißverstehe, gebe und verliere.
ANAIS NIN

Überbeanspruchte, gestreßte Männer denken oft an den Tod. Vielleicht befürchten wir, bis dahin nicht alle Aufgaben erledigt zu haben. Aber glauben wir wirklich, die Zeit dadurch anhalten zu können, daß wir uns ständig in Trab halten? Und selbst wenn wir vieles in Angriff nehmen, die Dinge völlig unter Kontrolle haben und einfach immer weiter vorpreschen – können wir dann das Unvermeidliche länger aufschieben?

Anaïs Nin ging einen anderen Weg. Sie schob – natürlich im übertragenen Sinne – den Tod hinaus, indem sie äußerst lebendig war und extrem offen für neue Erfahrungen: indem sie, als Frau wie als Künstlerin, so manches riskierte und immer wieder experimentierte, anstatt nur blind durch die Gegend zu hetzen.

Heute und jeden Tag werde ich empfänglich sein für das, was das Leben mir bietet. Ich werde das Wagnis als positiven Bestandteil meiner Existenz betrachten.

10. Oktober

Völlige Enthaltsamkeit fällt mir leichter als vollkommene Mäßigkeit.
AUGUSTINUS

Workaholics wissen nicht, was unter *Mäßigkeit* zu verstehen ist. Auch Alkoholiker sind ja nicht fähig, *in Maßen* zu trinken; deshalb müssen sie sich um *Abstinenz* bemühen.

Gewiß, wir sind nicht vom Alkohol abhängig, aber wir müssen doch einiges tun, um zu überleben. Deshalb sollten wir uns deutlich klarmachen, daß wir in jeder Beziehung zu besseren Menschen werden, wenn wir *nicht* ständig bis über beide Ohren in der Arbeit stecken – und erkennen, daß die *Mäßigkeit* unser Ziel ist.

Augustinus war Bischof und demnach nicht unmittelbar mit den Zwängen der Brotarbeit und des Gelderwerbs konfrontiert. Da ich aber mit derlei zu tun habe, muß ich lernen, mir selbst das richtige Tempo vorzugeben, um so produktiver und glücklicher zu werden. Kurzum: Ich muß *maßhalten*.

Man kann nicht ständig in einer Weise arbeiten, die dem eigenen Selbstbild widerspricht.
ZIG ZIGLAR

Wenn wir uns selbst gegenüber kritisch eingestellt sind oder uns einfach unmöglich finden, wenn wir kaum Zeit haben, so etwas wie ein *Selbstbild* überhaupt zu entwerfen, dann wird sich dies auch in unserer Arbeit widerspiegeln.

Arbeitssüchtige Menschen versuchen ihr negatives Selbstbild dadurch zu verbergen, daß sie wie besessen eine Aufgabe nach der anderen anpacken. Doch da sie weniger schaffen als andere, öfter krank sind und am Arbeitsplatz wohl auch mehr Spannungen verursachen, versagen sie ein ums andere Mal. Das ist ganz offensichtlich, und jeder bekommt es mit.

Wenn wir uns in der Arbeit verlieren, passiert genau das: Wir verlieren uns selbst. Um jedoch wirklich produktiv zu sein, müssen wir ein gutes Gefühl haben in bezug auf uns selbst – und das eigene Ich in all seinen Facetten erkennen.

Mir ist klar, daß ich etwas ändern muß. Wenn ich in meinem Privatleben und bei mir selbst anfange, so werde ich auch in der Arbeit glücklicher sein und mehr zustande bringen.

12. Oktober

Einige Maler verwandeln die Sonne in einen gelben Punkt, andere verwandeln einen gelben Punkt in die Sonne.
PABLO PICASSO

Kreativität. Intuition. Erfindung. Revolution.

Arbeitssüchtige zählen wohl kaum zu den Menschen, die irgendeines dieser Wörter in der täglichen Arbeit anwenden oder in den Produktionsprozeß mit einbringen.

Man kann, wie Picasso andeutet, seinen Job erledigen – ohne Großartiges hervorzubringen, ohne von der Phantasie Gebrauch zu machen, ohne ein tieferes Verständnis zu erlangen und ohne etwas Schönes zu schaffen.

Wenn wir jedoch unsere Arbeit so gut wie möglich machen wollen, müssen wir Platz haben, um zu wachsen, und uns frei genug fühlen, den gelben Punkt in die Sonne zu verwandeln. In solch einer Atmosphäre zu leben und zu arbeiten wirkt sich äußerst positiv aus: Man wird innerlich stärker, fällt keine harten Urteile mehr und unterbindet sein Suchtverhalten. Es geht dann vor allem darum, *erfinderisch* zu sein.

Ich werde meine Möglichkeiten genau einschätzen, mir überlegen, wie ich mich öffnen kann und tieferen Einblick gewinne in mein Leben und in meine Arbeit.

Wenn du klein bist und deinen Vater nicht siehst, nie bei ihm sein kannst, weil er unnahbar ist und arbeitssüchtig, so wirst du dadurch tief verletzt.

ROBERT BLY

Robert Blys präzise Aussage bezieht sich direkt auf uns Workaholics. Wir wissen, daß wir verschiedene Verhaltensweisen unseres Vaters nachahmen – und gerade dadurch werden wir verletzt, auch heute noch.

Wenn der Vater uns weder Liebe noch Geborgenheit schenkte und keine engere Beziehung zuließ, so werden wir ihm sicherlich auch darin nacheifern und nur noch auf die Arbeit bedacht sein. Wir sahen, wie er unaufhörlich schuftete, und deshalb sind wir tief davon überzeugt, daß wir erst durch ein genauso großes Engagement zu wertvollen, nützlichen Menschen werden.

Ich möchte die Arbeitssucht nicht an meinen Sohn »weitervererben«. Aus diesem Grund werde ich versuchen, zugänglich zu sein und ihm meine Liebe zu zeigen.

14. Oktober

Je größer die Ignoranz, desto stärker der Dogmatismus.
SIR WILLIAM OSLER

Ein Ort, an dem strenge Regeln, genaue Vorschriften und allerlei Gesetze herrschen, bewirkt nichts anderes als völlige Inflexibilität und Ignoranz.

Wenn unser Denken wie auch unser Führungsstil dogmatisch ist, so daß eine rigide Anweisung auf die andere folgt, geben wir damit zu erkennen, wie begrenzt unsere Fähigkeiten eigentlich sind. Angst und Unwissenheit sind im Grunde gleichbedeutend mit geistiger Starrheit.

Workaholics sind zumeist eigensinnige Manager, die keinen Widerspruch dulden. Entweder läuft alles so, wie sie es wollen, oder es läuft gar nichts. Diese unbeugsame Haltung erzeugt Engstirnigkeit, die wiederum in Arbeitssucht ausartet. Umgekehrt verhält es sich natürlich genauso.

Wenn ich mir einer Sache *absolut sicher* bin, so muß ich meine unnachgiebige Einstellung einmal hinterfragen und herausfinden, ob sie nicht auf meine Arbeitssucht zurückzuführen ist.

Man muß dich davor gewarnt haben, die glücklichen Stunden einfach so verstreichen zu lassen. Das ist schon richtig, aber einige Stunden sind nur deshalb voller Glück, weil du sie verstreichen läßt.
SIR JAMES M. BARRIE

Viele von uns Arbeitssüchtigen sind doch sehr sentimental. Wir trauern um die verlorenen Stunden und Tage, die wir nicht dazu benutzt haben, mit unserer Frau, unseren Kindern oder mit unseren Eltern Urlaub zu machen.

Oft scheinen wir völlig blind unseren Tätigkeiten nachzugehen. Wir merken es gar nicht, wenn die »glücklichen Stunden«, von denen Sir James Barrie spricht, allmählich näher rücken. Erst wenn sie *vergangen* sind, werden wir uns ihrer bewußt. Und dann gibt es da noch Augenblicke, *spontane* Augenblicke, die wir alle verpassen: großartige, glückliche Momente, die wir überhaupt nicht eingeplant hatten. Selbst wenn wir mitten in solch glücklichen Stunden leben, kann es sein, daß wir sie gar nicht zur Kenntnis nehmen. Wir sind mit unseren Gedanken ganz woanders, und die Verbindung zwischen Kopf und Herz ist unterbrochen.

Ich muß lernen, die glücklichen Stunden bewußt zu empfinden. Das macht das Leben lebenswert, gerade in solchen Phasen wird es vorbehaltlos bejaht!

16. Oktober

Im neunzehnten Jahrhundert hieß das Problem: Gott ist tot. Im zwanzigsten Jahrhundert besteht es darin, daß der Mensch tot ist.
ERICH FROMM

Ständig suchen wir nach Leuten, die uns den richtigen Weg weisen, nach Antworten auf unsere Lebensfragen, nach einem Heilmittel, das nach einer vielleicht langen, äußerst schwierigen Phase unseren Schmerz beseitigt.

Arbeitssüchtige Menschen achten nicht auf ihre spirituellen Bedürfnisse. Eben weil wir derart in unsere Aufgaben versunken sind, verdrängen wir, was in unserer Seele geschieht. Die Arbeit verdeckt zwar die Wunde, kann sie aber nicht heilen.

Erich Fromms Botschaft ist erschreckend. Wir sind zu einer Menschenmasse geworden, der jegliche Orientierung fehlt, zu einer Gruppe von Arbeitssüchtigen, die nicht wissen, wie sie der Stimme des Herzens vertrauen und die inneren Quellen erschließen sollen.

Ich will offen sein für meine spirituelle Seite und genügend Zeit erübrigen, damit sie sich mir deutlicher zeigt.

Zu weit in die Zukunft zu blicken, ist ein Fehler. Man kann jeweils nur ein schicksalsschweres Ereignis bewältigen.
WINSTON CHURCHILL

Natürlich gibt es verschiedene »Arten« von Arbeitssüchtigen. Einige zum Beispiel sind derart fixiert auf das, was unmittelbar bevorsteht, daß es ihnen große Angst macht, an die Zukunft zu denken.

Aber eines haben wir alle gemeinsam: die feste Überzeugung, viele Dinge gleichzeitig anpacken und mehrere schicksalsschwere Ereignisse auf einmal bewältigen zu können.

Natürlich ist das ein Irrtum. Viel eher sollten wir ein Gefühl für das richtige Timing entwickeln, dem inneren Rhythmus folgen und lernen, uns peu à peu voranzutasten.

Heute werde ich mir mein Arbeitstempo und das meiner Kollegen einmal bewußt machen.

18. Oktober

Es gibt Menschen, die sogar Angst hätten, sich darauf festzulegen, daß Rizinusöl ein Abführmittel ist.
Camille Flammarion

Uns festlegen? Oh, das können wir sehr gut. Wir legen uns auf alles fest. Man braucht uns nur um etwas zu bitten, schon stehen wir zur Verfügung. Sollen wir Gelder auftreiben für das Schulorchester? Kein Problem. Oder nebenher noch die Fußball-Jugendmannschaft betreuen? Warum eigentlich nicht? Oder sollen wir das neue, streng geheime Arbeitsprojekt leiten, dessentwegen wir zu Hause jedes Abendessen verpassen und das uns auch noch nachts und am Wochenende beschäftigt? Gewiß. Auf diese Weise kommt man voran und überflügelt die anderen ...

Aber entziehen wir uns durch all diese Engagements, Verabredungen und »guten Taten« nicht gerade der Verantwortung, tun wir nicht alles nur deshalb, um sowohl für uns selbst als auch für die anderen Familienmitglieder und die Freunde unerreichbar zu sein? Im Grunde jagt uns jede Verpflichtung Angst und Schrecken ein, weil sie uns das Gefühl gibt, auf der Stelle zu treten.

Ich muß offener sein und den anderen bereitwilliger Auskunft geben über mich selbst. Ich werde genau darauf achten, an was und an wen ich mich binde.

Wenn wir nicht mehr träumen können, sterben wir.
EMMA GOLDMAN

Träume bewahren uns vor der Verzweiflung, vor Verlusten, und sie sorgen dafür, daß wir uns weiterentwickeln. Außerdem bieten sie uns immer wieder die Chance, im eigenen Leben etwas zu ändern.

Arbeitssüchtige Menschen träumen kaum. Dazu bleibt uns keine Zeit. Wir haben unsere Möglichkeiten dadurch eingeschränkt, daß wir mit viel Eifer einem äußerst anstrengenden Beruf nachgehen. Und wenn sich dann noch ein Traum einstellt, so messen wir seinen Themen, Bildern und inneren Zusammenhängen keinerlei Bedeutung bei. Wir glauben nicht, daß er eine Botschaft für uns enthält.

Im Grunde fühlen wir uns durch Träume abgelenkt, ja belästigt. Wir begreifen einfach nicht, wie wichtig sie für uns sein können – und daß wir sie brauchen, um zu überleben.

Von nun an will ich auf meine Träume achten und mich darauf freuen, durch sie etwas zu lernen.

20. Oktober

Der Gedanke an die Ewigkeit ist schrecklich. Ich meine: Wie soll sie je an ein Ende kommen?
TOM STOPPARD

Bei arbeitssüchtigen Menschen gibt es nie ein Ende.

»Ewigkeit« ist für uns gleichbedeutend mit der endlos langen Strafe, am Schreibtisch zu sitzen, immer wieder in der Werkhalle Dienst zu tun oder jeden Morgen um halb sechs aufzustehen, um dann um halb sieben den Eilzug in die Stadt zu erwischen.

Wir haben das Gefühl, daß uns Monat für Monat, Jahr für Jahr das gleiche erwartet – lange Pendlerfahrten, unendlich viele Posteingänge, ermüdende Ausschußsitzungen, anstrengende Konferenzen.

Wir sollten eine Pause einlegen und uns einmal fragen, ob das alles je enden wird.

Ich werde die Zeit nicht mehr als Feind, sondern gewissermaßen als Gebrauchsgegenstand betrachten, der nicht allein für die Arbeit verwendet werden darf.

Seit einiger Zeit schon vertrete ich die Ansicht, daß Co-Abhängigkeit nicht nur in Beziehungen anzutreffen ist und daß ein wirklich co-abhängiger Mensch niemand anderen braucht, um seine Krankheit auszuleben. Er kann co-abhängig sein von einem Zaunpfahl.

ANNE WILSON SCHAEF

Oder von seiner Arbeit. Das ist nämlich bei sehr vielen der Fall.

Vielleicht wissen wir ja, daß unser Boß ein Tyrann ist, der zur Selbstsucht neigt, daß unsere Firma nur minderwertige Produkte herstellt, daß an der Laderampe immer wieder gemogelt und gestohlen wird, aber was soll's: »Das ist eben mein Job«, sagen wir uns, »und ich werde ihn auch weiterhin erledigen, koste es, was es wolle.«

Wir müssen uns fragen: Wann ist das Maß voll? Oder auch: Wann bin ich stark genug, mich von meiner Arbeit zu lösen, und bereit, ein wirklich erfülltes Leben zu führen?

22. Oktober

Nichts ist unmöglich für den, der es nicht selber erledigen muß.
A. H. WEILER

Arbeitssüchtige Menschen mögen einander und sind ganz erpicht darauf, aus den anderen ebenfalls Arbeitssüchtige zu machen. Wenn ich jeden Morgen um halb acht im Büro bin, dann solltest du, Herrgott noch mal, auch da sein. Und wenn ich pro Stunde zwanzig Telefonanrufe erledige, warum schaffst du dann nicht genauso viele?

Wir hören immer wieder, daß es gut sei, Aufgaben an seine Mitarbeiter zu delegieren, daß man daran den tüchtigen Manager erkenne. Aber es gibt auch hier so etwas wie »Überbeschäftigung« – jedem in der Firma wird zuviel aufgeladen, jeder muß sich völlig verausgaben oder sogar das eigene Energielimit überschreiten: weil eben einfach nichts unmöglich ist, wenn man genügend Workaholics zur Verfügung hat.

Ich werde mir alle Mühe geben, meine Arbeitskollegen und -kolleginnen *nicht* zu stark zu beanspruchen. Denn ich weiß, daß wir alle vernünftige Grenzen setzen müssen. Diese will ich auch respektieren.

Nicht das Leid ist erhebend, sondern die Heilung.
CHRISTIAAN BARNARD

»Ich leide am meisten, und dieser Schmerz macht mich zu einem besonderen Menschen; er füllt meine Tage aus und hilft mir, die eigene Person zu charakterisieren.« Wie oft haben wir insgeheim gedacht, daß das Leiden eine jener Bürden ist, die ein Erwachsener ganz einfach zu tragen hat?

Um innerlich gesund zu werden und uns am Heilungsprozeß zu erbauen, müssen wir einmal genau und lange genug in den Terminkalender schauen. Wenn es in unserem Leben derart viele Verpflichtungen gibt, daß wir schon völlig betäubt sind, bleibt zu fragen: Warum ist das eigentlich so? Wer hat uns all das aufgeladen? Das Leiden ist ein Zeichen von Krankheit. Diese selbstauferlegten Qualen machen uns nicht zu besseren, härteren, unempfindlicheren Menschen, sondern sie verletzen und schwächen uns zutiefst.

Ich will herauszufinden versuchen, was sich hinter meinem Leiden verbirgt. Wenn es, wie ich glaube, zum großen Teil von jener Überbelastung herrührt, für die ich selbst verantwortlich bin, dann werde ich die nötigen Schritte unternehmen, um maßvoller zu leben.

24. Oktober

Warum wird der Zweifler gehaßt und verachtet? Weil Zweifel gleichbedeutend ist mit Entwicklung, Evolution. Die Gesellschaft aber haßt die Evolution, weil sie nur in Ruhe gelassen werden will.
August Strindberg

Arbeitssüchtige haben keine Zeit für langsame Entwicklungen, also treiben sie sich zu schnellem Handeln an. Sie wissen auf jede Frage eine Antwort – selbst wenn sie falsch ist. Bei ihnen resultieren alle Maßnahmen, Fortschritte, Leistungen aus dem momentanen Zustand. Und ihnen ist jeder, der ihre Vorgehensweise anzweifelt, sehr verdächtig.

Aber diese Zweifler bereiten uns auch noch andere Probleme. Vielleicht äußern sie Bedenken hinsichtlich der Qualität unserer Arbeit oder unseres Einsatzes. Und unter Umständen zwingen sie uns auch dazu, uns selbst in Frage zu stellen. Wir haben einfach keine Achtung vor Leuten, die sich die Zeit nehmen, Methode und Produkt in Zweifel zu ziehen.

Ich will offener sein gegenüber den Menschen, die Fragen stellen und zweifeln. Möglicherweise sind gerade sie es, die mir am Ende zu besseren Ergebnissen in der Arbeit und im Leben verhelfen.

Jeder Idiot kann mit einer Krise fertig werden; aber diese Monotonie des Alltags, die macht uns kaputt.
ANTON TSCHECHOW

Ach, eine richtige Krise ist doch ganz nach unserem Geschmack! Wenn die tägliche Routine uns allzusehr langweilt, bringen wir alles ein bißchen durcheinander und stiften Unruhe. Wir mögen aufregende Situationen mit vielen Beteiligten, ohrenbetäubendem Lärm und ständiger Hektik.

Aber auf diese Weise finden wir uns auch ab mit einem Leben, das eine Menge Arbeit macht. Und der Alltagstrott nimmt ja gerade dann überhand, wenn man einen Ausbeuterbetrieb leitet oder in einem solchen angestellt ist.

Wenn wir die gestrige »Plackerei« stur wiederholen, so machen wir uns tatsächlich kaputt, ganz gleich, ob wir selbst sie uns auferlegt haben oder nicht. Folglich versuchen wir, wenigstens eine Krise am Tag heraufzubeschwören – um dadurch die Monotonie der anderen, täglichen Schinderei zu zerstören.

Heute werde ich den Teufelskreis durchbrechen und eine Möglichkeit finden, meinen Alltagsstreß anders abzubauen als durch eine Krise.

26. Oktober

Jede Änderung führt dazu, daß die Selbstachtung auf die Probe gestellt wird.

Eric Hoffer

Wenn wir wichtige Veränderungen in die Wege leiten, müssen wir dabei stets eine präzise Vorstellung von uns selbst haben, also wissen, wie wir sind und wie wir gerne sein möchten. Denn unsere Selbstachtung wird auf die Probe gestellt, hinterfragt und angefochten.

Männer, die zuviel arbeiten, möchten sich dieser Art von Prüfung nicht unterziehen. Deshalb bereiten uns Änderungen so große Schwierigkeiten. Wir wollen lieber alles beim alten lassen – ob es nun um unseren Verantwortungsbereich oder unsere Arbeitsberichte, um die Firmenpolitik oder den Chef geht.

Fast ständig versuchen wir, jene Krise zu vermeiden, die aus kleinen oder großen Veränderungen resultiert.

Wir müssen lernen, uns mit Veränderungen direkt auseinanderzusetzen, anstatt uns immer gleich vor ihnen zu fürchten. Und wir müssen sie richtig einschätzen, um zu sehen, inwieweit sie für uns heute und in Zukunft nützlich sind.

Mitgefühl mit mir selbst ist das wirksamste aller Heilmittel.
THEODORE ISAAC RUBIN

Uns selbst können wir überhaupt nicht verzeihen. Wenn wir uns eine Fehleinschätzung leisten, neigen wir dazu, diesen Fehler derart überzubewerten, daß am Ende ein ganzer griechischer Chor unseren Untergang zu besingen scheint.

Wir müssen lernen, Mitgefühl zu empfinden gegenüber uns selbst. Eine solche Haltung üben wir am besten ein, indem wir sie gegenüber den geliebten Menschen »ausprobieren«. Dann werden wir nämlich feststellen, daß sie ganz anders auf uns reagieren, wenn wir ihnen Mitgefühl entgegenbringen. Das mag uns zunächst einige Mühe bereiten, aber dafür erwarten uns auch ganz erstaunliche Belohnungen.

Sodann müssen wir uns mit der gleichen Offenherzigkeit und Güte den eigenen Schwächen zuwenden, um die Wunden zu heilen. Wenn wir uns selbst mit Mitgefühl betrachten, werden wir uns zum ersten Mal deutlich sehen.

In vielen Bereichen, wo Menschen mit Menschen zu tun haben, fehlt das Mitgefühl leider völlig. Es ist aber stets spürbar, und seine heilende Kraft steht außer Frage.

28. Oktober

Es ist nichts Großartiges, jemand anderem überlegen zu sein. Wahre Größe besteht darin, seinem früheren Selbst überlegen zu sein.

Samuel Johnson

Wenn wir uns ändern wollen, wenn wir versuchen, gesünder und glücklicher zu werden, dann wohl deshalb, weil wir uns unzufrieden, traurig oder gar verzweifelt fühlen. Unsere bisherigen Methoden haben versagt, oder unsere Gesundheit ist angegriffen, oder unsere Frau hat uns ein Ultimatum gestellt. Jedenfalls treffen wir die Entscheidung, eine andere Richtung einzuschlagen, nur selten aus eigenem Antrieb, sondern eher aufgrund der jeweiligen Umstände.

Und trotzdem: Wir sind da. Wir stehen an der Schwelle zu einem neuen Leben. In allen Phasen unseres Veränderungsprozesses müssen wir uns klarmachen, wer wir sind, wie unser Charakter beschaffen ist. Erst wenn wir intensiv an uns selbst arbeiten, werden wir unserem früheren, suchtkranken Ich überlegen sein. Darauf aber bilden wir uns dann nichts ein; wir machen uns nur klar, wie weit wir inzwischen gekommen sind durch jene Ruhe, die wir in uns fühlen.

Überlegenheit. Dieses Wort wird gewöhnlich nicht mit dem inneren Heilungsprozeß oder mit der Selbstanalyse in Beziehung gebracht. Heute werde ich mich überlegen fühlen – doch nur in dem Sinne, daß ich von der Arbeitssucht befreit bin, die mich so viele Jahre lang gefangenhielt.

Wenn ich nicht für mich eintrete, wer dann?
PIRKE AROT

Letztlich sind wir allein. Wir mögen eine liebevolle Familie haben, eine zärtliche Ehefrau, eine Partnerin, die immer zu uns hält. Aber jede Änderung, die wir planen, muß auch von uns selbst durchgesetzt werden. Wir können nicht erwarten, daß andere diese Aufgabe übernehmen oder ständig dafür sorgen, daß wir uns »erneuern«.

Zuallererst müssen *wir* für uns eintreten. Wir müssen uns selbständig und unabhängig fühlen und uns bewußt machen, daß wir für die eigenen Entscheidungen genauso verantwortlich sind wie für deren Folgen. Wir müssen zunächst einmal auf *unser* Wohlergehen bedacht sein. So vieles ergibt sich wie von selbst, wenn wir jederzeit für uns »haften«.

Mein Verhalten kann mir schaden, auch wenn viele Menschen auf meiner Seite sind. Heute werde ich mir überlegen, wie ich am besten für mich selbst Partei ergreife.

30. Oktober

Die schlimmsten Lügen werden oft stillschweigend geäußert.
ROBERT LOUIS STEVENSON

Einige Workaholics scheinen völlig passiv zu sein. Auf den ersten Blick weisen sie nicht jene typischen Merkmale auf, die wir normalerweise mit ihnen assoziieren. Man sieht sie weder herumrennen noch streiten, weder telefonieren noch befehlen – sie wirken eigentlich ganz gelassen, ja sogar friedlich.

Aber dieser Eindruck täuscht. Unter der ruhigen Oberfläche ist ein brodelndes Gemisch aus Unentschlossenheit, Selbstzweifel und Frustration. Ihre Gedanken überschlagen sich, und ihnen dreht sich der Magen um. Diese Art von Arbeitssucht ist vielleicht die schlimmste von allen.

»Wie geht's?« werden sie mehrmals am Tag gefragt. »Großartig, und Ihnen?« ist die Antwort. Sie leiden stillschweigend.

Ich möchte weder mich noch die anderen quälen, sondern offen meine Meinung äußern und die Menschen wissen lassen, daß ich Probleme habe. Passivität ist kein Heilmittel.

Wenn man dich von hinten tritt, heißt das, daß du vorne bist.
FULTON J. SHEEN

Viele von uns haben einen verantwortungsvollen Posten. Da gibt es eine Reihe von Leuten, die uns ihre Berichte liefern und die wiederum von ihren Untergebenen mit Berichten versorgt werden.

An sich ist es natürlich kein Fehler, eine Führungsposition zu bekleiden. Aber wer Befehle gibt, muß wissen, wie man gewisse Situationen entschärft und aufmerksam zuhört. Arbeitssüchtige sind aber bekanntermaßen schlechte Zuhörer, und das führt oft zu großen Problemen. Gerade diese mächtigen Männer, von denen sich die anderen Anregungen und Anweisungen erhoffen, sollten klar erkennen, was das für Menschen sind, die sie führen, und warum sie dies eigentlich tun. Was können sie von ihnen erwarten? Und sind diese Erwartungen angemessen?

Ein Chef muß sich nicht nur klar darüber sein, daß er von hinten getreten wird, sondern auch darüber, *warum* es überhaupt dazu kommt.

Der heutige Tag ist bestens geeignet, mich im Zuhören zu üben. Ich weiß, daß ich da noch viel zu lernen habe.

1. November

Wenn wir uns nicht sicher sind, dann sind wir lebendig.
GRAHAM GREENE

Die absolute Gewißheit hat etwas Selbstgefälliges, Unfreies, Endgültiges.

Wenn wir uns einer Sache ganz sicher sind, sind wir weder empfänglich für neue Ideen noch für ungewöhnliche Methoden. Das Leben ist dann weniger ein Abenteuer als eine endlose Einbahnstraße.

Unerschütterliche Meinungen und engstirnige Einstellungen wirken sich in keiner Weise positiv aus. Viele Arbeitssüchtige sind ja in so ziemlich allen Angelegenheiten von ihrem eigenen Standpunkt fest überzeugt. Nur selten geben wir unsere Offenheit oder Verletzlichkeit zu erkennen; wir mißtrauen der eigenen Intuition genauso wie den Ansichten anderer Leute – und verleugnen unser tiefinneres Bedürfnis nach Flexibilität.

Wir müssen allmählich erkennen, daß uns ein intensiveres Leben erwartet, wenn wir auch andere Alternativen zulassen und mit einbeziehen. Dadurch regenerieren wir uns und werden zu einem wahrhaft lebendigen Organismus.

Ich werde Veränderungen willkommen heißen. Ich weiß, daß sie mir helfen, stets kräftig, wach, lebendig, sensibel und froh zu sein und dem alltäglichen Trott zu entfliehen.

Die Art und Weise, wie man erträgt, was ertragen werden muß, ist wichtiger als die Sache, die man ertragen muß.
DEAN ACHESON

Ich kenne sehr viele Männer, die quasi platzen, sobald ihnen ein kleineres oder größeres Mißgeschick widerfährt. Als erstes bestrafen sie sich selbst dafür, daß sie es nicht schaffen, die betreffende Sache durchzustehen; dann geben sie den anderen die Schuld, weil die einer Lösung des Problems »im Wege stehen«; und ziemlich bald hat sich dann die Situation in einer Weise verschärft, die zum Anlaß in keinem Verhältnis mehr steht.

Diese Reaktion ist natürlich nur eine Art Ausflucht. Wir Arbeitssüchtigen verstehen uns sehr gut darauf, »vom eigentlichen Thema abzulenken«. Aber wir müssen nicht nur lernen, auch unter widrigen Umständen eine gewisse Würde zu bewahren, sondern begreifen, was als korrigierbarer Fehler gelten sollte und was so bedenklich ist, daß wir die Notrufnummer wählen müssen, um alles wieder in Ordnung zu bringen.

Heute werde ich einen eventuellen Schaden erst richtig einschätzen, bevor ich »aus allen Rohren schieße«, um ihn zu beseitigen.

3. November

Selbst ein Steuereintreiber muß manchmal feststellen, daß seine Gefühle ziemlich verletzt werden.
CHARLES DICKENS

Einige von uns haben einen äußerst undankbaren Beruf. Anstatt daß wir gelobt werden, schlägt man uns die sprichwörtliche Tür vor der Nase zu.

Wenn wir in einem dieser Jobs tätig sind – und es gibt mehr davon, als man vielleicht denkt –, müssen wir uns eine dicke Haut zulegen, um all die negativen Einflüsse, denen wir ausgesetzt sind, heil zu überstehen.

Dann ist es auch ganz besonders wichtig, die eigenen Gefühle bewußt wahrzunehmen. Wenn wir sie nicht jeden Tag zum Ausdruck bringen können – ja gezwungen werden, sie überhaupt nicht mehr zu zeigen –, so sollten wir uns einmal überlegen, warum wir uns gerade diese Arbeit ausgesucht haben. Workaholics sind für frustrierende Tätigkeiten denkbar ungeeignet.

Warum habe ich mich für diese schwierige, undankbare Arbeit entschieden? Ich werde meine Beweggründe näher untersuchen und all meinen Mut zusammennehmen, um mich beruflich zu verändern.

Das Leben besteht aus dem, woran ein Mensch den ganzen Tag denkt.

RALPH WALDO EMERSON

Ja, das stimmt; beim Workaholic ist es so, daß er den ganzen Tag nur an seine Arbeit denkt. Auf diese Weise wird, wie Emerson sagt, die Arbeit – auf die sämtliche Gedanken gerichtet sind – tatsächlich zum alleinigen Lebensinhalt.

Wir brauchen nicht länger als vierzig Stunden in der Woche an unsere berufliche Tätigkeit zu denken. Es gibt andere Dinge, über die wir Betrachtungen anstellen können: Politik; Kunst; Familie; Religion; das Leben im allgemeinen.

Wenn wir nur noch die Arbeit im Kopf haben, sind unsere Gedanken genauso unergiebig wie unser Leben.

Leben und Denken sind ein und dasselbe. Heute wird es mir gelingen, noch an etwas anderes zu denken als an meine Arbeit.

5. November

Warum schämst du dich? Wen hast du enttäuscht? Wessen Grundsätze verletzt du? Die von jemand anders oder deine eigenen?
MELODY BEATTIE

Arbeitssüchtige sind furchtsame Menschen. Wir wurden in Familien groß, wo man uns ständig sagte: »Reiß dich zusammen«; »Hör auf, dich wie ein kleines Kind zu benehmen«; »Werd endlich mal erwachsen.« Unsere Schamgefühle haben dort ihren Ursprung, und sie machen sich auch heute noch bemerkbar.

Wir halten uns nicht für stark genug, eigene moralische Normen aufzustellen. Denn wir sind ja nicht »gut genug«.

Immer noch sind wir damit beschäftigt, die an uns gestellten Ansprüche zu erfüllen. Wir verbergen unsere innere Unsicherheit, indem wir wie besessen arbeiten, uns klein machen, dem eigentlichen Leben ausweichen und nie jene Freiheit kennenlernen wollen, die sich aus einer direkten Auseinandersetzung mit der Sucht ergibt.

Heute will ich meiner Intuition vertrauen und in bezug auf mich selbst ein gutes Gefühl haben – aber auch in bezug auf meine künftigen Entwicklungen.

Beseitige ich meine Feinde nicht gerade dadurch, daß ich sie als Freunde gewinne?
ABRAHAM LINCOLN

Wir schaffen uns Feinde, um jemand anders für die eigenen Fehler verantwortlich machen zu können. Und wir erzählen gern irgendwelche Märchen, weil wir eher auf Komplimente als auf die Wahrheit erpicht sind.

Aber da diese Feinde nur in unserer Vorstellung existieren, können wir sie im Leben als Freunde willkommen heißen. Wenn wir lernen, innerlich loszulassen und die Schranken zu beseitigen, die durch unsere Schuldzuweisungen entstanden sind, können wir den Tatsachen allmählich ins Auge sehen und herausfinden, was wahr ist und was nur auf Einbildung beruht.

Wenn wir unsere »Feinde« nicht mehr brauchen, weil sie uns als solche gar nicht nützlich sind, sollten wir ihnen offen und liebevoll begegnen. Plötzlich verlassen wir dann jenes Exil, in das wir uns selbst verbannt haben, und sind wieder ganze Menschen.

Immer schon habe ich Feinde gebraucht, um sie als Sündenbock zu benutzen; dadurch konnte ich meine Unfähigkeit, nach innen zu blicken, bestens entschuldigen. Heute ist ein Tag, um von diesen »Gegnern« abzulassen.

7. November

Ich bedaure im Leben nur eines: daß ich nicht jemand anders bin.
WOODY ALLEN

Männer, die zuviel arbeiten, sind auf fast alle anderen Männer neidisch.

»Er ist bei den Frauen sehr beliebt.«

»Er sieht gut aus und ist sehr aktiv – ich wette, daß er ein glückliches Leben führt.«

»Er hat's leicht als Söhnchen reicher Eltern; braucht sein Lebtag nicht mehr zu arbeiten.«

Und so weiter und so fort.

Der Arbeitssüchtige denkt meistens, daß er lieber so wäre »wie der da«. Sich selbst betrachtet er als Opfer »widriger Umstände«. Niemand anders hatte es so schwer wie er. Das Leben könnte ja so einfach, so leicht sein, wenn es doch nur »gerecht« wäre.

Ich habe gewisse Talente und verschiedene Fähigkeiten; außerdem kann ich großzügig und herzlich sein. Ich muß einen tieferen Blick in mein Inneres werfen und versuchen, die positiven Eigenschaften zum Vorschein kommen zu lassen.

Amerikaner treten fast nie regulär in den Ruhestand: Entweder werden sie mit den Füßen zuerst aus dem Büro getragen, oder sie springen aus dem Fenster.

A. L. GOODHART

Die puritanische Ethik, verbunden mit einer äußerst geringen Selbstachtung, führt dazu, daß wir viel zu lange im Berufsleben stehen.

Da unser Selbstbild zu sehr von unserer Arbeitsleistung abhängt, ist es für uns eine wahrhaft schreckliche Vorstellung, in Pension gehen zu müssen. Der Arbeitsplatz ist gerade für diejenigen, die sich weder mit der eigenen Person noch mit den geliebten Menschen näher beschäftigt haben, ein sicherer Zufluchtsort. Und so fragen wir uns, ob jene, die wir jahrelang nicht beachtet haben, uns jetzt, da wir auf sie zugehen, wirklich akzeptieren werden.

Ja, »wir springen aus dem Fenster« – und zwar täglich! –, wenn wir uns mit der Arbeitssucht nicht auseinandersetzen. Wir begehen Selbstmord auf Raten.

Ich werde meinen Arbeitsplatz nicht als Toter verlassen, sondern heute nachmittag gegen fünf Uhr, um mich abends zu erholen.

9. November

Wenn man nicht tanzen darf, mache ich nicht mit.
EMMA GOLDMAN

Uns Workaholics fällt es ganz besonders schwer, das sogenannte Vergnügen ins Leben zu integrieren. Wir denken, es stehe uns eigentlich nicht zu – oder es sei nur Jugendlichen unter zwölf Jahren vorbehalten. Und oft genug erscheint es uns als absolute Zeitverschwendung.

Wir müssen unbedingt wieder ins Gleichgewicht kommen. Als wir gelernt haben, worauf es im Leben ankommt und welche Rolle wir darin spielen sollten, haben wir den »tänzerischen Teil« einfach ausgelassen.

Wenn ein Mensch sein Bedürfnis nach Unterhaltung und Spaß verleugnet, wird er nie eine einheitliche, ausgewogene Persönlichkeit besitzen. Und es ist ja auch ganz und gar nicht lustig, jeden Abend bis neun zu arbeiten.

Ich werde jeden Tag Zeit fürs Vergnügen einplanen – um Abstand zu gewinnen und die Arbeit hinter mir zu lassen. Ich weiß, daß sie auch nach meiner Rückkehr noch da sein wird.

Er muß eine Menge Leute umgebracht haben, sonst hätte er nicht so viel Geld verdient.

MOLIERE

Wenn wir nur auf den »Siegerpreis« schielen – egal, ob er uns Ruhm einbringt, beruflichen Aufstieg, den Managerposten oder die größte Belohnung: Geld –, dann verlieren wir oft unser Feingefühl gegenüber anderen Menschen.

Wir dulden keinerlei Hindernis auf unserem Weg. Mit umgebundenen Scheuklappen preschen wir voran, ungestüm und rücksichtslos. Unsere moralischen Grundsätze – vorausgesetzt, wir haben überhaupt welche – verschwinden einfach.

Viele Männer setzen sich auf diese Weise durch und stürmen zum Gipfel. Um ihr Ziel zu erreichen, treten sie mit Wucht auf die Rücken der anderen. Dieses Verhalten ist deshalb so alarmierend, weil es bei den meisten Arbeitssüchtigen zum Erfolg führt.

Ich will einmal feststellen, wieviel Geld ich wirklich brauche, und mir überlegen, wie ich es am besten verdienen kann. Dabei werde ich weder mir selbst noch sonst jemandem Schaden zufügen.

11. November

Ein zu großes Opfer
Kann das Herz in Stein verwandeln.
William Butler Yeats

Arbeitssüchtige können den anderen Familienmitgliedern nur sehr wenig geben. Unser Herz ist ganz hart geworden; unsere Gefühle sind entweder verschüttet oder verkümmert. Durch unsere Besessenheit ist das häusliche Leben praktisch unmöglich geworden.

Wir versuchen all das zu verdrängen. Selbst wenn die anderen – unsere Frau, die Kinder oder die Geliebte – uns darauf aufmerksam machen, daß wir gefühlsmäßig tot sind, streiten wir es ab. Aber die Wahrheit kommt ans Licht, und auch unsere Sucht ist nicht länger zu verheimlichen.

Egal, was von uns verlangt wird: Wir können nicht geben, was tief in uns begraben ist.

Ich muß eine Möglichkeit finden, die Bedürfnisse der mir nahestehenden Menschen zu befriedigen. Und ich werde darüber nachdenken, was es eigentlich bedeutet, wenn ich sage, daß ich anderen etwas gebe.

Zwei Dinge kann ein Mensch nicht verheimlichen: daß er betrunken ist und daß er verliebt ist.
ANTIPHANES

Oder daß er trunken ist von seiner Arbeit und sich in sie verliebt hat – oder sich einfach nur berauscht an ihr.

Wenn man einen Menschen beobachtet, der seine Arbeitssucht ausagiert, so zeigen sich die typischen Symptome: Erschöpfung; Unbeherrschtheit; Schlafmangel; Eigendünkel oder Überschätzung der eigenen Fähigkeiten; Unterwürfigkeit; Drückebergerei – und noch viele andere.

Wir können unsere zwanghaften Verhaltensweisen genausowenig verbergen wie ein Betrunkener seinen Rausch. Und wie er werden wir von der Krankheit allmählich zerfressen, während wir mit eigenen Augen sehen, daß unser Leben sich in einen Scherbenhaufen verwandelt.

Ich möchte mein Leben nicht der Arbeit opfern. Wenn ich mich daran berausche, werde ich mein Leben lang einen Kater haben.

13. November

Die meisten Menschen haben irgendeine Art von Glauben. Zumindest wissen sie, welcher Kirche sie fernbleiben.
JOHN ERSKINE

Arbeit und Spiritualität sind gewöhnlich nicht miteinander zu vereinbaren.

Die Arbeitssucht belastet den Körper genauso wie den Geist und die Seele. Wenn wir hyperaktiv und extrem hektisch sind, wenn der Beruf gewissermaßen an die Stelle des Lebens tritt, so lassen wir unsere spirituelle Seite völlig außer acht.

Dazu sagt Diane Fassel in ihrem Buch *Wir arbeiten uns noch zu Tode* folgendes: »Geistiger Bankrott ist das letzte Symptom der Arbeitssucht; meistens verweist er darauf, daß man in eine Sackgasse geraten ist. Er macht eindeutig klar, daß einem nichts mehr bleibt.«

Ich werde erkennen, wie wichtig es ist, mit dem Geistigen in mir wieder in Beziehung zu treten. Es war mir stets wichtig, und so möchte ich diesen Teil meiner selbst auch nicht verlieren.

Wenn du dich weigerst, ein aufrechter Mensch zu werden, solange du noch jung und grün bist, wirst du es auch nicht werden, wenn du alt und vertrocknet bist.

AFRIKANISCHES SPRICHWORT

Überarbeitete, erschöpfte Männer halten oft stur an ihren Gewohnheiten fest.

Wie kam es eigentlich dazu? Wann hatten wir genug gelernt, wann fühlten wir uns derart wohl in diesem ewigen Einerlei, daß wir allmählich jede Änderung für unnötig hielten?

Wenn man unvoreingenommen, ja naiv genug ist, etwas anderes zu machen und sich den neuen Gegebenheiten anzupassen, dann ist man auf dem besten Wege, jung zu bleiben und das eigene Leben zu bereichern.

Ich glaube nicht, daß der Mensch ein Gewohnheitstier ist. Es kommt einzig und allein darauf an, so »grün«, so flexibel zu bleiben, wie es nur geht. Erst dann ist man wirklich lebendig.

Ich werde einmal darauf achten, wie sehr ich von meinen Ansichten und meinen Versprechen überzeugt bin. Und ich werde mir bewußt machen, daß es notwendig ist, stets wißbegierig und offen zu sein und wirklich zu leben.

15. November

Oh! Es ist vorzüglich,
Die Kraft des Riesen zu besitzen, tyrannisch aber,
Sie wie ein Riese zu benutzen.
William Shakespeare

Es ist in der Tat erschreckend, welcher Hochmut mit der Stärke oft einhergeht, wie sehr sie einen berauschen kann. Ganz schnell verwandelt sie sich in einen Machtinstinkt, in ein extremes Überlegenheitsgefühl.

Wenn diese »Transformation« bei einem Arbeitssüchtigen stattfindet, kann er zu einem Ungeheuer werden; dann mißbraucht er seine Macht und läßt die Menschen, die um ihn sind, unerträgliche Qualen leiden.

Letztlich aber werden ihm diese neu entdeckten Waffen zum Verhängnis. Er hat das Gefühl, daß er ungeheuer viel kann und ständig sich selbst übertreffen muß. Seine »Größe« versetzt ihn in Euphorie, und so prägt er ein legendäres Bild seiner Person, dem er dann auch gerecht werden muß. Er sagt sich: Ich kann alles schaffen, alles mögliche versprechen, alle Erwartungen erfüllen, und meine einzige Antwort lautet: Ja!

Ich werde weder mir selbst noch den anderen gegenüber ein Tyrann sein. Stark bin ich durch mein inneres Licht, meine Selbsterkenntnis.

Das Sprichwort warnt davor, »Gutes mit Schlechtem zu vergelten«. Aber vielleicht sollte man es doch tun, wenn die gute Tat einen davon abhält, sich selbst etwas Gutes zu tun.

THOMAS SZASZ

Eine andere Art von Tyrannei ergibt sich, wenn der Workaholic die anderen Familienmitglieder davon überzeugen will, daß sie für seine Arbeitssucht auch noch dankbar sein sollten.

Das läuft etwa so ab: Ich mache meiner Partnerin klar, daß sie nur deshalb dieses Dach über dem Kopf hat, nur deshalb über die tägliche Nahrung und die nötige Kleidung verfügt, weil ich dafür sorge, und daß all diese Dinge eben nur dann vorhanden sind, wenn ich wie ein Besessener arbeite.

Und sie denkt: Ja, das stimmt. Ich bin auf deinen übermäßigen Arbeitseifer genauso angewiesen wie du, bin davon sogar abhängig. In Wirklichkeit aber wirst du damit zu meinem Gefangenen und lernst als solcher nie, für dich selbst zu sorgen, dich selbst zu ernähren und einzukleiden.

So ermöglicht die Arbeitssucht dem Mann, auch außerhalb des Arbeitsplatzes Kontrolle auszuüben, und macht die Frau zu einem hilflosen, unzulänglichen, abhängigen Geschöpf.

Meine Kontrollbedürfnisse gehen weit über mein eigenes Leben hinaus. Deshalb muß ich meinen Tagesablauf einmal genauer betrachten, um herauszufinden, wen ich kontrolliere und warum.

17. November

Um den Nonsens zu schätzen, muß man sich ernsthaft für das Leben interessieren.
GELETT BURGESS

Arbeitssüchtige Menschen sehen das Leben nie als ein »großes Ganzes«, als ein Mosaik von Erlebnissen, Begegnungen, Zeitabschnitten. Unser »Wandteppich« setzt sich aus jenem Garn zusammen, das wir in der Arbeit gesponnen haben; er stellt weniger ein fertiges Kunstwerk als die Summe unserer täglichen Erfahrungen dar.

Um zu erkennen, daß das Leben gewissermaßen ein Tableau ist, müssen wir etwas zurücktreten – so als würden wir ein Gemälde bewundern – und die Dinge aus einigem Abstand betrachten. Auf diese Weise wird uns zweifellos klar, wie komisch wir eigentlich sind. Vielleicht können wir dann sogar über uns selbst lachen und an der Absurdität mancher Situationen Gefallen finden.

Das Lachen hilft uns, innerlich im Gleichgewicht zu bleiben. Für jene unter uns, die an diese Harmonie glauben, ist gerade auch der Nonsens äußerst wichtig und nützlich.

Du kannst dir gar nicht vorstellen, was für eine schlechte Meinung ich von mir selbst habe – und wie wenig berechtigt sie ist.
SIR WILLIAM SCHENK GILBERT

Ja, das trifft auch auf uns zu. Wir denken ziemlich schlecht über uns – aber auch über andere Arbeitssüchtige, bei denen wir eine ebenso geringe Selbstachtung konstatieren.

Dieses dürftige Selbstbild haben wir nicht verdient – weder Sie noch ich. Aber wenn wir versuchen, gewisse Änderungen herbeizuführen und nur das zu tun, was unseren Fähigkeiten entspricht – wenn wir also lebendig und kräftig sind, uns weiterentwickeln und vorwärtsstreben –, dann können wir unsere negative Einstellung auch überwinden. Und so werden wir schließlich doch noch selbstbewußt und eigenständig sein, auch wenn wir zuweilen Übergangsphasen und Wachstumsschmerzen durchstehen müssen.

Unsere Arbeitssucht ist oft auf eine geringe Selbstachtung zurückzuführen. Heute werde ich eine Zeitlang darüber nachdenken, welches Gefühl ich habe in bezug auf mich selbst, auf meine Vergangenheit, Gegenwart und *Zukunft.*

19. November

Nein, wenn der Kampf in seinem Innern beginnt,
Ist ein Mensch etwas wert …
ROBERT BROWNING

Wir besitzen die Fähigkeit, uns weiterzuentwickeln. Wir können uns neuen Herausforderungen stellen. Wir sind unseres Glückes Schmied.

Erst wenn wir stagnieren, leiden wir. Dann kennen wir weder die Freude darüber, daß wir gedeihen und aufblühen, noch den Drang, ein besserer Mensch zu werden.

Wenn wir diesen Kampf mit uns selbst ausfechten – ja wenn wir ihn nur beginnen! –, sind wir lebendige, achtbare Menschen, und das wissen wir auch. Das heißt, wir verändern uns, stellen uns in Frage, richten uns neu auf. Der Tod kommt in vielerlei Gestalt. Wenn wir nie mehr verlangen als ein oberflächliches, langweiliges Leben, so beschleunigen wir damit nur unseren Untergang. Wir alle sind es wert, daß wir für uns kämpfen.

Ich weiß, daß ich die Kraft und die Leidenschaft habe, um genau zu beurteilen, was in meinem Leben geändert werden muß, und meinen Weg beharrlich weiterzuverfolgen.

Es ist wunderbar, dem Schweigen dieses Menschen zu lauschen.
THOMAS HARDY

Arbeitssüchtige sind bekannt dafür, daß sie ständig Befehle erteilen, Anweisungen geben und Forderungen stellen. Wir erwarten von den anderen, daß sie genauso hart arbeiten wie wir; das geben wir ihnen auch laut und deutlich zu verstehen.

Um uns wichtig zu machen, sprechen wir so, als würden wir unsere Stimme auf Band aufnehmen. Wir wissen nicht, was Schweigen ist und auf welche Weise es seine heilenden Kräfte entfaltet. Wir sind schon derart auf die eigene Hörfrequenz »eingestellt«, daß wir gar nicht mehr anders können, als uns im Rhythmus der Sucht zu wiegen.

Wir müssen in uns gehen, dorthin, wo es ruhiger ist, und bewußt jene atmosphärischen Störungen ignorieren, die uns ständig umgeben und die wir mit verursacht haben.

Schweigen ist nicht gleichbedeutend mit Inaktivität. Vielleicht deutet es darauf hin, daß ich in Gedanken versunken bin, um dann meine innere Reise viel besser bewältigen zu können.

21. November

Das charakteristische Kennzeichen des Sklaven ist, daß er einen bestimmten Preis hat und gegen diese Geldsumme auch gekauft wird.
JOHN RUSKIN

Arbeitssüchtige sind meistens auf einen Köder fixiert. Und natürlich ist dieser gleichbedeutend mit Geld oder auch mit Macht und Prestige – oder ist eine Mischung aus allen dreien.

Nie käme uns in den Sinn, daß wir Sklaven des Geldes, der Macht und des Prestiges sind. Andererseits hängt unser Selbstwertgefühl einzig und allein davon ab, ob wir zu diesen Dingen gelangen oder nicht. Unser Wertesystem richtet sich nach unserer Nase; wir reagieren auf unsere Bedürfnisse, wie wir sie sehen.

Aber um diese Ziele zu erreichen, werden wir zu Sklaven. Das ist ein hoher Preis, doch zahlen wir ihn nur allzugern.

Sich selbst zum Sklaven zu machen, ist die schlimmste Form von Gefangenschaft. Ich werde mir klarmachen, daß ich nicht völlig abhängig sein will von meiner Arbeit.

Yoga in Mayfair, auf der Fifth Avenue oder an irgendeinem anderen Ort, der einen Telefonanschluß hat, ist geistiger Betrug.
C. G. JUNG

Ich kenne eine ganze Reihe von Männern, die arbeitssüchtig sind und ihren Jargon absolut beherrschen. Sie verstellen sich so gut, daß man zunächst meinen könnte, sie seien die Konzentration und die Klarheit selbst, der Inbegriff geistiger Gesundheit.

Aber bei etwas näherer Betrachtung erkennt man, daß sie immer noch genau das gleiche tun wie früher. Nur haben sie gelernt, sich selbst ein wenig besser zu »verarzten«, und ihre Tarnmanöver sind etwas ausgeklügelter als die der meisten anderen. Sie wissen, wie man etwas vortäuscht. Und sie verstehen es meisterhaft, ihre »spirituellen Bedürfnisse mit einzubeziehen«.

Diese Männer betrügen sich selbst. Wer von der Arbeit nicht mehr loskommt und dazu noch Geistigkeit vorheuchelt, verhält sich in doppelter Hinsicht wie ein Süchtiger.

Ich weiß, daß ich allmählich gesund werde und meine spirituelle Seite zu entdecken suche, um tatsächlich ins Gleichgewicht zu kommen.

23. November

Nichts schwindet so schnell wie der Erfolg.
WALTER WINCHELL

Wenn wir süchtig sind nach Glanzleistungen und ständig unsere Fähigkeiten unter Beweis stellen wollen, müssen wir irgendwann die schreckliche Wahrheit erkennen – daß nämlich auch der Erfolg vergänglich ist. Die Erinnerung daran ist oft trügerisch; sie dient uns nur dazu, unsere Sucht noch stärker auszuagieren, uns noch entfesselter in die Arbeit zu stürzen.

Wenn wir uns unaufhörlich antreiben und ausschließlich auf den Erfolg fixiert sind, können wir im Grunde gar nicht erfolgreich sein. Denn uns ist nie bewußt, daß wir ein Ziel erreicht haben. Wir wissen ja noch nicht einmal, was wir eigentlich genau machen, eben weil sich die Gedanken in unserem Kopf überschlagen, weil wir uns immer schon überlegen, wie wir den nächsten Erfolg verbuchen können.

Wenn wir den inneren Heilungsprozeß, durch den wir von der Sucht befreit werden, wirklich verstehen, dann ist uns auch klar, wie flüchtig der Erfolg ist – und daß dies auch so sein muß.

Nur selten entschließt man sich, ein Übel zu vermeiden, bis es dann so weit näher gerückt ist, daß es nicht mehr zu vermeiden ist.
THOMAS HARDY

In den letzten Stadien der Arbeitssucht, kurz vor unserem Tod, wird uns vielleicht endlich klar, in welch gefährliche Situation wir durch diese Krankheit geraten sind. Aber meistens ist es dann schon zu spät, etwas dagegen zu unternehmen.

Um diesen fatalen Zustand zu vermeiden, müssen wir einige der heimtückischsten Symptome der Sucht bewußt wahrnehmen: Wir brechen unsere freundschaftlichen Beziehungen zu anderen Menschen ab und werden zu Einzelgängern; wir laden uns mehr Arbeit auf, als wir bewältigen können; wir trinken zuviel Alkohol und nehmen Drogen; wir leiden an Bluthochdruck oder anderen körperlichen Gebrechen. All das sind die ersten Warnzeichen.

Wenn wir unsere Arbeitssucht im frühen Stadium aufmerksam beobachten, so können wir mit etwas Glück verhindern, daß sie uns umbringt.

Ich glaube fest daran, daß ich fähig bin, mich zu ändern und die schlimmen Begleiterscheinungen sowie den tödlichen Ausgang meiner Sucht zu vermeiden – aber mir ist auch bewußt, daß ich ihre Symptome erkennen und ihr Widerstand leisten muß.

25. November

Die größte Gefahr von Bomben besteht darin, daß sie eine Explosion der Dummheit auslösen.
OCTAVE MIRABEAU

Viele der Männer, denen ich Bericht erstatten mußte und die man gemeinhin als »Chefs« bezeichnete, warfen immer wieder Bomben ab – sie verließen ihre Anordnungen und trafen ihre einsamen Entscheidungen.

Sie terrorisierten und unterdrückten das gesamte Personal, brachen unseren Mut, während wir verzweifelt versuchten, in dieser Atmosphäre tiefen Mißtrauens zu überleben.

Und was kam am Ende dabei heraus? Schlecht ausgearbeitete und schlecht ausgeführte Pläne. Wir fürchteten uns vor diesen Männern. Aber wir dachten, daß sie schon genau wissen, was sie tun. Der laute Ton und die Überzeugungskraft, mit der sie ihre Befehle erteilten, ließ uns um so mehr an sie glauben.

Ich werde an all jenen Männern zweifeln, die von sich und ihren Entscheidungen derart überzeugt sind, daß sie eine äußerst unproduktive, sterile Atmosphäre erzeugen, in der alles schon von vornherein festgelegt ist.

Ein gesunder Mensch quält die anderen nicht; gewöhnlich sind es die Gepeinigten, die zu Peinigern werden.
C. G. JUNG

Wenn ich ein gutes Gefühl habe in bezug auf mich selbst, meine Arbeit, meine Prioritäten, so brauche ich an jemand anderem weder meine schlechte Laune noch meine Wut abzureagieren.

Erst wenn ich von der Arbeit völlig aufgesogen werde, wenn ich besessen und betäubt von ihr bin, werde ich ausfallend, schwierig und grob.

Sobald ich mich von meiner schlechtesten Seite zeige, mache ich all jenen Menschen, die mir hilflos ausgeliefert sind, das Leben zur Hölle.

Ich weiß genau, wann ich in Hochform bin und mich »clean« fühle. Ich brauche die anderen nicht zu quälen mit meiner Unzufriedenheit.

27. November

Das Leben kann nicht warten, bis die Wissenschaften eines Tages vielleicht die Welt exakt erklärt haben. Wir können das Leben nicht so lange aufschieben, bis wir endlich dafür bereit sind.

José Ortega y Gasset

Sehr viele von uns arbeitssüchtigen Männern glauben insgeheim, daß wir, sobald unsere Arbeit erledigt, dieser eine Bericht fertig geschrieben und der Freitag nahe ist, genug Zeit für das eigentliche Leben haben werden. Aber natürlich ist nie genug Zeit vorhanden. Es gibt immer unerledigte Aufgaben, offene Probleme, die zu lösen sind, ein Projekt, das noch schnell realisiert werden muß.

Wir müssen Zeit investieren in uns, für uns – ganz egoistisch und ohne jedes Schuldgefühl.

Nie sind die Umstände ideal, nie haben wir einen leeren Terminkalender vor uns, nie können wir allen Verpflichtungen nachkommen.

Wir müssen bereit sein, zu leben, das Leben zu akzeptieren und ihm offen zu begegnen.

Ich werde mir nicht dauernd versprechen, daß genügend Zeit vorhanden sein wird, wenn erst einmal diese oder jene Sache zum Abschluß kommt. Außerdem will ich stets offen bleiben, ohne mich vor jenen Dingen zu fürchten, die das Leben mir beschert. Und ich weiß, daß ich mich nicht hinter der Arbeit verstecken kann.

Jedem zu vertrauen ist genauso falsch, wie niemandem zu vertrauen.

ENGLISCHES SPRICHWORT AUS DEM 18. JAHRHUNDERT

Gerade für uns Arbeitssüchtige gibt es in dieser Hinsicht einige Probleme. Warum vertrauen wir den anderen nicht? Weil wir schon früh in unserem Leben dazu angehalten wurden, argwöhnisch zu sein? Wurden wir enttäuscht von unserem Vater, unseren Geschwistern, unseren Freunden? Oder haben wir den Fehler gemacht, Menschen Vertrauen zu schenken, die es gar nicht verdient hatten?

Niemandem zu vertrauen, kann aber genauso gefährlich sein wie jedem zu vertrauen. Deshalb ist es so wichtig, enge, intime Beziehungen herzustellen, in denen der oder die andere unser Vertrauen rechtfertigt, anstatt es zu erschüttern.

Wir müssen uns selbst vertrauen können und ehrlich gegen uns selbst sein, um anderen Menschen zu vertrauen. Ich werde Vorsicht walten lassen, aber allmählich mehr Vertrauen haben und mir klarmachen, welche Verantwortung damit verbunden ist.

29. November

Unter einer Gewaltherrschaft ist es viel leichter, zu handeln als zu denken.

HANNAH ARENDT

Wenn wir uns am Arbeitsplatz wie Schmarotzer benehmen – also blind jene Befehle »nach unten« weitergeben, die wir »von oben« erhalten haben –, so verlieren wir unsere Freiheit und werden schließlich zu einer bloßen Schachfigur, wie die Chefs sie sich wünschen für ihr Spiel.

Wenn wir jedoch unsere Selbstachtung wiedergewinnen und uns stark genug fühlen, diese autoritären Machtstrukturen und willkürlichen Anordnungen in Frage zu stellen, dann sind wir im Begriff, von der Arbeitssucht geheilt zu werden.

Dazu ist viel Mut, höchste Konzentration und eine feste innere Überzeugung nötig. Denn unsere Aufgabe ist schwierig, und manchmal werden wir ihr nicht gewachsen sein. Aber wenn wir uns befreien aus dieser Sklaverei namens Arbeitssucht, so entwickeln wir uns zu selbstbewußten, wahrhaft unabhängigen Menschen.

Ich weiß, daß mich meine Arbeitssucht in die Sklaverei geführt hat. Jetzt aber werde ich zurückschlagen, tapfer sein und den Weg in Richtung Freiheit nehmen.

30. November

Wenn man sicher ist, alles, was passiert, vollkommen zu verstehen, ist man eigentlich hoffnungslos verwirrt.

WALTER F. MONDALE

Ich hatte schon manchmal das Gefühl, daß Männer, die so tun, als würden sie eine höchst komplizierte Situation völlig durchschauen, im Grunde Schwindler sind, gute Schauspieler. Zumindest erschienen sie mir doch sehr suspekt.

Diese Selbstsicherheit kommt, wie ich meine, durch ein übersteigertes Kontrollbedürfnis. Ich habe das an mir selbst beobachtet. Selbst wenn mir bei einer Sitzung gar nicht genau klar ist, worum es eigentlich geht, kann ich sofort in Aktion treten und das Kommando übernehmen. Das ist eine Art Täuschungsmanöver; vielleicht befürchte ich, daß es mir als Schwäche ausgelegt wird, wenn ich um weitere Erklärungen bitte.

Der Arbeitssüchtige will weder seine Verwirrung noch seine Führungsschwäche zeigen; lieber sollen ihn die anderen als »perfekt« einstufen. Unsere Sucht wird aber gerade auch durch den Perfektionswahn immer schlimmer.

Ich weiß, daß ich zu viele Informationen verarbeiten muß. Und mir ist auch klar, daß ich viele von ihnen gar nicht recht verstehe. Anstatt die Dinge kontrollieren zu wollen, sollte ich eher meine Unkenntnis eingestehen. Denn Kontrolle ist arglistig.

1. Dezember

Der Schmerz zwingt sogar den Unschuldigen zur Lüge.
PUBLILIUS SYRUS

Die Leiden eines Arbeitssüchtigen lassen sich nur noch vergleichen mit den Qualen, die aus dem Zusammenleben mit einem Arbeitssüchtigen resultieren.

Ein Mensch, der einen Workaholic liebt, ändert allmählich das eigene Verhalten, um so dem anderen fast alles abzunehmen und in jeder Hinsicht für ihn »einzuspringen«. Frauen, die alkoholkranke Männer lieben, Familien, die sich für die Sex-Sucht eines Angehörigen schämen – all diese tapferen Co-Abhängigen, die jeden Tag mit ihrem Problem konfrontiert sind, werden Teil des Lügengewebes, das sie umgibt.

Aber egal, wie weit unsere Arbeitssucht schon fortgeschritten ist, wie sehr wir in einem Teufelskreis gefangen sind – es ist nie zu spät, uns selbst und die geliebten Wesen zu retten. So lindern und beseitigen wir schließlich den Schmerz, der sie zur Lüge zwingt.

Wenn ich mich nicht ändern will, um dadurch mich selbst zu retten, muß ich einmal genau, ja strengstens darauf achten, inwieweit meine Arbeitssucht den geliebten Menschen schadet.

Unglücklichsein läßt sich am besten beschreiben als Diskrepanz zwischen unseren Begabungen und unseren Erwartungen.
EDWARD DE BONO

Eines der größten Komplimente, das man Ihnen machen kann, lautet: »Sie sind ja ein Renaissance-Mensch.« Das bedeutet nicht nur, daß Sie fortschrittlich denken und kreativ sind, sondern auch, daß Sie praktisch alles können. Viele von uns bemühen sich ständig darum, dieser weitverbreiteten Erwartungshaltung gerecht zu werden.

Es ist wirklich grotesk. Kann etwa Stevie Wonder alles gleich gut? Nein, aber er hat eine große musikalische Begabung. Kann Carl Sagan die Sixtinische Kapelle restaurieren? Nein, aber er ist fähig, die Tiefen des Weltraums näher zu erforschen. Konnte Martin Luther King den Krieg in Vietnam beenden? Nein, aber er gab Tausenden von Menschen, die es versuchten, das geistige Rüstzeug.

Workaholics dürfen nicht mehr »alles« von sich erwarten; sie müssen lernen, mit ihren Fähigkeiten und Stärken zufrieden zu sein und sie dankbar anzuerkennen.

Unsere Umgebung gibt uns zu verstehen, daß wir »Alleskönner« seien. Das ist falsch. Wir sind so, wie wir sind. Wir müssen uns selbst kennen, anstatt andere dazu zu drängen, daß sie uns sagen, wie wir sein *sollten*.

3. Dezember

Ich hasse Opfer, die vor ihren Henkern Respekt haben.
JEAN-PAUL SARTRE

Sie kennen diese Menschen, und vielleicht sind Sie selbst so einer. Insgeheim verfluchen sie ihren Vorgesetzten, aber still und leise arbeiten sie zwölf Stunden am Tag, um bei ihm Anerkennung zu finden. Solche Leute sind Opfer, bezeichnen sich selbst aber als »einsatzfreudige Angestellte«; oft (oder immer) wird ihnen jedoch jenes Lob vorenthalten, um das sie sich so verzweifelt bemühen.

Seltsam, daß ein Mann mit so wenig Selbstachtung und Selbsterkenntnis bereit ist, quasi am Fließband zu arbeiten für einen Tyrannen, nur weil dessen Name auf irgendwelchen Schildern außerhalb des Firmengebäudes zu sehen ist. Warum tut er das?

Es muß sich hierbei um eine bestimmte Form von Masochismus, Selbsthaß und Selbstzweifel handeln. Ein Mensch, der sich aufopfert, versteckt sich hinter dem »Chef«, dem »Meister«, dem »Dienstherrn«, ohne je zu erfahren, wer er selbst hätte sein können.

Unser Vater war vielleicht der erste »Scharfrichter«. Wir mußten ihn lieben und respektieren, damit er uns Liebe und Respekt entgegenbrachte. Er wurde unser Vorbild. Heute werde ich über meinen Vater nachdenken und versuchen, ihn als Menschen zu sehen, der sowohl Stärken als auch Schwächen hatte.

Du siehst die Dinge und fragst: »Warum?« Ich aber erträume Dinge, die es noch nie gab, und frage: »Warum nicht?«
GEORGE BERNARD SHAW

In der Tat: Warum nicht? Sind wir auf immer und ewig an den Status quo gebunden? Oder können wir unsere Situation ändern? Sind wir talentiert und klug genug, um auszubrechen, ein eigenes Geschäft zu eröffnen, unseren Leidenschaften nachzugehen? Haben wir soviel Mut, die eigenen Träume bewußt wahrzunehmen und Wirklichkeit werden zu lassen?

Wir träumen nicht »laut«. Damit meine ich: Wir wagen es nicht, unsere Träume zum Ausdruck zu bringen. Sie könnten uns ja eindringlich bewußt machen, daß die Frage »Warum nicht?« durchaus positiv und nützlich ist. Denn sobald wir sie stellen, werden wir vielleicht in eine völlig andere Richtung geführt – auf einen Weg, den bisher kaum jemand betreten hat.

Wir müssen zulassen, daß Träume eine Art Weckruf für uns sind. Und dann müssen wir uns selbst fragen: »Warum nicht?«

Arbeitssüchtige Menschen – jene also, die überzeugt sind, daß sie alles schaffen – haben die seltsame, ja paradoxe Angewohnheit, sich mit allem zufriedenzugeben, und sagen dazu nicht mehr als: »So ist das nun mal.« Aber ich werde mich nicht mit allem abfinden, sondern genau darauf achten, was meine Träume mir mitteilen.

5. Dezember

Er hat einfach einen äußerst ausgeprägten Sinn dafür, unglücklich zu sein.

SAKI (H. H. MUNRO)

Workaholics fühlen sich unglücklich und sind darauf auch noch stolz. Zumindest hat man diesen Eindruck, wenn man sie so betrachtet. Sie tragen ihr Unglück zur Schau wie ein Abzeichen – als wollten sie sagen: Seht her! Ich bin total im Streß! Lauter Termine, keine freie Minute! Und ich muß schon ein toller Typ sein, wenn mein Terminkalender derart proppenvoll ist. Dreiundsechzig Rückrufe am Stück! Mann, ich bin wer.

Unser Selbstwertgefühl hängt davon ab, wie glücklich oder unglücklich wir sind. Aber wenn der Kummer, die abgrundtiefe Traurigkeit uns einholt, wenn es niemanden mehr gibt, dem wir unsere Hyperaktivität beweisen können, dann macht uns die Einsamkeit immer mehr zu schaffen. Unser Unglücklichsein führt am Ende dazu, daß wir gefühlsmäßig total bankrott sind.

Uns Arbeitssüchtigen erscheint es schon völlig normal, daß wir nie glücklich sind. Heute aber werde ich mich dazu zwingen, diese »emotionale Leere« zu thematisieren, die in meinem Terminkalender nicht auftaucht.

Der beste Manager ist der, der genügend Klugheit besitzt, tüchtige Leute auszuwählen, die seinem Auftrag gemäß handeln; und soviel Selbstbeherrschung, sich nicht einzumischen, während sie an der Arbeit sind.

THEODORE ROOSEVELT

Viele von uns mischen sich in alles ein. Wir verlassen uns nicht auf die Menschen, die wir für eine bestimmte Aufgabe eingestellt haben – und wir haben auch kein Vertrauen zu unseren engsten Mitarbeitern. Ohne es uns selbst oder anderen einzugestehen, sind wir fest davon überzeugt, daß allein wir die Sache »richtig« machen können.

Wenn es dann aber zwangsläufig zu einer Krise kommt, sind wir auch die ersten, die den »richtigen« Schuldigen finden. Die üblichen Fragen lauten dann etwa: »Warum haben Sie die Frau nicht gleich zurückgerufen?« oder: »Wann haben Sie diese Entscheidung getroffen – noch dazu ohne mein Wissen?«

Wir können einfach nicht loslassen. Dieser Würgegriff wird nicht den anderen, sondern *uns* eines Tages umbringen.

Ich möchte herausfinden, wo ich eine Grenze ziehen muß – also Abstand nehmen von den Dingen, die ich nicht beherrsche. Außerdem will ich lernen, diese Aufgaben anderen Menschen anzuvertrauen.

7. Dezember

Wer viel Wind macht, ist vielleicht längst übers Ziel hinausgeschossen.

PARKES ROBINSON

Die meisten von uns wollen »Eindruck schinden« – und auch hier gilt die Parole: Je mehr, desto besser. Wir träumen davon, uns irgendwie »öffentlich« hervorzutun. Unsere Vorbilder sind Leute wie John D. Rockefeller, Donald Trump, Lee Iacocca.

Allerdings haben wir es nie verstanden, ohne großes Pipapo ein glückliches Privatleben zu führen und mit den Dingen zufrieden zu sein, die wir bereits haben. Gelobt und umschmeichelt zu werden, ist deshalb so wichtig für uns, weil allein diese äußere Anerkennung unser Selbstwertgefühl stärkt.

Wir sollten allerdings nicht vergessen, daß auch Robert Maxwell viel Aufsehen erregte, als er übers Ziel hinausschoß – sprich: über Bord ging.

Allmählich empfinde ich auch bei unbedeutenderen Leistungen, die ich im stillen genieße, ein Gefühl der Zufriedenheit und des Glücks. Ich habe es nicht mehr nötig, meine Fähigkeiten »mit Pauken und Trompeten« unter Beweis zu stellen.

Ich empfinde dieses ganze Geld als erhebliche Belastung.
JEAN PAUL GETTY JUN.

Geld ist der greifbare Beweis dafür, daß wir etwas wert sind. Zumindest glauben wir das. Wir leben in einer Gesellschaft, die gerade den Reichsten Lob und Anerkennung zuteil werden läßt. Warum wäre sonst die alljährliche Nummer des Forbes-Magazins mit den 400 wohlhabendsten Menschen der Welt an jedem Zeitungsstand im Nu ausverkauft?

Wie wir nach außen hin wirken, hängt zu einem großen Teil auch davon ab, mit welchen Menschen wir Umgang haben. Irgendwann aber ist das Geld unser einziger Begleiter; es legt genau fest, was und wer wir sind.

Jean Paul Getty jun. fühlte sich jedoch durch seinen Reichtum eher belastet und sagte dies auch ganz offen. Die veröffentlichten Biographien der Reichsten und Mächtigsten sind manchmal alles andere als schmeichelhaft für sie, und es ist eigentlich nie die Rede davon, daß diese Leute mit Hilfe des Geldes ein besseres oder gar glücklicheres Leben führten.

Der Reichtum kann genauso hinderlich, ja lähmend sein wie irgendeine Suchtkrankheit. Ich sollte festlegen, was ich wirklich brauche, und mich nicht durch Mehrarbeit belasten.

9. Dezember

Es ist dann Zeit, sich zu entspannen, wenn man eigentlich keine Zeit dafür hat.

SIDNEY J. HARRIS

Wenn ein Haus in Flammen steht, legen dann die Feuerwehrleute ihre Schläuche beiseite, um eine Tasse Kaffee zu trinken oder einen Spaziergang zu machen? Da viele von uns Arbeitssüchtigen ebenfalls mit brenzligen Situationen konfrontiert sind, können auch wir nicht einfach alles stehen- und liegenlassen. Bei uns ist eigentlich ständig die Hölle los.

Dennoch müssen wir lernen, uns zu entspannen und eine Pause einzulegen. Einen Brand nach dem anderen zu löschen, kostet sehr viel Kraft. Deshalb ist es wichtig, einmal innezuhalten und in Ruhe darüber nachzudenken, wie er überhaupt ausbrechen konnte. Da wir jedoch Pyromanen sind und ihn meistens selbst gelegt haben, sollte uns vor allem klarwerden, wie wir zum Stillstand kommen, ehe wir uns selbst anzünden.

Heute sowie in den kommenden Tagen und Wochen werde ich mir immer wieder Zeit nehmen, um die Arbeit hinter mir zu lassen und in Ruhe irgendwo zu sitzen; dort denke ich dann über meine bisherige Entwicklung sowie über meinen künftigen Weg nach.

Mein Vater hat mich gelehrt, zu arbeiten, nicht aber, meine Arbeit auch zu lieben.

ABRAHAM LINCOLN

Uns wurde nicht beigebracht, daß wir uns auf das konzentrieren sollen, was wir sehr gerne machen, um später dann mit dieser Tätigkeit unseren Lebensunterhalt zu verdienen. Vielmehr sagte man uns, wir müßten einen anständigen, gutbezahlten Beruf finden, dann würde die Firma nach unserer Pensionierung für uns sorgen.

Es stand nie zur Debatte, jenen Weg zu gehen, der durch die eigenen Interessen und Neigungen vorgezeichnet ist. Gerade wir Männer wurden in der Kindheit und Jugend nur selten dazu ermutigt, unsere Träume ernst zu nehmen und auszuleben.

Aber den meisten von uns bleibt dafür immer noch Zeit. Wir können unsere Wünsche »erneuern«, uns von ihnen in eine andere Richtung führen lassen und sie schließlich in die Tat umsetzen. Wir können unsere Arbeit lieben und leidenschaftlich bei der Sache sein.

Als Vater möchte ich meine Kinder dazu ermuntern, sich für einen Beruf zu entscheiden, der ihnen wirklich gefällt. Wir müssen uns kreativ genug fühlen, damit wir das machen können, was wir sehr gern machen.

11. Dezember

Heutzutage wissen die Leute zwar, was alles kostet, aber nichts mehr hat für sie Wert.

OSCAR WILDE

Welche Werte haben wir? Was ist uns wirklich wichtig? Wer liegt uns am Herzen? Wie bringen wir unsere Fürsorglichkeit zum Ausdruck – und wie machen wir unsere Wertvorstellungen deutlich?

Männern, die zuviel arbeiten, muß man alle wichtigen Informationen in einer ganz bestimmten, speziell auf sie zugeschnittenen Form präsentieren, und zwar kurz und bündig. Ihre häufigsten Sätze sind: »Kommen Sie zur Sache«; »Nennen Sie die wesentlichen Punkte«; »Wieviel kostet das?«

Egal, um welche Angelegenheit es sich handelt – wir wissen, was »unter dem Strich bleibt«. Nur selten führen wir ein Gespräch »über« ein interessantes Thema, »über« einen anderen Menschen.

Aber was wäre, wenn unsere Familie plötzlich verschwände? Oder unsere Freunde? Was täten wir, wenn man unsere Andenken, Fotografien, Diplome und persönlichen Papiere ins Feuer werfen würde? Wer wären wir dann und welche Werte blieben uns noch?

Ich muß dies hier als eine Art Übung betrachten, um mir meine Werte bewußt zu machen. Ich muß mir vorstellen, daß ich allein bin, losgelöst von allem, auch von meiner Arbeit.

Wenn man in einem Zitatenlexikon nachschlägt, findet man wenig Gründe, die einen vernünftigen Menschen dazu veranlassen könnten, reich zu werden.

ROBERT LYND

Ich habe nachgeschlagen und kann nur sagen: Robert Lynd hat recht. In so einem Buch geht es ständig darum, welche Belastungen der Reichtum mit sich bringt – und wie krankhaft es ist, immer noch mehr Geld zu wollen.

Ich denke, die meisten von uns wissen, daß Reichtum nicht wirklich glücklich macht. Trotzdem erstreben wir ihn, weil das Geld, das wir verdienen, als Rechtfertigung für unsere Arbeitssucht dient. Haben wir etwa nicht unser halbes Leben oder noch mehr Zeit damit zugebracht, der allmächtigen D-Mark nachzujagen? Wie sollten wir da zugeben, daß sich alles gar nicht gelohnt hat?

Infolge der Arbeitssucht nehmen wir fälschlicherweise an, unseren menschlichen Wert mit Hilfe des Scheckheftes definieren zu können. Wenn wir diese Vorstellung einmal näher untersuchen, werden wir feststellen, wie töricht sie ist.

Ich habe Jahre gebraucht und unzählige Fehler machen müssen, um allmählich die Tatsache zu akzeptieren, daß mein Selbstbild von meinem Reichtum abhängt. Heute erkenne ich endlich, daß dies ein Irrtum ist.

13. Dezember

Glaubst du wirklich, daß es Schwäche ist, einer Versuchung zu erliegen? Ich sage dir, es gibt schreckliche Versuchungen, die Stärke, Stärke und Mut erfordern, um ihnen zu erliegen.
Oscar Wilde

Zu den letzteren gehört die »Versuchung«, gesund zu werden und gegen die Sucht anzukämpfen. Wir müssen stark sein und dürfen niemandem gestatten, uns vom Weg der Heilung abzubringen.

Es gibt so viele arbeitssüchtige Tyrannen, die sich uns entgegenstellen, um uns mit aller Gewalt wieder auf ihre Seite zu ziehen. Unsere Prüfung besteht nun darin, jene Freiheit zu erstreben, die darin besteht, das eigene Leben in die Hand zu nehmen, das Schicksal zu meistern. Sich selbst in klarem Licht zu sehen, das Unglück und die Zwietracht zu erkennen, die man verursacht hat, ist fürwahr keine Aufgabe für Feiglinge. Es bedarf einer ungewöhnlichen Kraft, um sich zu ändern, man muß dafür große Geduld und viel Zeit aufbringen.

Ich werde jeden Tag mein möglichstes tun, um die Kräfte zu regenerieren, die für eine innere Veränderung notwendig sind. Ich werde meine Grenzen näher kennenlernen und dabei feststellen, daß mir viele Alternativen zur Verfügung stehen.

Ist erst mal eine Veränderung durchgeführt, so hat man die Möglichkeit, noch weitere in die Wege zu leiten.
NICCOLO MACHIAVELLI

Wenn wir eines Tages anfangen, genau das richtige Maß an Arbeit zu bewältigen, so fällt es uns am darauffolgenden Tag schon ein wenig leichter, wiederum maßvoll zu arbeiten.

Eine Veränderung bringt die nächste hervor. Aber das dauert eine Weile. Es liegt in der Natur der Sache, daß wir Arbeitssüchtigen gern schnelle, drastische Entscheidungen treffen, die manchmal allerdings verheerende Auswirkungen haben. Mit langsamen Veränderungsprozessen haben wir unsere Probleme. Wir mißtrauen jeder Aufgabe, die mehr Zeit beansprucht.

Doch können wir die alten Verhaltensmuster allein dadurch ändern, daß wir jeweils nur eine Tür öffnen. Aber so werden wir dann im Laufe der Zeit gewaltige Veränderungen herbeiführen.

Wenn ich heute etwas ändere, weiß ich, daß mir das Auftrieb gibt, demnächst erneut etwas anders zu machen. Ich werde morgen und übermorgen Ausschau halten nach Türen, die ich zum ersten Mal öffnen kann.

15. Dezember

Die Leute wollen vor allem deshalb nichts mehr dazulernen, weil sie immer weniger bereit sind, einen Mißerfolg zu riskieren.
JOHN W. GARDNER

»Mißerfolg« ist im Sprachschatz des arbeitssüchtigen Menschen ein Schimpfwort. Nie geben wir unseren Mißerfolg zu, wenigstens nicht in der Öffentlichkeit. Wir verschweigen ihn, nennen ihn anders oder wälzen ihn auf jemand anders ab. Eines aber wissen wir nicht: nämlich wie man ihn genauer untersucht, wie man ihn beim Namen nennt und als wichtige Lektion betrachtet.

Wenn wir weder die Fähigkeit noch den Willen haben, aus unseren Fehlern zu lernen, vermeiden wir allmählich jedes Risiko und entwickeln uns zu engstirnigen, geizigen Menschen, die überhaupt keine Fragen mehr stellen. Wir stumpfen innerlich ab – oder müssen feststellen, daß unser Job stumpfsinnig ist und keinerlei Aufstiegsmöglichkeiten bietet.

Wenn ich versage, so will ich mich damit auseinandersetzen. Ich möchte wissen, warum und auf welche Weise es dazu kam. Dergleichen wird bestimmt wieder passieren; trotzdem werde ich es nicht unterlassen, gegebenenfalls ein Risiko einzugehen.

Wer sich selbst betrügt, ist am meisten betrogen.
LEONARD DROZD

Wir sind verantwortlich für die Welt, die wir mit geschaffen haben. In unserem Fall ist sie doch sehr seltsam; ringsum akzeptiert man unsere unsinnigen, lebensfeindlichen Gewohnheiten und scheint nur auf eines Wert zu legen – nämlich auf die Devise: *Mehr, noch besser, perfekt.*

Ja, die Verantwortung liegt bei uns. Wenn am Ende des Tages alle das Büro verlassen haben, nur wir nicht, und wenn uns dann ein abgrundtiefes Gefühl von Einsamkeit beschleicht, so sind wir auch dafür verantwortlich. Wir versuchen, uns über diesen Zustand hinwegzutäuschen, indem wir ihn einfach nicht wahrnehmen oder in die Arbeit zurücktauchen – aber sie gleicht im Grunde doch nur einem Trümmerhaufen.

Machen wir uns nichts vor. Wir haben uns um die schönen Dinge des Lebens betrogen. Wenn es Zeit ist, in den Ruhestand zu treten, werden wir wohl endlich erkennen, daß wir betrogen wurden – und zwar von niemand anderem als uns selbst.

Ich möchte mich nicht um mein eigenes Glück bringen, sondern darauf hinarbeiten, ehrlich zu sein gegen mich selbst.

17. Dezember

Man kommt mit den Leuten besser zurecht, wenn man ihre Gefühle gewinnt, anstatt sie rein verstandesmäßig überzeugen zu wollen.
PAUL P. PARKER

Workaholics arbeiten nicht »vom Herzen her« – sie mißtrauen dem Gefühl. Wir sind »Kopfmenschen« – bei uns geht alles vom Verstand aus. Auf eine emotional bedingte Entscheidung wollen und können wir uns nicht verlassen.

Die gesündesten Menschen, die ich kenne, fassen ihre Entschlüsse mit Hilfe des Verstands, der Vernunft, und des Gefühls. Das macht sich bereits in den höchsten Positionen bemerkbar: Ein menschlicher Chef »erzieht« seine Angestellten zur Menschlichkeit. Außerdem bin ich fest davon überzeugt, daß dieses Gleichgewicht zwischen intellektuellem und emotionalem Bereich die wichtigste Voraussetzung ist für eine friedliche, ja glückliche Atmosphäre am Arbeitsplatz.

Ich werde meinen Kollegen und Kolleginnen zuhören. Denn ich möchte wissen, warum und wie sie zu ihren Schlußfolgerungen gekommen sind – und lege Wert darauf, daß wir alle offen miteinander umgehen.

Das Geheimnis des Genies liegt darin, den Geist der Kindheit ins reife Alter hinüberzuretten.
THOMAS H. HUXLEY

Kinder stellen Fragen. Sie sind ungeheuer wißbegierig. Die Hemmungen und Zwänge der Erwachsenen sind ihnen unbekannt, und so lernen sie sehr viel und entwickeln sich außerordentlich schnell. Wenn man ihnen genügend Freiraum läßt, tun sie sich mit anderen Kindern zusammen und ersinnen Mittel und Wege, neue Fertigkeiten zu erwerben, in andere Rollen zu schlüpfen, sich selbst und ihre Welt zu entdecken. Sie sind geistig vollkommen offen und wollen alles mögliche erleben, auskosten, bewältigen.

Größer und reifer zu werden sollte allerdings nicht bedeuten, daß einem die kindliche Welt völlig fremd wird. Gerade dies kann aber passieren, wenn man sich von den Mitmenschen isoliert und in der völligen Abgeschiedenheit seine Arbeit verrichtet. Dann verliert man die Fähigkeit, zu staunen und all die wunderbaren Dinge des Lebens wahrzunehmen; dann ist kein Platz mehr für Spontaneität, und das Gefühl, unendlich viele Möglichkeiten zu haben, verschwindet allmählich.

Die »Ellbogenmentalität« wird ersetzt durch den »Kameradschaftsgeist«, der Kindern ganz selbstverständlich ist; denn im Innersten wissen sie, daß sie stets »in der Gemeinschaft und durch die Gemeinschaft« größer werden.

19. Dezember

Die Erfahrung hat mich folgendes gelehrt: Wir richten uns durch Ungeduld zugrunde.

MICHEL DE MONTAIGNE

Wenn wir uns wie Supermann fühlen und so tun, als besäßen wir übermenschliche Fähigkeiten, stellen wir an die anderen Leute Forderungen, die sie unmöglich erfüllen können – ganz abgesehen davon, daß wir ihre Bedürfnisse und Wünsche völlig außer acht lassen.

Bewältigen sie dann diese extrem schwierigen Aufgaben nicht in angemessener Weise, werden wir natürlich ungeduldig und sagen: »Wenn etwas wirklich erledigt werden soll, muß immer *ich* es in die Hand nehmen. Sonst geht überhaupt nichts voran.«

Jedem, mit dem wir zu tun haben, zwingen wir das Verhalten und die Ansprüche eines Arbeitssüchtigen auf. Früher oder später befinden wir uns dann in verwaisten Räumen, an Orten, die durch unsere krankhafte Aktivität, unsere Forderungen und unsere Ungeduld menschenleer sind.

Ich möchte nicht jemand sein, der andere leiden läßt, indem er unglaublich hohe Maßstäbe an sie anlegt und genauso gereizt wie empört reagiert, wenn sie diesen nicht gerecht werden können.

Manche halten Disziplin für eine lästige Pflicht. Für mich dagegen ist sie eine Art Ordnung, die mir die Freiheit gibt, zu tun, was ich will.

JULIE ANDREWS

Viele glauben, Workaholics seien höchst disziplinierte Menschen. Aber nichts könnte weiter von der Wahrheit entfernt sein.

Zwar sind wir regelrecht abhängig von vollen Terminkalendern, aber durch den ständigen Druck, »alles zu erledigen«, haben wir einen sehr unregelmäßigen Arbeitsrhythmus. Zum Beispiel halten wir uns an keinen festen Plan; wir arbeiten nicht von neun bis elf, machen dann eine Mittagspause, wenden uns von halb zwei bis drei wieder unseren beruflichen Aufgaben zu, unternehmen einen kleinen Spaziergang und schaffen noch einiges von vier bis fünf. Statt dessen gehen wir völlig gedankenlos und chaotisch zu Werke. Wir beschäftigen uns mit dem, was gerade vor uns auf dem Tisch liegt, führen aufs Geratewohl irgendwelche Telefongespräche und reden mit Leuten, die zufällig in unser Büro kommen. Ganz egal, was im Moment passiert, was wir in die Finger kriegen – es hat oberste Priorität und wird zur »Chefsache« erklärt.

Ich weiß, daß ich durch strenge Disziplin und klare Grenzen frei werden kann. In der Hektik des Tages finde ich so plötzlich Zeit für mich selbst.

21. Dezember

Jeder redet davon, daß er den Wunsch hat, die Dinge zu ändern, zu helfen und einiges in Ordnung zu bringen, aber letztlich kann man nur sich selbst in Ordnung bringen. Und das ist schon sehr viel. Denn wenn man es schafft, löst man eine Art Kettenreaktion aus.
ROB REINER

Sehr treffend ausgedrückt. Ich muß bei mir selbst anfangen. Ich bin mein schlimmster Feind, aber möglicherweise auch mein bester Freund. Es wird sich etwas ändern, wenn ich dafür sorge. Ich kann sogar die Welt verändern, vorausgesetzt, ich beginne bei mir, noch heute.

Wenn ich mich intensiv darum bemühe, meine Arbeitssucht in den Griff zu bekommen, anderen Menschen und deren Gefühlen offen zu begegnen, ihnen aufmerksam zuzuhören, mein Temperament zu zügeln, meine täglichen Aufgaben einzuschränken und vernünftige Grenzen zu setzen, dann weiß ich, daß ich nicht nur mich geändert habe, sondern – aufgrund der »Kettenreaktion«, von der Rob Reiner spricht – auch meine gesamte Umgebung.

Die Veränderungen, die in meinem Innern stattfinden, werden sich sowohl am Arbeitsplatz als auch im familiären Bereich bemerkbar machen; und mit der Zeit werden sie die anderen Menschen dazu veranlassen, ihrerseits gewisse Veränderungen vorzunehmen.

Ich möchte den Anstoß zu einer Kettenreaktion geben und damit eine positive Veränderung bewirken. Das ist eine große Herausforderung, aber ich kann sie bestehen.

Nicht den Berg bezwingen wir, sondern uns selbst.
Sir Edmund Hillary

Wir sind der Berg. Wenn wir uns vornehmen, ein hochgestecktes Ziel zu erreichen, was ist dann wichtiger: die Tatsache, daß wir es *geschafft haben*, oder die Tatsache, daß wir es *schaffen konnten?*

Unsere Fähigkeit, Berge zu bezwingen – sagt sie nicht etwas aus über unsere innere Stärke? Wenn wir uns dazu antreiben können, große Dinge zu vollbringen, dann haben wir gewiß auch die Kraft, wirklich loszulassen und aus dem Teufelskreis hektischer Aktivität auszubrechen. Inmitten der Trümmer, die unsere Sucht hinterlassen hat, werden wir dann uns selbst finden, einen neuen Anfang machen und uns zu gesunden, glücklichen Menschen formen – zu Menschen, die nicht nur Risiken eingehen, sondern auch vernünftige Entscheidungen treffen können.

Wenn ich Großes zu leisten vermag, so kann ich auch kleinere, aber ebenso wichtige Veränderungen durchführen. Ich muß ganz einfach erkennen, wie ich meine Sucht in den Griff bekomme und schließlich überwinde.

23. Dezember

Wir lernen vom Leid genausoviel wie von der Freude, von der Krankheit genausoviel wie von der Gesundheit, vom Nachteil genausoviel wie vom Vorteil – und vielleicht sogar noch mehr.
PEARL S. BUCK

Wir haben die Fähigkeiten, aus praktisch jeder Lebenserfahrung etwas zu lernen, aber wir müssen dafür innerlich offen sein. Wenn wir jede vertrackte Situation als ausweglos oder als äußerst nachteilige, unnütze Unterbrechung betrachten, machen wir quasi nur die halbe Erfahrung.

Durch den Verlust eines geliebten Menschen können wir vielleicht die Liebe zu unseren Mitmenschen deutlicher fühlen. Wenn wir entlassen werden, müssen wir uns überlegen, warum dies geschah. Lag es etwa daran, daß wir für diese Arbeit von Anfang an ungeeignet waren? Hat man zuviel von uns erwartet? Haben wir blind unsere Arbeitssucht ausagiert? Oder waren wir regelrecht abhängig von dem Job?

Wir können aus dem Unglück genauso unsere Lehren ziehen wie aus dem Glück. Wenn immer alles »glattginge«, würden wir überhaupt nichts lernen.

Hab keine Angst davor, langsam zu gehen, sondern nur davor, stillzustehen.
CHINESISCHES SPRICHWORT

Ein schlechter Rat für jemanden, der gerade an einem Marathonlauf teilnehmen möchte, aber ein guter Rat für jeden anderen Menschen – speziell für den Arbeitssüchtigen. Es ist nämlich sehr gesund, nach innen zu blicken, in Ruhe nachzudenken und wohlüberlegte Entscheidungen zu treffen – und sich wirklich genügend Zeit zu nehmen.

Aber im Grunde trauen wir uns solche Entscheidungen gar nicht zu. Eben deshalb überstürzen wir sie, haken alle Punkte schnell von der Liste ab, um uns mit der ganzen Sache nicht näher befassen zu müssen. Dann wieder sind wir wie gelähmt und völlig unfähig, noch die einfachste Entscheidung zu treffen. Dieser Zustand ist möglicherweise auf unsere extreme Überbelastung zurückzuführen.

Wir müssen lernen, das richtige Tempo zu wählen, weder hastige Urteile zu fällen noch in Unentschlossenheit zu erstarren – sondern schlicht und ergreifend dem inneren Zeitgefühl zu vertrauen.

Wenn man von mir verlangt, sofort irgendwelche Schlußfolgerungen zu ziehen oder Beschlüsse zu fassen, werde ich daran denken, wie wichtig es für mich ist, in meinem eigenen Tempo zu arbeiten.

25. Dezember

Finde heraus, was du am besten kannst, und verbringe deine Zeit damit, es tatsächlich zu tun. Was du nicht so gut kannst, sollen andere tun.

RONALD BROWN

Wenn ich eine Sache wirklich beherrsche, habe ich wahrscheinlich auch Freude an ihr. Aber gerade weil diese Tätigkeit mir am leichtesten fällt und mich am glücklichsten macht, muß ich lernen, mich vieler anderer Aufgaben zu entledigen, die ich nebenher auch noch bewältigen soll.

Es hat keinen Sinn, sich hier etwas vorzumachen. Wenn ich krampfhaft versuche, etwas zu tun, das ein anderer von mir verlangt – und das ich, wie mir von vornherein klar ist, *nicht* gut kann –, dann verschwende ich nur wertvolle Zeit: sowohl meine als auch seine.

Ich muß wenigstens lernen, um Hilfe zu bitten, wenn ich sie brauche. Ich kann nicht in allen Bereichen Bestleistungen erzielen, sondern muß mich auf jene Dinge konzentrieren, die ich am liebsten mache.

Der nächste Tag ist immer der arbeitsreichste der ganzen Woche.
JONATHON LAZEAR

Am Ende eines jeden Tages denke ich schon an den nächsten. Ohne zu wissen, warum, bin ich stets davon überzeugt, daß dieser morgige Tag mir genug Zeit lassen wird, alle Aufgaben zu erledigen, die ich heute nicht geschafft habe, und daß die morgigen zehn Stunden sozusagen das richtige Mittel sind, um den Kampf gegen die Uhr, den ich heute verlor, für mich zu entscheiden.

Sehr lange war ich gegenüber dem »Morgen« negativ eingestellt, ja fürchtete mich sogar davor, denn mir war klar, daß alles, was ich vorgestern, gestern und heute nicht geschafft hatte, zu der Arbeit des nächsten Tages dazukam und damit noch größere Belastungsproben heraufbeschwor.

Ich sollte mich nicht mehr so sehr auf den morgigen Tag fixieren, sondern die ganze Woche, den ganzen Monat, das ganze Jahr im Auge behalten. Es liegen viele Tage vor mir, an denen ich die notwendigen Arbeiten zum Abschluß bringen werde. Morgen wird es zwar hektisch zugehen, aber nur insoweit, als ich es zulasse.

27. Dezember

Gesundheit läßt sich auch für viel Geld nicht kaufen, sie kann einem aber viel Geld einbringen.

HENRY DAVID THOREAU

Auf eines nehmen Arbeitssüchtige überhaupt keine Rücksicht, nämlich auf ihre Gesundheit; umgekehrt schenken sie einer Sache besonders viel Beachtung, nämlich ihrem Vermögen.

Unter uns sind sehr viele, die zu kämpfen haben mit Bluthochdruck, Alkoholismus, chronischer Müdigkeit, Geschlechtskrankheiten und zahlreichen anderen schweren Gebrechen.

Erst nachdem wir uns körperlich fast völlig ruiniert haben, werden uns die eigenen Fehler und Versäumnisse klar. Vielleicht ist es dann bereits zu spät, die Dinge rückgängig zu machen oder etwas zu ändern; aber durch eine chronische Krankheit können wir, so paradox es klingt, von unserer Arbeitssucht geheilt werden.

Wir müssen ganz bewußt auf unseren Körper achten, ohne je die Warnzeichen zu ignorieren, die er uns sendet.

Wenn ich körperlich gesund bin, bin ich ganz besonders aufmerksam und besitze ein großes Durchhaltevermögen, so daß sich die Arbeit nicht negativ auf mich auswirken kann. Heute werde ich einmal über die Botschaften nachdenken, die mir mein Körper übermittelt.

Workaholics begehen Selbstmord auf Raten, indem sie ihrem inneren Kind nicht zu spielen erlauben.
LAURENCE SUSSER

Ich kenne Männer, die schon sehr widerwillig reagieren, wenn sie sich auch nur einen Film anschauen sollen. Sobald sie im Kino sitzen, schlafen sie ein und verpassen die ganze Geschichte.

Vielleicht verleugnen wir deshalb »das innere Kind«, weil wir selbst nie wirklich Kind waren. Den meisten von uns wurde die Kindheit regelrecht gestohlen, und so wissen wir nicht, was es heißt, spontan und kindlich zu sein. Wir wissen nicht, wie man spielt und sich amüsiert.

Aber wir müssen diese wertvolle Quelle im Innern erschließen. In jedem von uns lebt ein Kind, das darauf wartet, endlich befreit zu werden.

Ich werde ganz ungezwungen sein, um einige Dinge auszuprobieren. Ich möchte das Kind in mir hegen und pflegen und dabei erkennen, was es heißt, frei zu sein und wie ein Kind zu fühlen.

29. Dezember

Ein Mensch muß lernen, sich selbst zu verzeihen.
ARTHUR DAVISON FICKE

Oft finden wir uns selbst total lächerlich. Von Kindheit an haben wir gelernt, uns äußerst streng zu beurteilen und uns vor menschlicher Nähe zu fürchten, weil wir glaubten, die Liebe der anderen nicht verdient zu haben.

Deshalb müssen wir uns jetzt als erstes beibringen, die Vergangenheit loszulassen; und dann müssen wir fähig werden, uns selbst zu verzeihen, damit wir im Leben vorankommen und uns weiterentwickeln.

Wenn ein Mensch sich selbst verzeihen kann, weiß er auch, wie man den anderen verzeiht, anstatt an früheren Mißerfolgen oder »veralteten« Wahrheiten festzuhalten. So kann man einen neuen Anfang machen.

Ich habe Fehler begangen, falsche Urteile gefällt und niemanden an meinem Leben teilhaben lassen. Ich habe immer alles allein gemacht. Nun aber will ich lernen, loszulassen und mir selbst zu verzeihen.

Ein jegliches hat seine Zeit, und alles Vorhaben unter dem Himmel hat seine Stunde: Geboren werden hat seine Zeit, sterben hat seine Zeit; pflanzen hat seine Zeit, ausreißen, was gepflanzt ist, hat seine Zeit.

PREDIGER SALOMO 3, 1-2

Die Vorstellung, daß alles seine Zeit hat, bestürzt arbeitssüchtige Menschen zutiefst. Für uns gibt es nur eine Zeit, nämlich die, in der wir aktiv sind und unsere Aufgaben erledigen. Jede Stunde ist dazu da, etwas fertigzukriegen. Keine Stunde ist dazu da, sich auszuruhen und die Früchte zu ernten, die wir in mühevoller Arbeit gepflanzt haben und die irgendwann auch reifen.

Daß das Leben sich in Rhythmen vollzieht, daß es unterschiedliche Phasen gibt, können wir genausowenig akzeptieren wie einen Achtstundentag. Wir kennen nur eines: arbeiten. Aber dabei übersehen wir all jene Geschenke, die die Arbeit uns beschert.

Das Leben dauert nicht ewig. Uns steht nur eine bestimmte Zeitspanne zur Verfügung, um uns an der Familie, den Kindern, den Freunden sowie an der Arbeit zu erfreuen. Trotzdem gibt es im Leben viele Phasen, und ich werde sie alle kennenlernen.

31. Dezember

Workaholics wissen mit der Freizeit nichts anzufangen, eben weil sie weniger strukturiert ist als die Arbeitszeit. Wenn sie nicht arbeiten können, gehen sie buchstäblich die Wände hoch.

MARILYN MACHOLOWITZ

Gehen Sie an irgendeinen Urlaubsort, in ein gutes Hotel oder auch nur in eine Flughafen-Wartehalle, und Sie werden feststellen: Die Leute, die gar nicht mehr wegkommen vom Telefon, sind die Arbeitssüchtigen. Sobald die Gelegenheit günstig ist, müssen sie im Büro anrufen, da sich während ihrer Abwesenheit der ganze Betrieb ja in Luft auflösen könnte.

Szenenwechsel. Sie sind am Swiming-pool und sehen: Der Workaholic hat die *Wirtschaftswoche*, *Forbes* und das *Wall Street Journal* bei sich, des weiteren einen Agententhriller, einen Sunblocker und ein Funktelefon(!). Er wird nur selten naß, es sei denn, ein achtloses Kind bespritzt ihn mit Wasser. Wenn sein Nebenmann telefoniert, ist er ganz unruhig und besorgt, bis man ihn endlich ausruft und ans Hoteltelefon bittet, da irgend jemand ihn »dringendst« sprechen muß.

Eine weitere Szene spielt im Auto. Der Arbeitssüchtige macht einen Ausflug mit der Familie: »Nein, Liebling, ich weiß, daß wir's schaffen, bis heute abend in Hamburg zu sein, wenn wir keine Essenspause machen. Die Kinder? Die werden sowieso hinten auf dem Rücksitz einpennen.«

Oder man wartet auf einen Tisch im Restaurant: »Gibt's denn noch Plätze im Raucherbereich? Nein, nein, ich rauche nicht, aber es muß schnell gehen!«

All das kommt mir äußerst bekannt vor. Im kommenden Jahr aber werde ich versuchen, meine Freizeit ruhiger und entspannter zu verbringen. Ich werde an meine Familie und an meine Freunde denken – an all jene, die darauf warten, daß ich endlich wieder ich selbst bin.

REGISTER

A

B

C

D

E

F

M

N

O

P

R

S

T

U

V

W

Z